Hedwig Rossow
Anna Lutz

Mama Shekinah

Afrikas Kindersoldaten nahmen mir den Mann – ich antwortete ihnen mit Liebe

SCM
Hänssler

SCM

Stiftung Christliche Medien

SCM Hänssler ist ein Imprint der SCM Verlagsgruppe, die zur Stiftung Christliche Medien gehört, einer gemeinnützigen Stiftung, die sich für die Förderung und Verbreitung christlicher Bücher, Zeitschriften, Filme und Musik einsetzt.

MIX
Papier aus verantwortungsvollen Quellen
FSC® C014496
www.fsc.org

Max-Eyth-Straße 41 · 71088 Holzgerlingen
Internet: www.scm-haenssler.de; E-Mail: info@scm-haenssler.de

Lektorat: Christiane Kathmann, www.lektorat-kathmann.de
Umschlag- und Bildteilgestaltung: Christina Custodis, Bundes-Verlag Witten
Bildteil: © Hedwig Rossow, privat
Titelbild: Gabriele Friedewald, Berlin
Satz: typoscript GmbH, Walddorfhäslach
Druck und Bindung: GGP Media GmbH, Pößneck
Gedruckt in Deutschland
ISBN 978-3-7751-5863-3
Bestell-Nr. 395.863

Inhalt

Vorwort

Meine Tochter weinte jede Nacht. Sie war nun ein Jahr alt und eigentlich sollte ihr Schlaf langsam tiefer und besser werden. Doch länger als eine halbe Stunde blieb Shekinah nie ruhig. Dann schreckte sie aus ihren kurzen Träumen hoch, die schönen dunklen Augen weit aufgerissen, die schwarzen Locken standen wirr vom Kopf ab. Manchmal wimmerte sie, andere Male schrie sie vor Angst. Wenn sie meine Nähe spürte, kroch sie in die sichere Wärme meiner Arme und schlief auf meiner Brust wieder ein. Erst wenn ihr Atem tiefer wurde, konnte auch ich Ruhe finden, wenn auch nur kurz.

Warum sie so oft weinend erwachte? Vielleicht, weil sie schon vor ihrer Geburt mehr verloren hatte als andere in ihrem ganzen Leben. Shekinahs Vater Colin war schon vor ihrer Geburt gestorben. Ermordet im südsudanesischen Busch. Getötet von Jugendlichen. Kindersoldaten, rekrutiert von Rebellen, die nicht einmal davor zurückschreckten, die Seelen der Jüngsten zu stehlen. Ich überlebte den Anschlag, doch Colin starb in einer finsteren Nacht auf einer dreckigen Krankenhausliege mitten im Nirgendwo.

Da saßen wir nun und klagten. Shekinah auf ihre einfache Weise und ich auf meine komplizierte. Zum ersten Mal in meinem Leben stellte ich Gott infrage. Hatte ich nicht seinetwegen all die Reisen auf mich genommen, die mich am Ende gemeinsam mit Colin nach Afrika geführt hatten? Ich erinnerte mich daran, wie Gott mir einst geholfen hatte, aus dem strengreligiösen Gefängnis meiner Kindheit auszubrechen. Wie frei ich mich gefühlt hatte. Und wie viele Probleme ich mir wegen meines Glaubensweges eingehandelt hatte. Wie eine Ausgestoßene wurde ich von manchen Frommen behandelt, von alten Freunden, Bekannten, Familienmitgliedern. Doch ich nahm das alles in Kauf. Weil ich Gottes Liebesbotschaft gehört hatte – und weitergeben wollte. Nun fragte ich mich: Was hatte ich dafür bekommen, dass ich meine Herkunftsfamilie verlassen, ein sicheres Leben geopfert und auf Geld und Bequemlichkeiten verzichtet hatte? Ich war nun alleinerziehend. Zurück zwar bei meiner Familie in Paraguay, die mich liebte und mich unterstützte, aber einsamer denn je.

Ich hatte alles verloren. Wo war der große Gott, dem ich gedient hatte? Hatte ich mich geirrt? War mein Weg der falsche gewesen? All die Pläne, all das Fasten, all die Gebete, die Erwartungen, all die Dinge, von denen wir geglaubt hatten, dass wir sie geschenkt bekommen hatten – waren das alles Lügen gewesen?

Wenn Shekinah einschlief, begann ich stets aufs Neue zu weinen. Ich weinte um die verlorene Liebe, um die Träume, die sterben mussten. Ich fühlte mich verraten.

Doch plötzlich änderte sich etwas. In einer stillen Nacht legte Gott seine Arme um mich. Warm und schwer. Er sagte nichts, er liebte nur. Stark und unverrückbar. Fest und durch nichts zu zerstören.

»Kein Preis ist zu hoch«, hatte Colin zu mir gesagt, um mein Herz zu gewinnen. Er hatte nicht wissen können, wie viel er würde bezahlen müssen, um mit mir zusammen zu sein. Hätte er es gewusst, wer weiß, vielleicht hätte er mich dennoch gewählt. »Er wird für dich da sein, wenn ich es nicht kann«, mit diesen Worten hatte Colin mich noch am Morgen seines Todes ermutigt. Er hatte es geahnt und doch war ihm nicht klar gewesen, was geschehen würde. Aber in einem hatte er Gewissheit gehabt: Gott würde immer bei mir sein. Jetzt, viele Monate später, fühlte ich es auch: Seine Arme waren um mich geschlungen, er wärmte meinen

Körper. Er würde mich niemals aufgeben. Ich war mir wieder so sicher wie an jenem Tag, als Colin und ich Shekinahs Namen ausgewählt hatten, gemeinsam, Seite an Seite, im festen Vertrauen darauf, dass Gott unser beider Leben in der Hand hielt. Shekinah kommt aus der jüdischen Mystik und bedeutet: die Gegenwart Gottes. Gott ist da. Jetzt spürte ich es wieder. Endlich.

Mein Name ist Hedwig Rossow, aber die meisten nennen mich Hedi. Als Missionarin habe ich die ganze Welt bereist. Ich habe viele Wunder erlebt, mein Herz an Afrika verschenkt, die Liebe meines Lebens gefunden und viel zu schnell wieder verloren. Ich habe gelernt, was wahre Freude und wahrer Schmerz ist. Ich habe erfahren, was Zweifeln bedeutet und wie man klagt. Und ich habe erkannt, dass Rache kein Weg ist, um Schmerz zu lindern. Stattdessen habe ich mich dem Ziel verschrieben, aus der Asche meiner Träume etwas Schönes zu schaffen. Ich habe meinen Glauben an Gott und an die Kraft der Vergebung an Verletzte und Verfolgte weitergegeben. Ich habe von ihnen gelernt, was wahre Stärke ist. Auch wenn ich nie viel Geld hatte, haben mich meine Erfahrungen zu einer reichen Frau gemacht.

1. Flüchtlinge

Meine Mutter wurde mitten in den Krieg hineingeboren. Sie kam in einem Bauernhaus irgendwo zwischen den deutsch-russischen Frontlinien des Zweiten Weltkrieges zur Welt. Ein Baby inmitten von Gewehrschüssen, Fliegerbomben-Detonationen und um ihr Leben kämpfenden Soldaten.

Sie entstammte einer Gruppe von Mennoniten aus den Niederlanden, einer christlich-freikirchlichen Bewegung, die nicht nur eine wortgetreue Auslegung der Bibel predigt, sondern auch absolute Gewaltlosigkeit. Deshalb verweigerten meine Vorfahren den Kriegsdienst. Sie wollten nicht kämpfen, erst recht nicht im Namen eines Staates. Zwischen dem 14. und 17. Jahrhundert wurden sie dafür eingesperrt, verbrannt und ertränkt. Auf der verzweifelten Suche nach Religionsfreiheit verließen viele Mennoniten die Niederlande, darunter auch meine Ahnen.

Doch Mennoniten sind traditionell nicht nur fromm und friedliebend, sie sind auch hervorragende Landwirte. Das brachte ihnen von jeher viel Ansehen und die Achtung von Staatschefs in ganz Europa ein. Nicht wenige sehnten sich nach guten Bauern und Landarbeitern in ihrem Herrschaftsgebiet. Im 16. Jahrhundert siedelten sich viele Mennoniten im Königreich Preußen an. Die Männer und Frauen schlossen sich zu streng religiösen landwirtschaftlichen Kollektiven zusammen, bestellten Felder und erledigten die Ernte, beteten, feierten Gottesdienste und folgten der ihnen eigenen Lebensart. Viele Generationen überdauerten dort, Deutsch wurde ihre Muttersprache, und bis heute unterhalten sich Mennoniten weltweit in Variationen des Plattdeutschen mit Sprachanteilen aus dem Niederländischen und der jeweiligen Landessprache.

Im 18. Jahrhundert zeigte die damalige russische Zarin Katharina die Große Interesse an den religiösen Siedlern. Sie lud sie ein, in ihren südlichen Landgebieten zu leben, und machte ihnen ein verlockendes Angebot: Als Tausch für ihre Arbeitskraft sollten die Gläubigen vom Militärdienst befreit werden. Wie wichtig dieses Versprechen war, kann nur verstehen, wer die Theologie der Mennoniten kennt: Das biblische Gebot »Du sollst nicht töten« nehmen sie wörtlich. Mit Gewalt löst kein wahrhafter Mennonit Konflikte. Das Angebot der Zarin erschien ihnen daher wie ein Segen. So kam es, dass viele der frommen Landwirte in das Gebiet der heutigen Ukraine weiterzogen. In den folgenden einhundertfünfzig Jahren bestellten sie erfolgreich das bis dahin brachliegende Land. Dann begann der Zweite Weltkrieg, 1939 griff Deutschland Polen an.

Mein Großvater war damals ein junger Mann, stark, groß gewachsen, ein Prediger und anerkannter Sänger in der mennonitischen Kirche. Wie die meisten seiner Glaubensgeschwister vertraute er fest darauf, dass die russische Regierung Wort halten würde: Niemals sollten Mennoniten an der Front kämpfen müssen. Doch es kam anders. Als der Krieg heftiger wurde, die Zahl der Opfer und die Landverluste stiegen, wurden mehr und mehr Soldaten gebraucht. Es war offensichtlich, dass die Russen ihr Versprechen nicht halten würden. Meine Familie und viele andere beschlossen weiterzuziehen. Sie waren zu Flüchtlingen geworden und begaben sich ausgerechnet auf den Weg zurück nach Deutschland. Dort, so hieß es, seien sie nach wie vor willkommen. Und das stimmte, wenn auch anders, als es sich die frommen Christen erträumten. Denn für die Nazis waren sie nur wenig mehr als Kanonenfutter an der Front. Mein Großvater und seine Verwandten erkannten die schreckliche Lüge zu spät. Viele von ihnen wurden nach ihrer Ankunft im damaligen Deutschen Reich zwangsrekrutiert. Die Nazis schickten sie auf direktem Weg in den Krieg.

Die deutschen Soldaten verpassten meinem Opa und anderen Mennoniten ihr Brandzeichen. Ein Hakenkreuz prangte fortan auf seiner rechten Schulter. Für meinen Großvater kam das einer Vergewaltigung gleich. Wie ein Tier hatten sie ihn mit einem Symbol gekennzeichnet, das wie nichts anderes für Gewalt und Massenmord stand. Er würde es für den Rest seines Lebens tragen müssen.

Über Generationen hatten die Mennoniten nicht gekämpft. Viele von ihnen wären lieber gestorben, als die Waffe zu erheben. Doch mein Großvater und seine Mitstreiter hatten keine Chance zu verhandeln. Die Soldaten drückten ihnen Gewehre in die Hand und schickten sie an die Front.

Mein Großvater soll dennoch dem Naziterror getrotzt haben. Seine Waffe habe nie auf Menschen gezielt, so wurde erzählt, er habe immer nur in die Luft geschossen.

Als die Deutschen ihn zwangsrekrutierten, hatte meine Großmutter gerade bemerkt, dass sie ein Kind erwartete. Zusammen mit anderen Flüchtlingen aus ihrem Dorf schlug sie sich bis nach Polen durch. Sie reisten nur mit dem Nötigsten, mal per Anhalter in alten Autos, mal getragen von klapprigen Ochsenkarren, zu Fuß oder auf Pferdewagen. Die Reise hätte für eine Schwangere nicht beschwerlicher sein können. Meine Oma wurde durchgeschüttelt, das Essen war knapp, Pausen konnte die Gruppe kaum machen. Irgendwann legten diejenigen, die konnten, an Tempo zu. Meine Großmutter gehörte zu den Nachzüglern – und die Zeit der Geburt rückte immer näher.

Im Dezember 1939 rückten die Russen nach Polen vor. Die Deutschen bewegten sich ebenfalls auf das Gebiet zu, nur von der anderen Seite. Meine Großmutter und die anderen wussten: Sollten die Russen sie zuerst erreichen, würden sie alle, ob schwanger oder nicht, Frauen oder Kinder, erbarmungslos umbringen, denn sie würden die Flüchtlinge für Deutsche halten. Also rannten sie immer tiefer in deutsches Gebiet. Dann begannen bei meiner Großmutter die Wehen.

Viel Zeit blieb ihr nicht. Sie suchte auf einem Bauernhof Unterschlupf und fand inmitten von Terror, Blut und Bomben etwas Unerwartetes: Menschlichkeit. Der Bauer, dem der Hof gehörte, nahm sie auf und erlaubte ihr, ihre Tochter in seinem Haus zur Welt zu bringen. Es war ein bitterkalter Januartag. Ein paar Frauen banden meiner Großmutter eine alte Decke um den Körper, ein Kissen darin schützte die neugeborene Maria vor dem eisigen Ostwind.

Meine Großmutter schleppte das Kind weiter, immer weiter. Von denen, die mit ihr flohen, kannte meine Großmutter mittlerweile keinen mehr. Umgeben von Fremden war es ein Wunder, dass sie es auf die deutsche Seite schaffte, in ein Flüchtlingslager nahe Berlin, später weiter auf eine Insel in Holland.

Auch mein Großvater kam mit dem Leben davon, doch nur sein Körper überlebte. Als der Krieg 1945 endete und ihn französische Soldaten schließlich gefangen nahmen, war von dem einst so lebensfrohen jungen Mann kaum etwas übrig geblieben. Das Böse hat die Macht, den menschlichen Geist fast gänzlich auszulöschen. Schwere Traumata können Seelen töten. Der Krieg forderte damals sehr viele Opfer – manche starben, andere verloren sich selbst. Als die Soldaten meinen Opa in das französische Gefangenenlager brachten, war er ein Mann, der gleich zweimal geschlagen worden war: Seine Seite hatte einen Krieg verloren, in dem er gar nicht hatte kämpfen wollen. Und er hatte alles, was ihm wichtig war, aufgeben müssen – seine Ideale, seine Familie, sein Hab und Gut. Er hatte kein Land, keinen Besitz, keine Nationalität und keine Identität mehr. Mein Großvater war nirgends mehr zu Hause. Und zu allem Überfluss war er ein gebrandmarkter Nazisoldat. Der Krieg hatte aus meinem Großvater einen gebrochenen Mann gemacht. Er war traurig, bitter und wütend – auf die Deutschen und auf die Russen und wahrscheinlich auch auf sich selbst. Doch wenigstens durfte er seine Frau wiederfinden.

Anderthalb Jahre nach Kriegsende schlossen sie sich auf holländischem Gebiet in die Arme. Die Umstände sind heute kaum noch nachvollziehbar, vermutlich arrangierten Kontaktleute auf beiden Seiten ein Treffen der Eheleute. Mein Großvater sah seine Tochter zum ersten Mal. Gemeinsam mit seiner kleinen Familie und einer Ansammlung von mennonitischen Flüchtlingen verließ er Europa, um ein neues Leben in Südamerika zu beginnen.

Ich habe nur wenige Erinnerungen an meinen Großvater. Er starb, als ich sechs Jahre alt war. Man erzählte mir, dass er seinen Kindern einen Satz wieder und wieder sagte, jedes Mal wenn sie sich ungerecht behandelt fühlten. Dieser hat sich in mein Gehirn gebrannt und steht sinnbildlich für die Dinge, die er erleben musste: »Mich mochten sie nicht, dann brauchen sie euch auch nicht zu mögen.« Wie unversöhnt muss dieser arme Mann mit der Welt gewesen sein! Er litt den Rest seines Lebens unter Magengeschwüren und hatte immer wieder starke Blutungen. Schließlich starb er daran. Jahre später lernte ich, dass Vergebung oft den Unterschied macht. Sie ist es, die uns unsere wahr gewordenen Albträume überwinden lässt. Mein Großvater konnte seinen Feinden und sich selbst vielleicht erst auf dem Sterbebett vergeben.

Doch an eine Sache erinnere ich mich sehr gut. Bis heute klingt seine volle Tenorstimme in meinem Ohr. »O Halleluja, vergeben ist die Sünd'. O Halleluja, ich bin ein Gotteskind«, höre ich ihn singen, ganz allein oder zusammen mit meiner Großmutter – kein Chor musste ihn begleiten, seine Stimme füllte den Kirchenraum komplett aus. Ich kann mir nur wünschen, dass er seinen eigenen Worten geglaubt hat.

Bereits nach dem Ersten Weltkrieg waren Mennoniten nach Paraguay ausgewandert. Nachdem sie wegen ihres landwirtschaftlichen Könnens von den Niederlanden nach Deutschland und von dort nach Russland eingeladen worden waren, erkannte nun das kleine Land in Südamerika den Wert der mittlerweile zerstreuten Gemeinschaft. Die Landwirte sollten ein kaum bewohntes Gebiet nahe der bolivianischen Grenze besiedeln. Sie stimmten zu. Sie würden die Gegend kolonisieren, doch im Gegenzug forderten sie Autonomie innerhalb der Grenzen Paraguays. Und siehe da, die Staatsführung war einverstanden. Die Mennoniten lebten nun im paraguayischen Verwaltungsbezirk Boquerón. Sie erhielten Religionsfreiheit, wurden vom Militärdienst befreit und durften Deutsch als offizielle Sprache beibehalten. Es wurde ihnen sogar gewährt, ihr eigenes Schul-, Sozial- und Finanzsystem zu etablieren. Bereits 1927 entstand die Siedlung Menno, die von kanadischen Mennoniten errichtet wurde. In den Dreißigerjahren gründeten russische Mennoniten Fernheim, die Siedlung, in der mein Vater aufwuchs. Diese sollte später auch mein Zuhause werden. Nach dem Zweiten Weltkrieg folgte schließlich Neuland, die Kolonie, in der meine Mutter fortan lebte. Die Auswanderer wählten diesen Namen, weil sie nach all dem Leid hier einen neuen Anfang wagen konnten.

Die Einheimischen jedoch nannten das Gebiet »Grüne Hölle« – obwohl dort in den meisten Jahreszeiten kaum etwas grün war. Die Bedingungen, die meine Vorfahren vorfanden, waren mehr als schwierig. Das Land war wüst und trocken. Es war heiß. Es gab keine fließenden Gewässer. Vor Ort lebten zwar indigene Stämme, aber eine Infrastruktur war nicht vorhanden. Ein Drittel der Neuland-Siedler waren Familien, zwei Drittel Witwen.

Die Mennoniten siedelten in einem etwa 400 000 Quadratkilometer großen Gebiet im Westen des Landes an, das bis heute Gran Chaco genannt wird. Die nächste Stadt war 500 Kilometer entfernt. Fahrten dorthin waren beschwerlich und selten. Wer dennoch reiste, nutzte alte Ochsenkarren oder einen langsamen und unbequemen Zug. Die Mennoniten lebten von dem, was das karge Land ihnen bot. Jeden Regentropfen fingen sie in Zisternen auf. Sie bauten Erdnüsse und Baumwolle an und betrieben Viehzucht. Trotz vieler Rückschläge begann das Land zu gedeihen.

Wenn ich an meine Kindheit denke, dann erinnere ich mich an die gelbe, sandige, trockene Erde des Chaco, an die Kakteen, an deren süße Früchte und die kahlen Bäume. An das stundenlange Spielen draußen in der Natur. An unendliche Weiten. An Pferdewagenfahrten zur Verwandtschaft und wie wir gefühlte Ewigkeiten lang auf dem Rücken liegend in die Sterne schauten, während das Fahrzeug sich langsam seinem Ziel entgegenschob und Mama und Papa sich leise unterhielten. Mittags besuchten wir Kinder die Indianer und aßen bei ihnen Gürteltiere oder in Fett gebackene Tortillas aus Mehl, Salz und Wasser.

Ich wurde zweieinhalb Jahrzehnte nach dem Ende des Krieges und dem Neubeginn der Mennoniten in Paraguay geboren, am 24. Juli 1970, als zweites Kind der Eheleute Maria und Hartmut. Unsere Kolonie war in Dörfer unterteilt. Das Zentrum bildete das größte Dorf Filadelfia, das später die Hauptstadt von Boquerón werden sollte, darum herum gruppierten sich weitere.

Ich wohnte buchstäblich in der letzten Ecke: in Molino. Wir lebten am Rande der Kolonie, am weitesten vom Zentrum entfernt. Es gab dort nicht viel. Ein kleines Schulhäuschen, das am Wochenende auch für Gottesdienste genutzt wurde, war unser Lebensmittelpunkt. Jedes Dorf bestand aus etwa zwölf Familien. Das war nicht wenig, denn diese Familien waren sehr kinderreich. Im Durchschnitt hatte jedes Ehepaar sechs Kinder, Familien mit mehr als zehn Kindern waren keine Seltenheit. Sie alle arbeiteten ganz selbstverständlich auf den Feldern mit. Wir Kinder pflückten Baumwolle oder ernteten Erdnüsse, in den Ferien oft acht Stunden am Tag. Das klingt nach Kinderarbeit, aber ich habe mich nie ausgebeutet gefühlt. Ich arbeitete dort draußen immer Seite an Seite mit meinem Vater und wir genossen diese Gemeinschaft.

Obwohl ich mittlerweile die ganze Welt gesehen habe und seit vielen Jahren in Deutschland lebe, bleibt der Chaco für immer meine Heimat.

2. Ein gebrochener Fluch

Zeit ihres Lebens hatte meine Mutter es nicht leicht mit ihrem Vater. Sie bekam seine Bitterkeit zu spüren, seine Kälte und seine Wut. Menschliche Herzen sind wie Wassergläser. Jeder wird mit einem gefüllten Gefäß geboren. Es enthält Gottes Plan für unser Leben, große Erwartungen, unendliche Liebe. Doch je älter wir werden, desto mehr Risse bekommt das zerbrechliche Material. Schlimme Erfahrungen schlagen gegen die Oberfläche, je schrecklicher, desto härter. Eine große Krise hinterlässt größere Risse als eine kleine. Je öfter wir sie erleben, desto leerer wird unser Glas. Das meiner Mutter hat viele harte Schläge mitbekommen. Ihr Vater erschien ihr oft herzlos. Er war ein harter Mann geworden, kaum fähig zu Empathie und Freude. Es war wohl diese Kälte, die meiner Mutter am meisten zusetzte. Die Schule musste sie früh verlassen, um auf dem heimischen Hof mitzuhelfen. Auch deshalb fühlte sie sich schlecht, ungebildet, minderwertig. Sie schwor sich, niemals so zu werden wie ihr Vater. Sie wollte eine andere Atmosphäre in ihrem Heim haben, sehnte sich geradezu zwanghaft nach Harmonie und gab ihr Bestes, um mich und meine fünf Geschwister so liebevoll wie möglich großzuziehen.

Die Musik ist meiner ganzen Familie in die Wiege gelegt. Jeden Morgen erwachte ich beim Klang der Lieder meiner Mutter. Ihre tiefe Altstimme schwebte durchs Haus, wenn sie sang, und oft ertönte ihr klares, zwitscherndes Pfeifen. Doch unverarbeitete traumatische Erinnerungen sind wie Flüche. Sie bleiben in der Familie, tragen sich über Generationen fort, schleichen sich ein wie ein ungebetener Gast und sind nur schwer wieder aus dem Haus zu bekommen.

Als Jugendliche arbeitete meine Mutter in einem Missionskrankenhaus. Dort lernte sie meinen Vater kennen. Er kam aus der Nachbarkolonie Fernheim und war ein ruhiger Mann, zu ruhig. Ich erinnere mich vor allem an die Lautstärke meiner Mutter. So sanft sie sang, so schroff konnte sie auch sein. Es war, als läge zu jedem Zeitpunkt Ärger in der Luft. Ich war ein sehr sensibles Mädchen und wünschte mir mehr als alles andere Harmonie. Heute, mit fünf Kindern, verstehe ich die Überforderung meiner Mutter besser. Doch es war nicht nur die angespannte Stimmung zu Hause, die einen Schatten auf meine Kindheit warf.

Als ich acht Monate alt war und gerade damit begann, mich an Gegenständen hochzuziehen, trat ich auf glühende Kohlen. Meine Mutter hatte meinen zwei Jahre älteren Bruder und mich kurz im Hof allein gelassen. Es war Waschtag. Unsere Kleidung wurde damals draußen in einem Becken gekocht, unter dem sich eine Feuerstelle befand. Klein und tollpatschig, wie ich war, zog ich mich an dem bereits erkalteten Wäschetopf hoch und stolperte auf die noch heißen Kohlen. Ich habe es meiner Mutter nie übel genommen, dass sie mich nicht davor bewahrt hat. Doch es gibt wohl kein Ereignis in meiner Kindheit, das mein Leben in den folgenden Jahren so sehr bestimmen sollte wie dieser Unfall.

Meine kleinen Fußsohlen waren schwer verbrannt. In Panik brachten meine Eltern mich ins nächste Krankenhaus. Sieben Wochen musste ich dort in der Obhut der Krankenschwestern bleiben und sah meine Eltern fast nie. Das Krankenhaus war eine Tagesreise mit dem Pferdewagen von unserem Dorf entfernt und der Weg war zu weit und beschwerlich, als dass meine Mutter oder mein Vater mich täglich hätten besuchen können. Beide hatten auf dem Feld, im Haus und mit meinen Geschwistern zu tun, sodass sie keine andere Möglichkeit sahen, als mich wochenlang allein zu lassen.

Doch das war noch nicht alles. Ich verlor den kleinen rechten Zeh und es dauerte Jahre, bis ich meinen Fuß wieder normal benutzen konnte. Tatsächlich musste ich mehrmals operiert werden. Die Behandlung war erst abgeschlossen, als ich sieben Jahre alt war. In dieser Zeit blieb ich im Krankenhaus immer wieder mir selbst überlassen. Für mich fühlte sich das an, als hätten meine Eltern mich ausgesetzt. In mir wuchs die tiefe Überzeugung, dass ich nicht geliebt wurde, dass ich keinem vertrauen konnte, nicht einmal den Menschen, die mich versorgten und beschützten. Dabei haben meine Eltern nicht nur die größten Mühen auf sich genommen, um mir die Operationen logistisch zu ermöglichen, sie war auch mit hohen Kosten verbunden. Doch meine Kinderseele verstand dies nicht und schrie vor Schmerzen, Angst und Einsamkeit. Die Beziehung zu meiner Mutter wurde dadurch schwer belastet.

Mit meinem Vater verstand ich mich dagegen sehr gut. Er war ein wunderbarer Papa. Als ich klein war, trug er mich oft huckepack, weil ich wegen meiner Fußoperationen nicht richtig gehen konnte. Er war Sonntagsschullehrer und einer der Leiter im Dorf. Er erzählte uns oft Geschichten, spielte mit uns Völker- und Volleyball oder vertrieb sich die heißen Sommernachmittage mit uns beim Herumalbern im trüben Wasser der nahegelegenen Tümpel oder in den Wäldern. Doch das allein reichte nicht.

Als ich vier Jahre alt war, beschloss ich, künftig ohne Liebe auszukommen. Ich war mir sicher, dass ich sie weder brauchte noch verdient hatte, so wie mein Opa es seinen Kindern immer wieder gesagt hatte. Ich glaubte, ich sei der Liebe nicht wert. Stattdessen wollte ich gut sein. Ich wollte alles richtig machen, aus eigener Kraft heraus. Was für eine schreckliche Lüge ich mir selbst damals einredete, erkannte ich erst als erwachsene Frau. Mein Wasserglas hatte bereits Risse bekommen.

Als ich sieben Jahre alt war, bekannte ich mich zu Jesus Christus. Ich wollte eine fromme Christin sein, wie alle Menschen in meiner Gemeinschaft – nur besser. Ich fastete, betete, las die Bibel von vorn bis hinten durch. Doch ich hatte keine Ahnung, was Gnade bedeutet. Je mehr ich mich bemühte, desto verbissener wurde ich. Die streng religiöse Gemeinschaft, in der ich aufwuchs, tat ihr Übriges. Einerseits liebte ich die Nähe und Verbundenheit in der Kolonie. Doch wenn ich heute zurückblicke, dann erkenne ich auch, wie hart und unnachgiebig die Mennoniten sein konnten.

Zu meiner Schulzeit war es noch ganz normal, dass Kinder von den Lehrern diszipliniert wurden, durch Worte, aber auch durch körperliche Züchtigung. Wir bekamen Stockschläge auf den Po, wie noch etwa zwanzig Jahre zuvor in Deutschland. Der Drill sollte uns zu besseren Schülern und folgsameren Kindern machen. Als wäre das nicht schon schlimm genug, gingen die Schläge nicht selten daneben und trafen nicht das Hinterteil, sondern Arme oder Beine. Wir standen dadurch unter einem enormen Druck: Entweder wir machten alles richtig, dann kamen wir ohne blaue Flecken davon. Oder wir scheiterten – und bekamen das zu spüren. Manche Kinder – ich war eines davon – steigerten sich zu Höchstleistungen. Ich schrieb Einsen, beteiligte mich am Unterricht und war meistens Klassenbeste.

Doch in diesem knallharten System von Leistung und Strafe fielen weniger gute Schüler durch das Raster. Eine mir sehr nah stehende Person war eine davon. Sie war nie gut in der Schule. Sie scheiterte wieder und wieder und erkrankte irgendwann schwer. All die Rückschläge machten sie zu einem psychischen Wrack. Sie wusch sich oft stundenlang die Hände, weil sie sich durch und durch schmutzig fühlte. Sie wurde tieftraurig, verlor ihren Lebenswillen und begab sich später wegen Depressionen und Zwangshandlungen zeitweise in stationäre Behandlung.

Heute wissen wir, dass sich Intelligenz auf unterschiedliche Weise zeigt. Manche können gut mit Zahlen umgehen, andere verschlingen Bücher und merken sich alles, was darin steht. Wieder andere sind künstlerisch begabt und können mit Zahlen und Buchstaben wenig anfangen. Auch soziale oder handwerkliche Kompetenz kann ein Zeichen von Intelligenz sein. In meiner Kindheit zählten diese Dinge nicht. Wer keine guten Noten hatte, galt als dumm. Gerechtigkeit und Disziplin waren wichtiger als ein liebevoller und gnädiger Umgang. Wenn ich heute zurückblicke, dann erscheint es mir verrückt: Wir waren Christen, aber mit christlicher Gnade hatte unser Leben wenig zu tun. Wir wollten so sehr gerecht vor Gott sein, dass die Liebe auf der Strecke blieb.

Je älter ich wurde, desto mehr wollte ich mich vor Gott beweisen. Früher hatte ich Volleyball und Fußball gespielt, weil ich den Sport liebte. Dies verbot ich mir nun selbst. Ich erzählte keine Witze mehr, ich lachte nicht mehr, ich traf mich nur noch selten mit Freunden, denn all das waren in meinen Augen weltliche Dinge, Aktivitäten, die mich von Gott ablenkten. Ich zeigte keine Gefühle mehr, verkroch mich, schottete mich ab. Mit 16 Jahren war ich eine leere Hülle geworden. Nichts an mir war wahrhaftig oder lebensfroh. Ich versuchte, aus mir selbst eine Heilige zu machen, frei von jeder Sünde. Hätte ich damals doch begriffen, wie sehr das dem widerspricht, was Gott mit uns vorhat!

Zur gleichen Zeit hörte ich auf zu essen. Ich dachte, durch genug Selbstdisziplin würde ich auch meinen Hunger kontrollieren können. Außerdem fühlte ich mich hässlich und dick. Doch so wie manchmal meine unterdrückten Emotionen so stark aus mir herausbrachen, dass ich weinte und schrie und mich später schrecklich schämte, stopfte ich mich immer wieder mit Nahrungsmitteln voll. Zuerst wurde ich magersüchtig, dann bulimisch. Nach meinen Fressattacken erbrach ich mich heimlich. Dass meine Verhaltensweise eine Krankheit war, die sogar einen Namen hatte und behandelt werden konnte, war mir damals nicht bewusst. Ich hielt mich stattdessen für besonders fromm. Einerseits hasste ich mich und mein Äußeres, andererseits hielt ich mich für freundlich und bescheiden, stark und gottesfürchtig.

Während ich versuchte, mein Verhalten und mein Gewicht komplett zu kontrollieren, hatten sich die meisten meiner noch verbliebenen Freunde von mir abgewendet. Niemand konnte und wollte mit mir zu tun haben. Ich war superfromm – und supereinsam.

Mein Vater war mir jedoch immer sehr nah. Immer dann, wenn es mir schlecht ging, weil ich mich hässlich oder wertlos fühlte, kam er mir nach. Ich sprach damals mit niemandem darüber, stahl mich nur still und heimlich davon. Ich schlurfte mit gesenktem Kopf durch die Wälder oder entlang den Pferdekoppeln. Plötzlich stand mein Vater neben mir. Nicht, um mir Weisheiten über das Leben beizubringen oder mir zu sagen, dass eines Tages alles besser werden würde, sondern einfach, um mit mir gemeinsam zu schweigen und meinen Schmerz auszuhalten. Er war kein Mann der großen Worte. Und das war gut so.

Seit meinem siebten Lebensjahr hörte ich Gottes Ruf, Missionarin zu sein. Doch das auszuleben war so weit von mir entfernt wie die Menschen um mich herum, von denen mich eine tiefe Kluft trennte. Ich fragte mich verzweifelt, wie ich heilig und zugleich den Menschen nah sein konnte. Ich war einsam, krank und wütend.

Doch dann begegnete mir Gott. Beim ersten Mal verstand ich es nicht gleich, denn er ist ein Gentleman und oft sehr zurückhaltend. Beim zweiten Mal konnte ich nicht anders, als mein Leben komplett umzukrempeln.

Nach der Schule hatte ich eine Lehre als Krankenschwester begonnen. Auch dort übergab ich mich regelmäßig nach dem Essen. Ich ging dafür auf die öffentliche Toilette und wartete, bis niemand mich hören konnte. An einem Tag machte ich mich wie immer auf den Weg zum WC, doch jeder Raum war besetzt. Die Türen wollten und wollten sich nicht öffnen. Ich geriet in Panik. Bulimie ist eine Sucht, wer ihr verfallen ist, der muss dem Drang einfach nachgeben. Es ist wie bei einem Drogenabhängigen. Um an seinen Stoff zu kommen, tut er alles und wirft all seine Prinzipien über Bord. Jeder Gedanke ist nur noch davon bestimmt, die Sucht zu befriedigen. So war es auch bei mir. Ich musste die Kalorien unbedingt wieder loswerden. Ich sah im Geiste vor mir, wie sie sich in Fett verwandelten, das mich hässlich machen würde, davon war ich überzeugt und der Gedanke machte mich halb verrückt. Deshalb sprang ich auf mein Fahrrad und radelte ein Stück vom Schulgebäude weg ins offene Gelände. Ich fand ein Gebüsch, suchte Deckung hinter Ästen und Blättern, würgte – und wurde aufgehalten. Ein riesiger Mückenschwarm summte plötzlich über meinem Kopf. Ich stolperte und hielt mir Mund und Nase zu, damit die Tiere nicht in meine Atemwege gerieten. Schließlich flüchtete ich.

Ich glaube, dass Gott auf diesem Weg zu mir gesprochen hat. Dieser Mückenschwarm, so dachte ich damals, hat mich genauso überwältigt, wie meine Sucht mich immer wieder überwältigt. Sie schwirrt um mich herum, verfolgt mich, zwingt mich wegzulaufen, und ich bin völlig machtlos gegen diese Kraft. An diesem Tag erkannte ich, dass ich krank bin. Heute kann ich mir diese Begebenheit nur so erklären, dass es Gott war, der diesen Schwarm schickte und in mein Herz sprach.

Doch dabei blieb es nicht. Als ich wenige Monate später 18 Jahre alt wurde und immer noch bulimisch war, beschloss ich, drei Tage zu fasten. Das war nichts Besonderes für mich, ich fastete regelmäßig. Das Fasten gehörte für mich zur religiösen Praxis und nebenbei kam es meiner Magersucht entgegen. Bei einer Körpergröße von 1,75 Metern wog ich nur 52 Kilo. Am Ende dieser drei Tage saß ich allein im Klassenzimmer, alle anderen Schwesternschülerinnen waren schon gegangen. Und plötzlich hörte ich eine Stimme, laut und deutlich – nicht nur in meinen Gedanken, sondern mit meinen eigenen Ohren.

»Hedi, ich liebe dich!«, sagte sie.

Mir war klar, dass es Jesus selbst sein musste, der da mit mir sprach, doch ich konnte seine Worte nicht glauben. Jesus liebt mich? Über zehn Jahre lang hatte ich mich bemüht, ihm zu gefallen, hatte mich selbst dafür geopfert, meine Freunde, meine Hobbys, sogar meine Gesundheit. Und trotzdem fühlte ich mich nie gut genug. Und nun begann mein Gott ein Gespräch mit mir! Das erste Mal in meinem Leben. Ausgerechnet mit dieser Zusage! Wie sehr hatte ich mich danach gesehnt und wie wenig damit gerechnet! Konnte das wahr sein? Dass er mich liebte? Dass er kein alter Mann mit einer Peitsche war, der nur darauf wartete, dass ich einen Fehler machte? Plötzlich wurde mir klar: Dieser

Jesus, dieser Gott, hatte jahrelang auf den richtigen Moment gewartet, um mich zu erreichen. Er hatte so lange gewartet, bis ich mich fast selbst verloren hatte, um mir zu zeigen, dass verbissene Religiosität nicht der Schlüssel zu einer Beziehung mit ihm ist. Dass es nicht darum geht, immer alles richtig zu machen. Es ist viel einfacher. Er ist viel liebevoller. Er hat sich selbst in meinen Dreck hineinbegeben, als Priester, König, Schöpfer und Herrscher der ganzen Welt seinen Mantel über mich gelegt und so meine Scham und Blöße bedeckt.

Mein Kartenhaus fiel in sich zusammen und ich begann, seine Liebe zu verstehen. Und ich erkannte die Lüge, unter der ich lebte und die unsichtbar über unserer Familie stand. »Mich mochten sie nicht, also brauchen sie euch auch nicht zu mögen« – die Worte klangen in meinen Ohren wider und wirkten plötzlich so falsch. Ich erkannte, was Petrus in der Bibel beschreibt: Jesus hatte mich schon lange befreit von den Lügen meiner Vergangenheit, doch erst jetzt begriff ich dies. So hatten Gott und ich unser erstes Gespräch.

Jesus sagte: »Ich möchte dir geben, wonach du so lange gesucht hast.«

Ich antwortete: »Gott, ich bin so verzweifelt. Alles in mir schmerzt.«

»Wenn du geheilt werden möchtest, dann geh nach Hause und vergib deiner Mutter.«

»Ich? Niemals! Nicht bevor sie nicht auf Knien darum bettelt.«

»Möchtest du das echte Leben kennenlernen?«

»Ja, sehnsüchtig.«

»Dann geh und vergib deiner Mutter und bitte sie um Vergebung für das Unrecht, das du ihr angetan hast.«

Damit war unser Treffen beendet.

Gott wusste, dass meine Magersucht und mein Selbsthass in der Beziehung zu meiner Mutter wurzelten. Sie war es, die mich alleingelassen hatte, als ich sie als Säugling gebraucht hätte. Sie war es, die zu Hause geschimpft und geschrien hatte, die nicht in der Lage gewesen war, ein Heim zu schaffen, in dem ich mich wertgeschätzt fühlte. Sie war es, die mich den Lehrern in der Schule ausgesetzt hatte. Sie hatte mir ein falsches Gottesbild vermittelt. Sie, sie, sie! Natürlich ist das nur ein Teil der Wahrheit. Doch das war es, was ich all die Jahre gefühlt, mir aber nie hatte eingestehen wollen.

So ging ich an diesem Nachmittag nach Hause. Meine Mutter und ich suchten uns einen ruhigen Ort, setzten uns dort an den Tisch und sprachen über unser Leben. Sie war ebenso bereit dazu wie ich. Gott hatte auch sie vorbereitet. Ich erinnere mich nicht mehr genau an dieses Gespräch, aber ich weiß noch, dass wir beide weinten. Meine Mutter gab zu, Fehler gemacht zu haben. Sie bat mich um Vergebung und ich gewährte sie. Und auch sie vergab mir meine Fehler. Es war das erste Mal, dass wir uns unsere Verletzlichkeit bekannten. Wir gaben zu, dass wir zerbrochene Menschen waren, undichte Gläser, aus denen das Wasser schon fast ganz ausgelaufen war. Gott saß mit uns am Tisch und schaffte Versöhnung. An diesem Tag habe ich gelernt: Vergebung beginnt mit dem Willen, sie zuzulassen – und mit Gehorsam.

Von da an änderte sich alles in meinem Leben. Es war der Beginn eines langen Versöhnungsprozesses mit meiner Mutter und in meiner Familie. Der Tag, an dem Gott mir begegnete, war der Anfang, Mama und ich fanden langsam zueinander. Heilung braucht Zeit. Wir erlebten Rückschläge und Fortschritte. Heute kann ich sagen: Meine Mutter ist mir eine sehr gute Freundin geworden. Sie hat mich fortan in allem unterstützt, was ich unternommen habe, auch wenn es nicht ihren Idealen und ihrer Weltanschauung entsprach. Ich wurde von der Liebesbegegnung mit Gott derart überrumpelt, dass mich danach keine zehn Pferde mehr aufhalten konnten: Ich wurde ein buntes, quirliges, vor Liebe überschäumendes Mädchen. Ich weiß bis heute nicht, was es meinen Eltern ermöglicht hat, immer und auch durch all meine verzweigten Lebenswege und teils verrückten Entscheidungen hindurch zu mir zu stehen. Vielleicht hat Gott mir den Wind unter die Flügel und zugleich ihnen Wurzeln gegeben, um mir die Heimat zu schaffen, nach der ich mich so lange gesehnt hatte und die ich in den folgenden Jahrzehnten, in denen ich unterwegs war, so sehr brauchen würde.

Meine Mutter ist der Mensch, den ich von meiner früheren Gemeinschaft in Paraguay am meisten vermisse. Mir fehlen ihr ovales Gesicht und ihr schwarzes, inzwischen ergrautes Haar. Sie hat ein neckisches Funkeln in ihren Augen, das mit den Jahren immer wärmer und liebevoller wurde. Sie zieht sich noch immer an wie in meiner Kindheit, trägt Blumenkleider und karierte Blusen darüber. Es passt kein bisschen zusammen, aber ich liebe sie dafür. Sie hat ihr ganzes Leben auf der Farm verbracht. Sechs Kinder hatte sie zu versorgen, aber sie nähte gern und züchtete Rosen. Jede freie Minute investierte sie in ihre Hobbys, mit denen sie vielen eine Freude machte. Ich habe nicht die geringste Ahnung, wie sie damals die Zeit dafür gefunden hat. Sie las auch gern und viel. Sie war stets gut informiert über alles, was in Politik und Gesellschaft vor sich ging. Was ihre Kinder interessierte, interessierte sie ebenfalls.

So wie die Bitterkeit jahrzehntelang in meiner Familie gehegt wurde, so hielt damals Heilung in unserem Haus Einzug. Meine Mutter konnte meinem Großvater vergeben, obwohl er schon lange gestorben war. Jahrzehnte später, als ich selbst Mutter eines Kleinkindes war und im Sudan lebte, traumatisiert durch schreckliche Erlebnisse und Verluste, war ich in der Lage, meinen Großvater besser zu verstehen. Ich war damals selbst derart verängstigt und überfordert, dass ich den Zorn in mir kaum bändigen konnte, weil ich durch meine Erlebnisse tief traumatisiert war. Ich schrie zu Gott und fragte ihn, woher dieser Jähzorn kam.

Ich beschäftigte mich damals neu mit dem Satz, der wie ein Damoklesschwert über meiner Familie zu hängen schien: »Mich mochten sie nicht, also müssen sie euch auch nicht mögen.« Bei meinem nächsten Aufenthalt in Paraguay suchte ich all die Überlebenden auf, von denen ich wusste, dass sie meinen Opa gekannt hatten. Ich wollte wissen, was hinter diesem anscheinend so bitteren Mann steckte, und wurde total überrascht: »Hedi, dein Großvater war ein gesalbter Mann Gottes. Wenn er betete, war es, als ob der Himmel sich öffnete. Wenn er sang, war es, als ob die Engel mitsangen«, sagten manche. Sie berichteten auch von Uneinigkeiten in der Ansiedlungszeit zwischen den Ältesten. Manche wollten meinen Opa aus Eifersucht loswerden. Sie drängten ihn aus der Gemeindearbeit. Das wirkte sich nicht nur auf ihn selbst, sondern auch auf die kommenden Generationen seiner Familie aus. Der Zorn bekam noch mehr Raum.

Es ist wichtig, das offen zu sagen: Licht verscheucht die Dunkelheit, die Wahrheit setzt frei. Keine Familie oder Gemeinschaft ist perfekt. Meine Leute mussten erkennen, dass Gott nur Gutes über sie und uns denkt. Wir haben die Lüge, die über unserer Familie hing – dass wir nicht gemocht werden – bewusst aus unserem Leben verbannt. Nachdem ich inzwischen in über zwanzig Ländern gepredigt und die Geschichten so vieler Menschen gehört habe, ist mir bewusst, dass oft die Verbannten, Ausgestoßenen, Abgelehnten diejenigen sind, mit denen Gott etwas Besonderes vorhat. Doch dafür ist Vergebung und Versöhnung notwendig.

Das galt auch für uns. Endlich, Jahrzehnte nach der Gründung der Neuland-Kolonie, konnten wir wirklich neu anfangen. Ich besiegte meine Magersucht auf wundersame Weise ganz schnell. Noch heute faste ich gelegentlich, aber ich tue es aus Liebe zu Gott und ich genieße jede Mahlzeit, die ich zu mir nehme. Ich liebe gutes Essen! Auch mein Charakter veränderte sich. Vor der Begegnung mit Jesus hatte ich mein Leben als Kampf betrachtet. Ich war verbissen, wollte keiner Versuchung erliegen, immer perfekt sein. Ich hatte damals ein blaues Fahrrad, das einfach ein Mittel zum Zweck gewesen war. Doch plötzlich genoss ich es, mit diesem kleinen Gefährt durch die Kolonie zu sausen. Meine Haare wehten im Wind, ich sang und lachte. Für die Menschen in meiner Gemeinschaft war das schwer zu verstehen. Ich glaube, manche hielten mich für verrückt. Dabei hatte ich doch einfach nur entdeckt, wie schön das Leben sein kann!

Mein Vater und meine Mutter sind heute im Ruhestand. Sie leben nicht mehr auf der Farm, sondern in der nahegelegenen Stadt Filadelfia, dem Zentrum unserer Kolonie, das inzwischen etwa 18 000 Einwohner hat. Sie fahren gemeinsam Fahrrad oder helfen bei wohltätigen Organisationen mit. Mein Vater spielt Billard mit den Bewohnern eines Altenheims, meine Mutter häkelt mit den alten Damen. Die Nachmittage verbringt sie auf ihrer Veranda. Sie liest bis zu drei Bücher in der Woche oder strickt. Als ich in Ostafrika lebte, habe ich sicher Hunderte ihrer Topflappen verschenkt. Sie ist eine wunderbare Frau, versteckt unter wild gemusterten Klamotten. Ich kann kaum verstehen, dass es eine

Zeit gab, in der ich das nicht sehen konnte und wollte. Wie froh bin ich, dass Gott uns wieder zusammengebracht hat!

Mit meinem neuen Verständnis des christlichen Glaubens war ich nicht allein. Anna, meine Mitbewohnerin im Schwesternheim, glaubte ebenfalls, dass Gott mehr ist als Regeln und sonntägliche Gottesdienste. Regelmäßig setzten wir uns zusammen, um zu beten, zu singen, über die Bibel zu sprechen und Gott neu zu entdecken. Wir sind noch heute sehr gute Freundinnen.

Damals fanden wir Anschluss bei einer Gruppe anderer Christen, einer kleinen Gemeinschaft, die anfangs nur aus drei Ehepaaren und uns beiden bestand. Doch wir wuchsen rasch. Immer mehr Menschen schlossen sich uns an – gegen den Widerstand der Mennoniten. Wir waren anders als sie – lauter, verrückter, evangelistischer. Wir waren überzeugt davon, dass Jesus alles verändern kann, neues Leben schenkt, heilt und Menschen erfüllt. Wir erzählten jedem um uns herum von der Liebe Jesu und von der Befreiung, die wir selbst erlebt hatten. Wir umgaben uns mit psychisch Kranken, Obdachlosen und Süchtigen. Wir beteten für sie, obwohl das in der Gemeinschaft eigentlich den Leitern vorbehalten war, und wir erlebten Wunder.

Als ich bereits als Schwester im Krankenhaus arbeitete, stolperte einmal ein an Tuberkulose erkrankter Mann von einem Zimmer ins nächste. Er fühlte sich von irgendetwas gejagt. Ich ging zu ihm, legte ihm die Hand auf den Rücken und sagte mit fester Stimme und aus voller Überzeugung heraus: »Im Namen Jesu, Geister, weicht!« Er wurde sofort ruhig und wenige Tage später verließ er das Krankenhaus. Er war vollständig gesund, die Röntgenbilder zeigten: Die Tuberkulose war fort.

Es ist heute schwer vorstellbar, aber damals hatte unsere neue Art zu leben einen hohen Preis. Wer nicht mehr zur Gemeinschaft gehörte, konnte seine Arbeit verlieren und seine Freunde. Manche Leute grüßten uns auf der Straße nicht mehr. Immer wieder bat mich die Gemeindeleitung zum Vorsprechen. Ich sollte mich vor den Ältesten der Gemeinschaft für das, was wir taten, rechtfertigen. Oft weinte ich dann vor den verurteilenden Augen der Strenggläubigen. Der Reformator Martin Luther soll vor Gericht gesagt haben: »Hier stehe ich und kann nicht anders!« Auch ich stand dort und sagte, nur viel kleiner und schüchterner: »Ich kann nicht anders.« In diesen Sitzungen wurde ich immer scharf kritisiert. Für ein junges Mädchen ist das schwer zu ertragen, aber ich war mir sicher, dass ich auf dem richtigen Weg war. Ich hätte es um nichts in der Welt anders gemacht.

Damals lernte ich auch eine neue Seite an mir kennen: Ich liebte fremde Kulturen. Für jemanden, der in einer engen Gemeinschaft aufwächst, die sich von fremden Einflüssen abschottet, um die eigene Kultur zu erhalten, ist das eher ungewöhnlich. Das galt auch für uns Mennoniten, obwohl wir die fremde Kultur sozusagen vor der Haustür hatten.

Schon bevor die Mennoniten nach Chaco kamen, lebten dort verschiedene Indianerstämme. Sie waren Jäger und Sammler, doch die Mennoniten gewannen in ihnen Arbeitskräfte und standen mit ihnen gemeinsam auf den Feldern. Vieles daran sehe ich heute kritisch. Es stimmt, wir haben ihnen eine neue Form des Lebens gebracht, einen gewissen Wohlstand und neuen Lebensstandard. Wir haben soziale Einrichtungen gegründet und Schulen gebaut. Aber wir haben ihnen auch unsere Art zu leben übergestülpt und unsere Art zu glauben. Das mag ohne Vorsatz geschehen sein, einfach durch das gemeinsame Leben. Aber es geschah. Wir Mennoniten waren nicht nur Bauern, sondern auch Missionare. Wir haben den Indianern voller Überzeugung das

Evangelium gebracht, wie Jesus es lehrte – hatten aber oft zu wenig Ahnung von ihrer Kultur. Vielen Menschen fällt es schwer, die Werte der eigenen Kultur von denen der Bibel zu trennen, und so wurde von früheren Missionaren oft der christliche Glaube in der europäischen Version gelehrt – auch in Paraguay.

Ich glaube jedoch, dass Gott jedem Menschen so begegnet, wie er es braucht, auch jeder Kultur. Das mennonitische Denken war europäisch geprägt und die Idee von Schuld und Sühne war für uns grundlegend. Für die Indianer aber war etwas ganz anderes wichtig: Stärke und Macht. Der Kampf gegen dunkle Mächte ist tief in ihrem ursprünglichen Geisterglauben verwurzelt. Auch das Christentum kennt diesen Kampf. Die Bibel beschreibt ihn wieder und wieder. Jesus ist dort der, der Dämonen vertreibt und dunkle Mächte in die Flucht schlägt. Weil wir damals die Bibel selten so gelesen haben, wussten wir das jedoch nicht. Wir meinten es gut, wollten die Liebe Gottes in der Welt verbreiten, doch leider benutzten wir dazu oft die falschen Wege. Oberflächlich betrachtet nahmen die Indianer den Glauben an. In Wahrheit aber setzten viele sich nur den »mennonitischen Hut« auf, ohne Gott zu dieser Zeit wirklich für sich zu entdecken. Im Grund ging es ihnen wie mir, bevor ich Gott begegnete.

Mein Vater erweckte Wertschätzung für das Fremde in mir zum Leben, indem er mir meine erste positive Begegnung mit der indigenen Kultur bescherte. Ich wusste damals noch nicht, wie sehr mich diese Begegnung prägen sollte. Als Kind beobachtete ich eines Tages einen betrunkenen Indianer. Die indigenen Völker in Paraguay brauten sich oft Bier aus den Schoten eines Baumes namens Algorobo. Offenbar hatte dieser Mann zu viel davon zu sich genommen, denn er torkelte über die Straße im Dorf, brüllte herum und redete wirres Zeug. Ich hatte furchtbare Angst, denn wir Kinder wuchsen sehr behütet auf. Nie zuvor hatte ich einen Betrunkenen gesehen.

Als mein Vater meine panikgeweiteten Augen bemerkte, nahm er mich auf die Schultern und trug mich mitten in die nahe gelegene Indianersiedlung. Ich wusste nicht, wie mir geschah. Sicher dachte ich damals, mein Vater habe den Verstand verloren, mich so einer Gefahr auszusetzen.

In der Mitte des Dorfs, wo die Bewohner sich im Freien aufhielten, ihre Geschäfte tätigten, zusammensaßen und sich unterhielten, nahm er mich von seinen breiten Schultern herab, kniete sich neben mich und erklärte mir geduldig und ruhig, dass ich von diesem einen Betrunkenen nicht auf alle Indianer schließen dürfe. Nie sollte ich wegen eines Einzelnen eine ganze Volksgruppe verurteilen.

»Nur weil einer Unsinn macht, sind nicht alle böse«, sagte er.

Da standen wir mitten in der Indianersiedlung und mein Vater zeigte mir, wie sie lebten, erklärte mir ihre Bräuche und Eigenheiten. Das war nicht nur für mich, sondern auch für erwachsene Mennoniten etwas Besonderes, denn es gab viel Diskriminierung gegenüber den Indianern. Sie wurden weniger gefördert als die Mennoniten, die Indianer vor allem als Arbeitskräfte ansahen. Sie arbeiteten auf unseren Höfen mit, aßen aber nicht mit den mennonitischen Familien zusammen. Stattdessen pflegten sie ihre eigene Kultur, lebten in eigenen Siedlungen, ihre Kinder besuchten eigene Schulen. Ihre Häuser waren ärmlicher als unsere. Sie hatten schlechtere Chancen, sich weiterzuentwickeln. Es gab jenseits der Felder kaum gemeinsame Aktivitäten zwischen Mennoniten und Indianern.

Mein Vater lehrte mich an diesem Tag, dass Ausgrenzung von anderen Kulturen nicht der richtige Weg ist. Als ich viele Jahre später wieder in Paraguay lebte, bemühte ich mich um eine interkulturelle Wohngemeinschaft. Ich zog mit einer indianischen, einer spanisch-paraguayischen und einer mennonitischen Freundin zusammen. Ich wollte nicht nur in fremden Ländern, sondern auch in einer direkten Gemeinschaft erleben, dass ein interkulturelles Zusammenleben möglich ist. Später gründete ich mit Freunden sogar einen interkulturellen Kinderchor. Wir hatten eine wunderbare Zeit. Heute bin ich sicher, dass mein Vater damals den Grundstein für meine Liebe zu fremden Völkern und Kulturen gelegt hat. Er ist wohl eine der wichtigsten Ursachen dafür, dass ich die ganze Welt sehen wollte. Hätte er das damals gewusst, hätte er mich vielleicht nicht so beherzt auf die Schultern genommen und in diese fremde Welt getragen.

Während meiner Zeit in der Schwesternschule lernte ich Vokabeln von allen möglichen Sprachen und las Bücher über ferne Länder. Ich spürte: Eine einfache Krankenschwester zu sein war nicht meine Berufung. Statt nur den Körper zu heilen, wollte ich Menschen auch dabei helfen, an Seele und Geist gesund zu werden, so wie ich es selbst erlebt hatte. Doch mir war auch klar, dass ich, bei allem Fernweh, zuerst meine vierjährige Ausbildung beenden musste.

Während ich in Paraguay im Schwesternwohnheim von anderen Ländern träumte, fiel mir eines Tages ein Artikel über die Straßenkindermission »Abba« in São Paulo in die Hände. Der Text beschrieb ausführlich, mit wie viel Liebe sich die Leiter, eine Schweizerin und ein US-Amerikaner, den Kindern widmeten. Sie erzählten ihnen davon, dass es einen Gott gibt, der sie liebt und achtet. Viele dieser Kinder fühlen sich aufgrund ihrer Lebensumstände schrecklich wertlos, sie wurden sogar von der Polizei gejagt, nicht selten wurde auf sie geschossen. Die Einheimischen nannten das abwertend »Straßenreinigung«. Ich spürte sofort: Da muss ich hin. In der Zeitschrift war auch eine Adresse abgedruckt und ich schrieb die Mission an.

Bald darauf erhielt ich tatsächlich eine Antwort. Zwar könne ich nicht direkt bei ihnen unterkommen, schrieb das Leiterehepaar, aber es gebe in São Paulo eine Bibelschule für Missionare, die ich besuchen könne. Es war, als würde Gott zu mir sagen: »Geh!«, und ich bewarb mich umgehend. Ich wusste einfach, dass dort mein Platz war, obwohl ich nichts und niemanden in São Paulo kannte. Offenbar interessierte das die Bibelschulleitung ebenso wenig wie mich. Ich erhielt eine Zusage, sodass ich gleich nach Beendigung meiner Ausbildung nach Brasilien gehen konnte. Ein großes Abenteuer erwartete mich!

Doch es blieb noch eines zu tun. Zwar hatte ich seit meiner Neuentdeckung des Glaubens Auseinandersetzungen mit der Gemeindeleitung in Filadelfia gehabt, doch ich wollte nicht ohne den Segen der Ältesten aufbrechen. Also trat ich einmal mehr vor die Gemeindeleiter und brachte meinen Wunsch vor. Mein Pastor meinte daraufhin: »Du willst in Brasilien Menschen erreichen? Dann zieh doch erst einmal los und überzeuge die Brasilianer in unserer Gegend vom Glauben an Gott!«

Heute bin ich sicher, dass er das ironisch meinte, aber damals war ich jung und vielleicht noch ein wenig naiv. Ich nahm seine Worte ernst. In den kommenden Tagen und Wochen schwang ich mich immer wieder auf mein Fahrrad und besuchte die brasilianischen Gastarbeiter in Filadelfia. Nach und nach entwickelten sich tatsächlich Beziehungen zu den Fremden. Eine kleine Bibelgruppe entstand. Nach meinem Weggang wuchs daraus eine kleine brasilianische Gemeinde.

Ist es nicht verrückt, wie Gott durch einen Witz und ein Mädchen, das ihn nicht versteht, Menschen verändern kann? Diese Begebenheit zaubert mir bis heute ein Lächeln ins Gesicht.

Ich beendete schließlich die Schwesternschule, den Segen der Ältesten, um in die Mission zu gehen, erhielt ich jedoch nicht. Also rebellierte ich einmal mehr und entschloss mich, auf eigene Faust loszuziehen. Gott und ich schlossen damals einen Bund. Ich trage bis heute einen Ring am Finger, der davon zeugt. Er versprach mir, mich mit allem Nötigen zu versorgen. Und ich versprach ihm, mir keine Sorgen um die Finanzen zu machen und stattdessen ihn in den Mittelpunkt meines Denkens zu setzen. Ich hatte in meiner Zeit in der Schwesternschule einiges gespart, aber ich verwendete es nicht für mein neues Leben, sondern spendete alles.

Bis zum heutigen Tag hat Gott Wort gehalten. Ich musste nie hungern oder unfreiwillig im Freien schlafen. Freunde und Familie halfen mir, meine Reise nach Brasilien zu finanzieren. Mein Vater verkaufte sogar einige Kühe, um meinen Traum wahr werden zu lassen. Und so verließ ich im Sommer 1991 Paraguay.

3. Raus aus der Enge

São Paulo war umwerfend. Eine Überforderung für mich junge Frau aus dem paraguayischen Chaco, aber auch wunderbar. Zweiundzwanzig Millionen Menschen lebten damals in der Stadt. Bevor ich nach São Paulo kam, war ich kaum einmal Bus gefahren. Viele Menschen auf engem Raum waren mir fremd. Ich kannte die Weite der Natur und die Enge der religiösen Gemeinschaft, aber nicht im Geringsten den Trubel und die Vielfalt einer Großstadt.

Nach einer zweiunddreißigstündigen Überlandfahrt in einem nicht klimatisierten Bus stand ich schließlich am Bahnhof, meinen kleinen Koffer in der Hand, überwältigt von dem Lärm, der ungeniert offenen Art der Brasilianer, den bunten Farben der Gebäude und der Kleidung und der Fülle des Lebens selbst. An diesem Tag sah ich zum ersten Mal die Armut der Stadt. Obdachlose, Drogensüchtige, Homosexuelle, Prostituierte – sie alle waren in São Paulo zu Hause. Im kleinen Maßstab kannte ich das auch von der Fernheimer Hauptstadt Filadelfia. Süchtige und Obdachlose hatte ich dort schon getroffen und auch Prostituierte gab es. Sie gehörten freilich nicht zur Gemeinde der Mennoniten, aber ab und zu hatte ich gesehen, wie Frauen an der Hand eines Mennoniten die Straße verließen, um etwas später wieder an derselben Stelle zu stehen. Homo- oder Transsexuelle waren mir indes noch nie zu Gesicht gekommen. Hier standen sie in kurzen Röcken und bauchfrei am Straßenrand und boten sich lautstark an. Männer hielten Händchen mit Männern. Es schien, als mache in São Paulo niemand einen Hehl aus seiner sexuellen Einstellung. Doch obwohl mir das völlig fremd war, schockierte mich der Anblick kein bisschen. Stattdessen forderte er mich heraus. Endlich hatte ich es geschafft, meiner frommen Welt zu entkommen. Das war das echte Leben! Ich freute mich auf alles, was mich hier erwartete.

Die Bibelschule, die ich besuchte, lag eine Stunde vom Zentrum entfernt. Dort war es nicht laut und schrill, sondern ruhig und beschaulich. Rund um das Gelände erstreckten sich grüne Hügel und hohe Bäume in vollem Laub. Die Angestellten und die Schülerinnen und Schüler bereiteten mir einen wunderbaren Empfang und ich fühlte mich gleich willkommen. Vermutlich war ich die einzige Krankenschwester unter den auszubildenden Theologen, aber das störte mich nicht weiter.

Das Portugiesische ähnelt dem Spanischen sehr und bereitete mir daher keine großen Probleme. Außerdem war ich drei Monate vor Studienbeginn in São Paulo angekommen und nutzte die Zeit, um die Sprache zu lernen. Nebenbei arbeitete ich in der Küche der Bibelschule. Dort kochte und spülte ich für mehrere Hundert Personen und übte mich im Gespräch mit meinen Kolleginnen. Schnell beherrschte ich die Aussprache gut, aber schriftlich war ich miserabel. Die Lehrer ließen mich das jedoch nicht merken, sie waren sehr gnädig mit mir.

Ich hatte mich schon in Paraguay täglich mit biblischen Themen beschäftigt. Die strenge und fromme Schullehre in Fernheim hatte ihr Übriges dazu getan, dass ich in vielen Dingen mit meinen neuen Kommilitonen mithalten konnte. Jede Klasse umfasste 15 bis 20 Studenten und um uns herum studierten Hunderte die Bibel, alle mit unterschiedlichen Schwerpunkten. In der Gruppe der Missionare kamen außer mir alle aus Brasilien. Schon wieder war ich ein Sonderling – nur fühlte ich mich diesmal gar nicht so. Im Gegenteil: Das erste Mal in meinem Leben hatte ich den Eindruck, endlich unter Gleichgesinnten gelandet zu sein. Ich fühlte mich zu Hause.

Gemeinsam befassten wir uns mit dem Alten und dem Neuen Testament und lernten, was Gott unter Mission versteht. Wir betrachteten die Geschichte der biblischen Völker und der Apostel, doch es ging im Unterricht auch um Linguistik, Anthropologie und interkulturelle Kommunikation. Ein Fach faszinierte mich besonders, die »Teilnehmende Beobachtung«. Dieses war sehr praktisch angelegt. Die Studenten suchten sich ein Gebiet aus, das sie fortan regelmäßig aufsuchen würden, einen bestimmten Supermarkt zum Beispiel oder einen öffentlichen Platz. Dort beobachteten sie die Menschen. Im Grunde war das schon alles, aber es ist schier unglaublich, was man entdecken kann, wenn man einfach nur die Augen aufmacht und den Mund schließt. Das fiel mir anfangs wirklich schwer, bis heute rede ich gern und viel. Doch dieses Vorgehen sorgte dafür, dass ich mich auf die wesentlichen Dinge konzentrierte. Ich war zum Beispiel einmal vor einer katholischen Kirche stationiert. Schnell merkte ich, wer täglich kam und ging, wer die Kirche betrat oder nur daran vorbeilief. Ganz ohne mit den Menschen zu sprechen, entwickelte ich ein Gefühl dafür, welchen Stellenwert die Kirche im städtischen Gefüge hatte, ob die Menschen gern dorthin gingen, ob sie beliebt war oder eher ein altes Gebäude ohne größere Bedeutung für das Zusammenleben.

Manche Menschen glauben, sie hätten immer das rechte Wort zur rechten Zeit, und machen damit viel kaputt. Wir angehenden Missionare mussten lernen, zunächst die Kultur um uns herum so stehen zu lassen, wie sie ist. Bevor wir die Menschen kennengelernt hatten, sollten wir uns nicht einmischen, das war die Lektion dieses Kurses. Das war dem sehr ähnlich, was mein Vater mich gelehrt hatte, als er mich als kleines Kind ins Indianerdorf mitgenommen hatte. Vielleicht mochte ich die Stunden deshalb so sehr, die ich schweigend, beobachtend und analysierend an öffentlichen Orten in São Paulo verbrachte.

Doch nicht nur der Unterricht hinterließ Spuren bei mir, auch die Arbeit in der Küche prägte mich oder vielmehr die Menschen, denen ich dort begegnete. Eine von ihnen war meine Mitschülerin Barbara. Sie war klein und stark, eine sehr intelligente Frau mit tiefschwarzem Teint und kurzen krausen Haaren. Sie kam aus dem Norden Brasiliens, der damals ärmer und schlechter entwickelt war als der Rest des Landes. Barbaras Vorfahren stammten aus Afrika. Etwa ein Drittel der Brasilianer hatte damals afrikanische Wurzeln.

Ich kann wohl sagen: Barbara und ich liebten und hassten uns. Sie wurde schnell meine wichtigste Portugiesisch-Lehrerin. Während wir gemeinsam Kartoffeln schälten und Töpfe spülten, übte sie mit mir die Aussprache und korrigierte mich, wenn ich falsche Vokabeln benutzte. Und wie sie mich korrigierte! Barbara war die strengste Lehrerin, die ich in São Paulo hatte, und deshalb auch die beste. Ich kann mich nicht daran erinnern, dass sie einmal zu mir gesagt hätte: »Das machst du gut.« Stattdessen trieb sie mich an, schneller zu lernen und präziser zu sein. So verbrachten wir mal acht, mal zehn Stunden am Tag zusammen.

Doch es gab da noch eine Seite an Barbara, die ich erst nach einiger Zeit bemerkte. Im einen Moment lachten wir zusammen und im nächsten Moment wurde sie schrecklich wütend. Wenn ich kleine Fehler machte oder mich in der Küche dumm anstellte, fühlte sie sich derart provoziert, dass sie mich sogar körperlich angriff. Eines Tages – ich weiß nicht mehr, was der Auslöser war – schnappte sie sich aus heiterem Himmel einen der großen Bottiche, die wir benutzten, um schmutziges Geschirr zu säubern, und kippte ihn über meinem Kopf aus. Rasende Wut stand in ihren Augen. Dann verließ sie schnell den Raum. Ich blieb zurück: tropfend, verblüfft und verletzt. Es war nicht das einzige Mal, dass so etwas vorkam. So arbeiteten wir eine Zeit lang zusammen, immer auf der Kippe zwischen Wut und Liebe, zwischen Vertrauen und Streit. Es war eine seltsame Beziehung und wir beide verstanden nicht, warum das so war.

Irgendwann erzählte Barbara mir ihre Geschichte. Ihre Vorfahren waren als Sklaven nach Brasilien gebracht worden. Sie selbst hatte davon natürlich nichts mehr erlebt, aber wie das so ist bei Familiengeschichten – sie ziehen sich durch die Generationen, das Leid einer Großmutter betrifft auch die Mutter und deren Leid wiederum das Enkelkind. Ich war Barbaras erste echte weiße Freundin. Und zugleich waren es die Weißen gewesen, die ihren Ahnen schreckliches Leid zugefügt hatten. Meine Freundin trug einen tiefen Hass gegen Weiße in sich, ohne es zu wollen. Und ich verstand das. Was meine Leute ihrer Familie einst angetan hatten, war schrecklich. Deshalb setzte ich mich mit 21 Jahren zum ersten Mal allein in ein ruhiges Zimmer, suchte das Gespräch mit Gott und bat um Vergebung für die Sünden der Weißen, die Barbaras Familie einst von Afrika nach Südamerika verschleppt hatten. Auch wenn meine Vorfahren aufgrund ihrer Lebensumstände sicherlich nicht daran beteiligt waren, fühlte ich mich als Weiße mit verantwortlich. Ich weinte und bat Gott darum, Gnade walten zu lassen, Vergebung zu ermöglichen und Frieden in Barbaras Herz einziehen zu lassen.

Das mag manch einem seltsam vorkommen. Schließlich hatte ich selbst mit dem, was hunderte Jahre vor mir geschehen war, nichts zu tun. Doch die Bibel bietet viele Beispiele dafür, dass Menschen für andere im Gebet eingestanden sind. Für mich gehört es bis heute zu meiner religiösen Praxis. In meiner Zeit in Afrika habe ich viel Leid gesehen, das durch Weiße verursacht wurde. Ich habe immer wieder um Vergebung dafür gebeten. Das ist für mich nicht nur ein Gespräch mit Gott darüber, was in unserer Welt alles falsch läuft. Es hilft mir auch zu verstehen, wie sich die Opfer von Gräueltaten fühlen. Dadurch kann ich mich in sie hineinversetzen, mit ihnen fühlen.

So lernte ich in meinen knapp zwei Jahren in São Paulo nicht nur viel über Mission, die Bibel und die Annäherung an fremde Kulturen, sondern ich lernte auch mich selbst besser kennen und wurde vorbereitet auf das, was ich später erleben würde. Mit Barbara sprach ich mich aus und sie selbst erkannte ihr Problem. Wir beteten und weinten gemeinsam. Leider riss unser Kontakt nach der Zeit in São Paulo ab. Es wäre schön, wenn sie sich eines Tages bei mir melden würde. Ich sehe ihr Gesicht noch vor mir wie gestern. Diese wunderbare Frau wird mir immer in Erinnerung bleiben.

Mit den Straßenkindern, deretwegen ich eigentlich nach São Paulo gegangen war, würde ich erst einige Jahre später arbeiten. Die Organisation in Brasilien ermutigte mich, zuerst meine Bibelschule zu beenden. Später verbrachte ich ein ganzes Jahr mit den Straßenkindern von São Paulo – eine unvergessliche Zeit, über die ich ein eigenes Buch schreiben könnte.

Zunächst aber blieb ich im geschützten Rahmen der Bibelschule. Doch auch dort lauerten Gefahren für mich junges Mädchen. In meiner Leidenschaft für Gott stand ich jeden Tag sehr früh auf. Es gab auf unserem Campus ein 24/7-Gebetshaus, in dem rund um die Uhr gebetet wurde. Dazu teilten wir Schülerinnen und Schüler uns in Schichten ein. Ich nahm gern die Stunden mitten in der Nacht. Zwei bis vier Uhr morgens war *meine* Zeit. Ich liebte diese ruhigen Stunden vor Sonnenaufgang.

Ich muss jedoch zugeben, dass ich die Gebetszeit nicht immer im dafür vorgesehenen Gebäude verbrachte. Ich lief oft durch die Wälder und über die Hügel rund um unser Gelände. Da kam ich mehr zu mir, fand einen besseren Draht zu Gott. In einer dieser Nächte erkältete ich mich. Anfangs war es nur ein leichtes Husten, dann bekam ich immer schlechter Luft. Ich wohnte damals in einem Acht-Bett-Zimmer. Keine meiner sieben Kommilitoninnen, mit denen ich Tag und Nacht verbrachte, merkte mir etwas an, und auch mir selbst war nicht bewusst, wie krank ich war. Eines Tages konnte ich nicht mehr aufstehen. Ich fieberte, Schweiß stand mir auf der Stirn, mein Atem rasselte, ich wurde beinah bewusstlos.

Da brachte mich eine meiner Mitbewohnerinnen ins Krankenhaus. Sie hieß Fatima und ist mir seit der Zeit in Brasilien eng verbunden. Fatima betete und weinte jeden Tag um das somalische Volk, obwohl sie keinerlei Verbindungen dorthin hatte. Oft sah ich sie auf dem großen Fußballfeld der Bibelschule auf und ab laufen, ins Gespräch mit Gott vertieft, oft zu Tränen gerührt. Als Kind hatte Fatima einmal eine Reportage über Somalia gesehen. Seitdem stand für sie fest, dass sie eines Tages dort arbeiten würde. Sie stammte aus São Paulo und war acht Jahre älter als ich. Als junge Frau war sie Nonne gewesen, hatte aber Probleme mit einigen Regeln und Glaubensinhalten der katholischen Kirche in Brasilien gehabt. Und sie hatte einen Herzfehler. Weil der immer schlimmer wurde, verließ sie ihre Kommunität eines Tages und besuchte die Bibelschule. Ihr Ziel, nach Somalia zu gehen, behielt sie immer im Blick.

Mich beeindruckte es tief, wie sehr sie sich für eine Gruppe von Menschen einsetzte, der sie noch nie begegnet war. Das war meine erste echte Begegnung mit Afrika, wenn auch keine direkte. Es war ein erster Hinweis auf meine spätere Berufung. Fatimas und mein Weg sollten sich noch einige Male kreuzen.

Doch zunächst schleppten sie und einige Kommilitonen meinen röchelnden Körper ins Krankenhaus. Von mir war nicht viel mehr übrig als ein hustendes und überhitztes Häufchen Mensch. Ich schwebte in Lebensgefahr. »Verschleppte Lungenentzündung«, so lautete die Diagnose der Ärzte. So etwas kann noch heute gefährlich sein, aber im Jahr 1991, zudem in Brasilien, war es das erst recht. Die medizinischen Bedingungen waren nicht annähernd so gut wie heute in Europa. Meine Eltern erfuhren erst Wochen später von meinem Zustand, so lange brauchten die Briefe, bis sie sie erreichten. Telefonate von Brasilien in unsere Kolonie herzustellen war schwierig und die Verbindung oft schlecht und teuer.

Ich fühlte mich derweil, als wäre ich auf dem Weg in den Himmel. Meine Erinnerungen an diese Zeit sind sehr verschwommen. Einerseits machte mich das Gefühl, dem Himmel und damit Gott nah zu sein, glücklich. Andererseits war ich mir sicher, dass ich nicht bereit war zu gehen, weil ich meine Mission auf dieser Welt noch nicht erfüllt hatte. Dabei wusste ich gar nicht, worin sie bestand.

In dieser Zeit zeigte mir Gott, wie sehr er alle Menschen liebt und dass diese Liebe nicht nur die Frommen einschließt. Dies verbannte das letzte Überbleibsel arrogant-religiöser Überlegenheitsgefühle aus meinem Denken. Kein Christ konnte besser sein als der andere. Alle Menschen sind vor Gott gleich. Ich starb in diesen Wochen zwar nicht, aber ich war lange Zeit außer Gefecht gesetzt. Doch bis heute zehre ich von dem, was Gott mir damals gezeigt hat.

Als ich zurück in der Bibelschule war, tat ich alles, um auch den letzten Rest traditioneller Glaubensregeln meiner alten Heimat abzulegen. Ich schminkte mich, band mir die Haare neckisch nach oben und trug Röcke, die nur bis zu den Knien reichten. Ich war recht groß, wahrscheinlich bedeckten die Kleider, die ich auswählte, bei anderen sogar die Knie. Bei mir aber waren sie entschieden zu kurz. Immerhin befand ich mich auf einer Bibelschule, wo aufreizende Kleidung verboten war. Zudem waren die Regeln in São Paulo um einiges strenger als heute in manchen Kirchen und Bibelschulen. Mich jedoch störte das nicht, ich zog mich auch dann nicht um, als mich eine Lehrerin ermahnte. Stattdessen wurde ich wütend. So wütend, dass mir sogar die Tränen über die Wangen liefen. Ich wollte diesen religiösen Regeln nicht mehr folgen. Ich wünschte mir, frei zu sein. Schließlich liebte Gott alle Menschen, schwarze und weiße, Mennoniten und traditionelle Lutheraner, Sünder und weniger Sündige, Frauen mit kurzen Röcken und mit langen.

Ich brauchte eine ganze Weile, bis ich verstand, dass es bei der Kleiderordnung nicht darum ging, sich Gottes Liebe zu verdienen. Kurze Röcke waren in diesem Umfeld einfach nicht angemessen.

Bis heute bin ich skeptisch gegenüber religiösen Regeln. Ich habe oft das Gefühl, Christen befolgen sie nur, weil sie es einmal so gelernt haben, aber nicht aus Liebe zu Gott. Doch ich bin weiser geworden. Ich nehme es nun so, wie es der Apostel Paulus in der Bibel empfiehlt: Tu, was du willst, aber lass es anderen nicht zum Anstoß werden. Und ich muss zugeben – die Röcke standen mir auch kein bisschen. Als ich das erkannte, tauschte ich sie gegen angemessenere Kleidungsstücke. Ich nähte mir meine Kleidung damals manchmal selbst und machte noch in derselben Nacht aus einem Jeansrock eine wunderbare Tasche, die mir fortan sehr dienlich war.

In der Zeit meiner Krankheit lernte ich auch, dass Gott von mir forderte, eines Tages in meiner alten Mennonitengemeinde um Vergebung zu bitten. Dass ich als Teenager aufbegehrt hatte, war ein Akt des Glaubens gewesen. Aber vieles, was ich getan hatte, war auch aus Trotz geschehen. So wie ich die kurzen Röcke zunächst nicht ablegen wollte, wollte ich mich auch nicht der Gemeinschaft unterordnen. Das war nicht in allen Punkten falsch. Aber dort, wo es aus reinem Trotz geschah, war es nicht Gottes Plan.

Ein Jahr später, nach dem Ende meiner Ausbildung, ging ich zurück nach Paraguay. Ich trat vor meine Gemeinde und bekannte, dass ich rebellisch gewesen war. Dass ich ein Einzelgänger hatte sein wollen, obwohl Gemeinschaft eigentlich der Ort ist, wo wir Menschen uns wahrhaftig entfalten können. Eintausend Mennoniten saßen im Gottesdienst, als ich bekannte, dass es arrogant gewesen war zu denken, ich könnte alles allein schaffen.

Ich begann, Filadelfia nochmals zu entdecken, dieses Mal mit einem liebenden Blick. Ich machte eine Fortbildung zur psychiatrischen Schwester und tauschte das hellblaue Fahrrad gegen einen goldgelben VW-Käfer. Ich blieb dort für drei weitere Jahre.

Am Ende dieser Zeit kam einer der Gemeindeältesten zu mir und sagte: »Hedi, wir kennen dich jetzt besser. Wir haben gesehen, dass wir dich nicht stoppen können. Du wirst die Welt bereisen und wir wollen dich segnen.« So bekam ich am Ende den Segen, den ich mir gewünscht hatte – wenn auch auf anderem Wege als gedacht. Demut hatte mir die Tür geöffnet, nicht Arroganz.

Erst mit 24 Jahren sollte ich das Land wieder verlassen. Daran beteiligt war meine gute alte Fatima. Jene junge Frau, die Somalia so sehr liebte und mich wegen meiner Lungenentzündung ins Krankenhaus gebracht hatte. Sie besuchte mich in Paraguay und lebte einige Monate bei mir. Auch in dieser Zeit betete sie inbrünstig für die Somalier, doch ich merkte, wie sich ihr Gebet verändert hatte. Sie wünschte sich eine Unterstützerin, jemanden, der sie auf ihrer Reise nach Afrika begleiten und ihr bei der Arbeit helfen würde. Am besten sollte die Person medizinische Erfahrung haben.

»Das könnte tatsächlich ich sein«, dachte ich. Außerdem bewunderte ich Fatima zutiefst und war mir sicher, dass ich viel von ihr lernen konnte. Sie war und ist charismatisch, belesen, eine tolle Predigerin und überhaupt so vieles, was ich damals nicht war. Als ich ihr von meinen Gedanken erzählte, war sie überglücklich. Trotz meiner Unerfahrenheit war sie davon überzeugt, dass wir uns gut ergänzen würden. Wir beschlossen, unseren weiteren Weg gemeinsam zu gehen. Der führte uns zunächst mit unterschiedlichen Aufgaben nach Brasilien und dann für ein Jahr in den missionarischen Dienst nach Bolivien, um weitere Erfahrungen zu sammeln.

Im Laufe der Zeit wurde Fatimas Herzkrankheit leider immer schlimmer. Am Ende musste sie ihren Traum von Somalia aufgeben. In mir aber war er erst richtig geweckt. Mein Ziel stand fest: Afrika. Ich würde mit Gottes Hilfe meinen Weg gehen. Er leitete mich immer ein Stück weiter, Schritt für Schritt.

Eines Tages hörte ich, dass in Afrika dringend medizinische Helfer gebraucht wurden. Ich hatte das Gefühl, dass ich diesem

Ruf folgen sollte, und in mir wuchs der Wunsch, eine kleine mobile Klinik in Somaliland zu eröffnen. Dieser Mini-Staat liegt mitten im kriegsgebeutelten Gebiet zwischen dem Sudan, Äthiopien, Somalia, Dschibuti und Uganda. Wo, wenn nicht dort, brauchten die Einheimischen Heilung?

Bald darauf kaufte ich mir für 1000 US-Dollar eine mobile Schwesternausrüstung und ein Flugticket nach Afrika.

4. Berufen

Als 26-Jährige landete ich in Nairobi, der Hauptstadt von Kenia. In einer Hand hielt ich meinen Koffer, in der anderen meine mobile Notfallklinik, mit der ich die Welt verändern wollte. Wenn ich heute daran zurückdenke, muss ich über mich selbst lachen. Ich hatte ja keine Ahnung von der Not und der Armut, die auf diesem Kontinent herrschten. Ich hatte mich einfach wie ein naives Kind auf das neue Abenteuer gefreut. Nachdem ich jahrelang für Afrika gebetet hatte, war meine Sehnsucht danach, die Menschen dort kennenzulernen, riesig. Doch nichts kam wie geplant.

Mein kenianischer Missionsleiter holte mich vom Flughafen ab. Zum Glück musste ich das Bild, das die Straßen der chaotischen und turbulenten Stadt mir boten, nicht allein ertragen. Auf den Bürgersteigen in den Ecken zwischen einzelnen Gebäuden lagen und hockten Menschen herum, als seien sie einfach dort hingeworfen worden wie unnützer Hausrat. Gelähmte, Verstümmelte, Arme und Kranke bettelten um ein wenig Brot oder Geld – wenn sie es noch konnten. Viele dieser Obdachlosen waren Opfer der bewaffneten Konflikte, die sich damals wie heute in Afrika abspielen. Manchen von ihnen fehlten Arme oder Beine, sie waren verwirrt, sprachen mit sich selbst oder mit imaginären Gestalten um sie herum. Unter der Hand wurden Drogen verkauft. Kinder stahlen die Geldbörsen von Passanten. Wer es sich leisten konnte, trug eine Waffe.

Bevor ich nach Afrika gereist war, war ich davon überzeugt gewesen, dass ich bereits echte Armut kennengelernt hatte. Paraguay ist kein reiches Land und auch in São Paulo und Bolivien hatte ich eine Menge Elend gesehen. Aber das war nichts im Vergleich zu dem Leid in Kenia.

Doch schon bald sollte ich erkennen, dass ich bei meiner ersten Begegnung mit Afrika in einer recht gut entwickelten Gegend gelandet war – wenigstens im Vergleich zu dem, was noch kommen würde. Von Nairobi aus reiste ich gemeinsam mit meinem Missionsleiter und dessen Familie weiter nach Garissa, etwa acht Stunden nordöstlich von Nairobi. Das Missionsleiterehepaar war gemeinsam mit anderen Christen nach seiner Studienzeit dorthin gezogen. Sie hatten Schulen gegründet oder unterstützten die Bevölkerung auf andere Weise.

Der Ort war kein angenehmeres Pflaster als die Hauptstadt. Garissa ist trocken wie die Wüste und hauptsächlich von strenggläubigen Muslimen besiedelt. Damals hüllten sich die Frauen noch in bunte Tücher, die im warmen Wind flatterten, heute trifft man dort sogar voll verschleierte schwarz gekleidete Muslimas.

Garissa galt als somalischer Außenposten, was nicht gerade für eine gute Sicherheitslage in der Region sprach. Seit Ende der Achtzigerjahre wütete im östlich gelegenen Somalia ein Bürgerkrieg zwischen verschiedenen Warlords und Clans, der darin gipfelte, dass die Zentralregierung des Landes abgesetzt wurde. Bis heute ist die Hauptstadt Mogadischu umkämpft, während sich andere Landesteile stabilisiert haben. Immer wieder leidet die Bevölkerung unter dem Terror radikalislamischer Gruppen, die bekannteste ist die al-Shabaab-Miliz. Anschläge gab und gibt es nicht nur auf somalischem Gebiet. Erst im Jahr 2012 ereigneten sich in Garissa zwei verheerende Terrorattentate auf christliche Kirchen, bei denen 17 Menschen starben. 2013 erschossen Unbekannte einen zum Christentum konvertierten Muslim und verletzten den Pastor einer örtlichen Pfingstkirche schwer. 2015 starben 147 Menschen bei einem Anschlag von al-Shabaab auf das College. Schon zu meiner Zeit war die Sicherheitslage dort bedrohlich. Einheimische verweigerten Fremden oft Jobangebote in der Gegend – aus Angst um ihr Leben und die Sicherheit ihrer Familien. Und diese Stadt sollte nun mein erster Wirkungsort im lang ersehnten fernen und fremden Afrika sein. Gott wollte wohl nicht, dass mir langweilig wird.

Der Weg dorthin war lang und beschwerlich. Wir fuhren mit dem öffentlichen Bus und tuckerten auf engstem Raum zusammengepfercht mit Menschen und Nutztieren stundenlang bei unerträglichen Temperaturen über Land. Je nördlicher wir kamen, desto heißer und trockener wurde es. An jeder zweiten Ecke hielt das Fahrzeug an und Einheimische versuchten, uns undefinierbares Fleisch und von der Sonne erhitzte Kamelmilch zu verkaufen. Es gab keine Toiletten an Bord, überall roch es nach Schweiß, wir hatten keine Sitzplätze und kauerten uns notdürftig auf den Boden.

Durchgeschwitzt, müde und kraftlos erreichte ich Garissa. Vier Jahre lang hatte ich für die somalischen Menschen gebetet. Ich war fest davon überzeugt, dass ich ihnen mit meinen Fähigkeiten als Krankenschwester helfen konnte. Ich wollte ihnen auch von dem Gott erzählen, den ich selbst in den vergangenen Jahren so gut kennengelernt hatte und der, davon war ich überzeugt, sie so sehr liebte wie mich und jeden anderen Menschen.

Doch ich hatte nicht damit gerechnet, dass die Somalier sich gar nicht dafür interessierten, was ich für sie im Gepäck hatte. Im Gegenteil: Als ich meine Füße endlich wieder auf festen Boden setzen konnte, flogen die ersten Steine. Eine Gruppe Einheimischer hatte sich am Busbahnhof eingefunden und mich wohl aufgrund meiner hellen Hautfarbe als Ausländerin und darüber hinaus als Missionarin ausgemacht. Ich trug nämlich nicht nur meinen Arztkoffer bei mir, sondern auch meine Gitarre. Dicke Brocken schlugen mit voller Wucht gegen meinen Koffer, meine Beine und meine Arme.

»Gaal! Gaal!«, riefen die Werfer – »Ungläubige!«

Das waren sie also, die Menschen, auf die Gott mich so lange vorbereitet hatte, die ich aus der Ferne so sehr geliebt hatte, dass ich täglich für sie betete und die ich unbedingt treffen wollte. Heute kenne ich die somalische Kultur gut. Ich weiß, Somalier sind leidenschaftlich, engagiert, draufgängerisch, manchmal leichtsinnig und etwas rücksichtlos – und sie schreien oft. Einen kleinen Eindruck davon erhielt ich an diesem Tag.

Obwohl sie mich bewarfen, konnte ich ihrem Handeln etwas abgewinnen. Auch ich war leidenschaftlich, leichtsinnig und manchmal naiv. Ich verstand sogar, warum sie mich nicht in ihrem Land haben wollten. Da kamen fremde Weiße, die ihre Kinder bekehren wollten. Und das ging ihnen gegen den Strich. Ich hatte Respekt vor dieser Glaubenshaltung. Immerhin hatten sie eine. Sie waren überzeugt von etwas, genau wie ich. Ich würde die nächsten sechs Jahre in ihrer Mitte verbringen. Was für ein wertvolles Abenteuer!

Somalia ist steinig, staubig und dreckig. Überall liegen Plastiktüten herum, Naturschutz ist ein Fremdwort. Viel wächst in dem trockenen Gebiet nicht, außer Kakteen und Akazienbäumen. Es ist unglaublich heiß. Ohne Ventilatoren ist das Leben dort schwer zu ertragen. Der Strom wird nicht selten auf wenige Stunden am Tag rationiert, sodass auch diese Erleichterung ausbleibt.

Die Menschen hier haben hellere Haut als ihre afrikanischen Nachbarn. Europäer würden sie wohl als »schokoladenbraun« bezeichnen. Die Frauen ähneln mit ihrem langen, lockigen, schwarzen Haar eher ihren arabischen Nachbarn als den Sudanesen oder Kenianern, deren Teint die Farbe von Kaffee hat. Natürlich sieht man das Haar der Frauen unter ihren islamischen Gewändern nicht, es sei denn, man gehört zur engen Familie.

Die Somalier lieben das Diskutieren. Sie werden laut, sie streiten, sie brennen für Themen und Dinge. Dabei trinken sie heißen, würzigen Tee mit wahnsinnig viel Ingwer, der fast wie Medizin schmeckt. Zimt, Kardamom und jede Menge Zucker kommen auch hinein. Dieses Gebräu hält einen stundenlang wach.

Anders als ihre direkten Nachbarn sind die Somalier keine Landwirte. Stattdessen leben sie zumindest traditionell als Nomaden, folgen mit ihren Kamelherden dem Regen und lassen sich immer nur zeitweise an Orten nieder, die die Natur ihnen bietet. Frauen und Kinder leben in Zelten, während die Männer ihre Tiere oft wochen- und monatelang in der Wildnis hüten.

Fünfmal am Tag ruft der Muezzin zum Gebet. Ehen werden arrangiert und Mädchen beschnitten. Viele somalische Mädchen leiden ihr Leben lang unter dem, was ihre Gemeinschaft ihnen antut. Die Schamlippen werden nach der blutigen Operation oft so eng und grob zusammengenäht, dass sie kaum noch Wasser lassen können.

Somalia befindet sich seit spätestens 1991 im Kampf gegen sich selbst. Wie alle Kriege entspringt auch dieser einer komplexen Geschichte. Grob gesagt resultiert er aus einem Kampf zwischen drei großen Clans um politische Macht, Wasser und Land. Dabei sind die Dinge schnell völlig außer Kontrolle geraten. Wer monatelang bis aufs Blut gekämpft und dabei Angehörige verloren hat, der braucht irgendwann keine anderen Gründe mehr für den Krieg. Was als Konkurrenz begann, wurde zur Blutfehde. Ein Rachefeldzug folgte dem nächsten. Das geht nun schon fast dreißig Jahre so. Somalia ist zum sogenannten »gescheiterten Staat« geworden. Es gibt bis heute keine Zentralregierung. Es ist eines der ärmsten Länder der Welt und weist zugleich eine der höchsten Gewaltraten auf. Eine ganze Generation Somalier kennt nichts anderes als den Krieg. Allein das reicht aus, um eine Rückkehr zum friedlichen Miteinander fast unmöglich zu machen.

Kriegskinder sehen keine Schulen von innen, weil die Gebäude zerbombt sind.

Kriegskinder lernen nicht, für ihren Lebensunterhalt zu sorgen, weil sie ohnehin von Gesetzlosen bestohlen werden.

Kriegskinder ziehen sich gegenseitig groß, weil ihre Eltern fallen – physisch oder emotional.

Es sind über die Jahre etwa doppelt so viele Somalier aus ihrem Land geflohen, wie dort heute noch leben. Viele Flüchtlinge sind nach Kenia und Äthiopien gegangen. Sie haben Angehörige zurückgelassen und ihre Kinder sterben sehen. Sie haben Gliedmaßen verloren und sind fast verhungert oder verdurstet. Sie haben nichts mehr außer sich selbst. Horrorszenarien wie diese konnten die Geflüchteten nur überleben, weil sie in all den Gebieten, wo sie in der Welt gelandet sind, Verbünde gegründet haben. Somalische Gemeinschaften, egal in welcher Stadt und auf welchem Kontinent, sind bekannt für ihren engen Zusammenhalt. Die Flüchtlinge helfen sich gegenseitig und tun alles, um diejenigen, die sie zurücklassen mussten, zu unterstützen, sei es in Somalia selbst oder in einem der vielen Flüchtlingscamps.

Je länger ich mich mit der Geschichte dieser Menschen auseinandersetzte und je besser ich sie kennenlernte, desto mehr erkannte ich: Die Somalier brauchten keine Ein-Mann-Klinik. Mehr als meinen kleinen Arztkoffer und eine Krankenschwester benötigten sie jemand, der ihnen dabei half, ihre Traumata zu bewältigen. Jemand, der ihnen zeigte, wie sie ihr Wasserglas wieder füllen konnten. Nach und nach wurde mir bewusst, dass der Traum von einer Busch-Klinik wohl eher mein eigener als der Traum Gottes gewesen war. Zwar wollte Gott, dass ich Heilung zu den Somaliern brachte, aber er meinte damit nicht physische Gesundheit, sondern etwas viel Tieferes.

Daher nahm ich meinen 1000-Dollar-Arztkoffer und spendete ihn einem Krankenhaus in Garissa. Ich begann, Trauma-Heilung zu studieren, und entschloss mich dazu, nicht nur bei den Somaliern zu leben, sondern mitten unter ihnen, als Teil ihrer Gemeinschaft. Ohne trennende Mauern und Wände zwischen uns. Ich wollte mir Jesus als Vorbild nehmen, der mitten unter den Menschen lebte, anstatt sie nur aus der Ferne zu beobachten und zu beurteilen. In sechs Jahren lernte ich, dieses einzigartige Volk, dessen impulsiver Charakter dem meinen so ähnlich ist, seine bunten Farben, seine verrückten Gerüche, seine unvergleichlichen Töne und Tonarten zu lieben.

Während ich mich im Bereich Trauma-Bewältigung fortbildete, gab ich zugleich Kurse für christliche Missionare vor Ort, die ähnlich wie ich in fremden Ländern arbeiten wollten. Ich lehrte sie, wie sie sich in fremden Kulturen bewegen mussten, so wie es mir einst mein Vater und später meine Lehrer in São Paulo beigebracht hatten. Ich verbrachte meine Zeit unter den Somaliern, nicht nur in Garissa.

Tatsächlich war das nur der Anfang meiner Reise durch diese Kultur. Von Nordost-Kenia reiste ich im Laufe der Monate und mit Unterstützung verschiedener Missionsorganisationen nach

Äthiopien, von dort nach Dschibuti, nach Somaliland und nach Somalia. Der fünfzackige Stern in der somalischen Flagge steht für diese fünf Gebiete, in denen die Somalier zu Hause sind.

So kam ich nach Dschibuti. Die Lage dort war völlig anders als in Garissa. Hier waren Menschen aus fremden Ländern etwas Normales. Zahlreiche NGOs hatten dort Niederlassungen und es wimmelte von Weißen. Sie und auch die Missionare vor Ort hatten keinen schlechten Ruf wie in Garissa.

Ich hatte mir in den Kopf gesetzt, ein Teil der somalischen Welt zu werden, und war bereit, das durchzusetzen. In Dschibuti traf ich eines Tages auf eine Gruppe somalischer Frauen. Sie saßen auf dem Boden im Staub und verkauften kleine gebratene Brötchen. Bur Saliid nennen die Einheimischen diese Leckerei. Die Frauen verdienten ihren Lebensunterhalt damit. Die Gruppe erschien mir irgendwie zugänglich, deshalb ging ich zu ihnen und fragte geradeheraus, ob sie nicht eine somalische Familie kennen würden, die mich aufnehmen könnte. Die Frauen meinten, ich solle am nächsten Tag wiederkommen.

Das tat ich und sie stellten mir eine Witwe mit vier Kindern namens Khadra vor, die bereit war, mich aufzunehmen. Sie war damals um die vierzig Jahre alt, ich Mitte zwanzig. Ich würde ihr Miete zahlen und im Haushalt helfen und sie würde mich im Gegenzug in ihre Familie integrieren. Eigentlich aber tat sie viel mehr als das: Sie adoptierte mich. So ganz kann ich mir bis heute nicht erklären, warum sie eine Fremde so nah an sich und ihre Kinder heranließ. Da ist, als würde man von heute auf morgen einen syrischen Flüchtling in seinem Haus aufnehmen! Das brächte sicherlich einige Herausforderungen mit sich und ich verstehe jeden, der aus Angst vor Überforderung nicht dazu bereit ist. Khadra aber nahm mich an. Sie gab mir gemeinsam mit ihrer Familie und einer somalischen Lehrerin Sprachunterricht. Sie akzeptierte, dass ich regelmäßig auf dem Boden im Schlaf- oder Wohnzimmer oder im Aufenthaltsraum unter einem Fenster saß – dort ging wenigstens ein kleiner Luftzug – und die Bibel las.

Ich hatte mir angewöhnt, meinen Glauben zwar offen zu leben, vermied es aber, die Muslime um mich herum vor den Kopf zu stoßen, indem ich offen missionierte oder ihnen Bibeltraktate unter die Nase hielt. Stattdessen nahm ich mir heraus, ab und zu für sie zu beten. Ich fragte sie, wenn sie krank waren, ob ich Gott um Heilung bitten dürfte. Dafür waren Khadra und auch so gut wie alle anderen Somalier, die ich kannte, erstaunlich offen. Traktate erreichten sie nicht, aber die persönliche Beziehung zu Gott, die wir Christen lebten, faszinierte sie.

Khadra behandelte mich schnell wie eine eigene Tochter. Als ich schon längere Zeit bei ihr wohnte, kamen einmal zwei Männer zu Besuch. Sie stellten sich vor und hielten, wie ich später erfuhr, bei Khadra um meine Hand an. Man darf ihnen das nicht übel nehmen. Für Muslime ist eine alleinstehende Frau Mitte zwanzig etwas ganz Ungewöhnliches. Es kann gut sein, dass sie wirklich nur mein Bestes im Sinn hatten und mich deshalb unter die Haube bringen wollten. Khadra aber verstand sofort, dass diese Situation brenzlig werden konnte. Wenn der Eindruck entstünde, dass ich die Männer ablehnte, würden sie sich gekränkt fühlen. Und Kränkung ist etwas, was sich die Muslime in dieser Kultur von einer jüngeren Frau nicht bieten lassen. Also übernahm Khadra den Fall und jagte sie kurzerhand aus dem Haus. Wenn ich mich recht erinnere, flog sogar ein Stuhl durch den Flur. Jedenfalls kamen sie nie wieder. Und auch sonst hielt erst Jahre später wieder ein Somalier um meine Hand an. Ich nehme an, der Vorfall hatte sich schnell herumgesprochen.

Es klingt ein wenig paradox, aber vielleicht war es ausgerechnet Khadras islamischer Glaube, der am Ende dafür sorgte, dass sie mich beschützte. Der Islam beruht auf fünf Säulen. Diese Säulen sind Regeln, die jeder Muslim erfüllen muss, damit er sich gottgefällig zeigt und nach seinem Tod von Gott belohnt wird. Dazu zählt es, das Glaubensbekenntnis aufzusagen, fünfmal am Tag zu beten, zu fasten, nach Mekka zu reisen und sich um Bedürftige zu kümmern. Ich denke, Khadra hat mich als einen Menschen gesehen, dem sie helfen konnte. Und vielleicht hat sie sich für ihre Hilfe einen kleinen Bonus im Himmel versprochen.

Wir haben darüber nie gesprochen, aber vom ersten Tag an fiel mir auf, wie ähnlich Khadra meiner Mutter war: Rau wie ein Kaktus von außen und sehr weich und einfühlsam von innen. Mir gefiel ihre offensive Art, ich würde sie ungeniert nennen. Zuvor hatte ich ja einige Zeit in Kenia gelebt und die Menschen dort sind das absolute Gegenteil: So höflich, dass es einen beschämen kann. Ich hingegen liebte seit der Zeit meines Ausbruchs aus der engen religiösen Gemeinschaft der Mennoniten alles, was echt war, und Khadras Authentizität eroberte mein Herz im Sturm.

Ihr Mann war beim Militär gewesen und dort ums Leben gekommen, an die genauen Umstände kann ich mich nicht mehr erinnern. Dafür klingt der Lärm in ihrem Haus noch heute in meinen Ohren. Wenn es Streit gab, flogen auch mal die Gardinenstangen durchs Zimmer. Aber eine Sekunde später war alles vergessen und alle aßen zusammen zu Abend, und zwar so, wie es für Somalier üblich ist: Auf dem Boden sitzend, einen Teppich in der Mitte, auf dem alle Speisen aufgebaut sind. Alles war ganz simpel, besonders in diesem Haus, das nicht gerade vor Wohlstand strotzte. Ich musste schnell lernen, dass ich unverzüglich zugreifen musste, wenn ich beim Essen nicht zu kurz kommen wollte.

Für gewöhnlich servierte die Familie alles auf einem großen Teller, von dem sich jeder mit den Fingern bediente. Dabei ist es nur erlaubt, die rechte Hand zu benutzen, die linke gilt als unrein. Ich machte nur ein einziges Mal den Fehler, die falsche Hand zu benutzen. Danach hatte ich eine Woche lang einen Teller für mich, war damit aber auch vom gemeinsamen Essen ausgeschlossen.

Das somalische Essen ist äußerst lecker. Es gibt Reis, Knoblauch, Zwiebeln, Gemüse und Kamelfleisch, alles miteinander vermengt und aufgeschichtet, abgeschmeckt mit einem Hauch indischer Gewürze. Ein Ring aus geschälten Bananen ziert den Rand des Tellers oder es gibt Salat dazu.

Ich habe die Zeit in Khadras Haus geliebt, nicht nur wegen des Essens. Ich war zumindest damals wahrscheinlich die einzige weiße Missionarin, die direkt bei einer somalischen Familie lebte. Das aber machte mich auch bekannt und sorgte gelegentlich für Probleme. Einmal sprachen mich zwei Imame auf der Straße an. Sie sagten mir freimütig, dass sie in der Nacht kommen würden, um mich zu töten. Den ganzen Tag über und auch in der Nacht stand ich Todesängste aus. Khadra sagte ich nichts, sie sollte schließlich nicht auch noch beunruhigt sein. Doch nichts geschah. Am nächsten Morgen wachte ich erleichtert auf. Als ich wieder in den Straßen Dschibutis unterwegs war, kam eine Bekannte auf mich zu und fragte: »Wer war der große Mann, der dich gestern nach Hause begleitet hat?«

Ich war irritiert, denn ich war allein, ängstlich und gebeugt nach Hause gegangen. Doch dann reimte ich mir zusammen, was geschehen sein könnte: Vielleicht waren Engel nicht nur zu Zeiten der Bibel als Beschützer von Menschen unterwegs gewesen, sondern taten dies auch im Hier und Jetzt? Hatte meine Bekannte, und vermutlich auch die Imame, einen Engel gesehen, den Gott mir zur Seite gestellt hatte? Möglicherweise war genau das der Grund dafür, dass mich die Imame in der Nacht in Ruhe gelassen hatten. Gott war immer an meiner Seite, auch in Dschibuti.

Durch das Leben in Khadras Haus kam ich schnell in Kontakt mit vielen anderen Somaliern. Nach dem Abendessen lagen wir oft auf dem Boden, wie es dort üblich ist, und erzählten uns Geschichten. Viele von ihnen klangen so wie die von Aisha oder Amin, Freundinnen, die ich unter den Somalierinnen fand. Es sind Geschichten von Gewalt und Flucht, von Verlust und Trauer. Und wenn es gut lief, am Ende auch von Hoffnung.

Eine typisch somalische Flüchtlingsgeschichte verläuft so: Ein Mädchen, nennen wir es Jamila, sitzt vor seinem Haus. Es ist ein ganz normaler, heißer afrikanischer Nachmittag. Plötzlich explodieren Bomben in seiner unmittelbaren Nähe. Häuser fliegen in die Luft. Überall ist Feuer. Als Jamila sich umdreht und nach ihren Eltern Ausschau hält, sieht sie die Mutter blutend am Boden liegen. Sie atmet nicht mehr. Jamila hört Schreie, Menschen laufen davon. Wieder explodiert etwas. Also rennt das Mädchen auch los. Wohin? Egal, Hauptsache weg vom Terror. Hinaus aus dem Dorf, ohne Essen und Trinken, ohne eine Menschenseele in seiner Nähe, die es kennt. Es bildet sich ein Tross von Menschen, die fliehen, Jamila ist nur eine unter vielen. Als die Umgebung ruhiger wird und die Explosionen leiser, bewegt sich auch die Gruppe langsamer. Doch die Flüchtlinge wissen, sie dürfen nicht anhalten. Der über Generationen gesäte Hass ist hinter ihnen her. Er will sie nicht entkommen lassen, so wie er ihre Nachbarn und ihre Verwandten nicht entkommen ließ.

Zuerst kommen die Alten nicht mehr mit. Nach stundenlangem Marsch in der Hitze und ohne Vorräte brechen sie zusammen. Die Gruppe lässt sie am Wegrand zurück. Morgen werden sie tot sein. Weiter, weiter, immer weiter! Tagelang, Richtung Grenze, wo der Krieg ein Ende hat. Durch die trockene Hitze Somalias. Fliegen und Aasfresser umkreisen die Gruppe. Sie wissen, worauf der Elendsmarsch hinausläuft. Wer noch nicht völlig dehydriert ist, trinkt den eigenen Urin oder erleichtert sich in den Sand, um die bröselige und stinkende Masse dann zu essen. Das ist besser als nichts. Es fühlt sich besser an, als zu verhungern.

Jamila schafft es schließlich in ein Flüchtlingscamp. Schon von Weitem sieht sie das rote Kreuz und die weißen Zelte. Sie sucht nach Menschen, die sie kennt, nach ihrem Vater oder Nachbarn. Doch niemand ist da, keiner hat es bis hierher geschafft. Weil sie keine andere Heimat hat, bleibt Jamila für Monate, vielleicht Jahre. Das Mädchen geht nicht zur Schule. Es hat keine Familie mehr. Vielleicht wird Jamila krank, weil die Seele den Schmerz nicht aushält. Sie leidet unter Essstörungen und chronischen Kopfschmerzen. Sie will aus diesem Leben fliehen, aber wohin, wenn die Flucht schon der letzte Ausweg war?

Es vergehen Jahre, dann erklärt die Regierung in Somalia Jamilas Dorf wieder für sicher. Sie kehrt zurück, um weit mehr Jahre gealtert, als die Zeit im Camp gedauert hat. Von ihrer Heimat ist nichts übrig geblieben außer Ruinen, Ratten und verbrannter Erde. Es gibt keine Elektrizität, keine Schulen, kein fließendes Wasser, kein Geld. Wenn das Mädchen nun anfängt, Samen einzupflanzen, kann es vielleicht in zwei Monaten etwas ernten. Aber was ist bis dahin? Wovon soll es leben? Es gibt keine Geschäfte, keine Lebensmittel, keine Medizin. Und Jamila ist allein. Trotzdem wird sie sich irgendwie durchschlagen. Immerhin teilt sie nicht das Schicksal vieler anderer, die zu ihren Verwandten zurückgekehrt sind, ein fröhliches Wiedersehen erwarteten und bitter enttäuscht wurden.

Eltern, die den Krieg erleben mussten, sind oft selbst traumatisiert. Sie schlagen ihre Kinder. Sie können nicht für sie sorgen. Sie schicken sie fort, verheiraten die Mädchen an einen Jahrzehnte älteren Mann oder missbrauchen sie.

Jede Flüchtlingsgeschichte ist voller Schmerz und durchzogen von Schuldgefühlen gegenüber jenen, die die Menschen zurücklassen mussten. Schmerz, der nicht aufgearbeitet wird, bricht immer wieder durch. Er durchzieht das Leben, die Beziehungen, einfach alles.

Es waren Menschen wie Jamila, die in meine Trauma-Seminare kamen. Diese Seminare bot ich meinen somalischen Freunden an, nicht nur in meiner Zeit in Dschibuti, sondern auch später, als ich in einem somalischen Flüchtlingsviertel in Addis Abeba oder in der Stadt Hargeisa lebte. Ich lud sie ein und sie kamen, obwohl viele von ihnen erst erkennen mussten, dass sie verletzt waren. Für sie war die Seele kein Teil des Körpers, der Heilung brauchte. Verletzt waren diejenigen, die Arme oder Beine verloren hatten, die bluteten und im Krankenhaus lagen, aber nicht die, die den Krieg und den Tod ihrer Verwandten mit ansehen mussten.

Ich erzählte ihnen immer von mir und meinem ehemals leeren Wasserglas. Ich benutzte meine Familiengeschichte, um ihnen den seelischen Schmerz zu verdeutlichen. Dazu stellte ich vier volle Wassergläser auf den Tisch. Sie sollten meinen Großvater, meine Mutter, mich und meine künftigen Kinder darstellen. Ich schlug mit einem Stock gegen jedes Glas, bis es barst, schließlich zerbrach und das Wasser herauslief. »Das ist es, was das Trauma mit euch macht!«, sagte ich. So konnten die Flüchtlinge erkennen, dass ihre Schlafstörungen, ihre Essprobleme, ihre Ängste und ihre Konzentrationsschwächen Ursachen hatten und nicht bloß persönliche Unzulänglichkeiten waren.

Ich bot den Menschen einen sicheren Ort, an dem sie ihre Geschichten erzählen konnten. Dort hatten sie andere um sich, die versuchten, sie zu verstehen. Sie hatten Raum, um zu trauern. Deshalb war es wichtig, dass wir Orte fanden, wo die Menschen zur Ruhe kommen konnten. Das konnten abgegrenzte Höfe, umgeben von Zäunen sein. Oder Orte jenseits der Kriegsgrenzen, wo es für sie nicht mehr um das reine Überleben ging. Es galt: je mehr Ruhe, desto besser. Oft waren wir dennoch mitten im Terror unterwegs. Unsere Kursteilnehmer sollten dann ihr Leben aufmalen oder aufschreiben oder es in Kleingruppen besprechen. Schon an diesem Punkt gab es viele Tränen. Dabei ist das nur der Anfang. Im Verlauf der Kurse geht es darum loszulassen. Traumatisierte Menschen glauben alles Mögliche über ihre Situation oder sich selbst, und nur ein Bruchteil davon ist wahr. Sie tragen Lügen mit sich herum wie:

»Es ist alles meine Schuld.«

»So schlimm war es bestimmt nicht.«

»Mich wird nie mehr jemand lieben.«

Ich zeigte ihnen, dass es mindestens einen gibt, der sie immer lieben wird: Gott. Ich vermittelte ihnen den liebevollen Blick dieses Gottes auf sie. Das anzunehmen bedeutet das Ende der Gefangenschaft. In der islamischen Welt habe ich natürlich nicht frei aus der Bibel zitiert. Mit Bekehrungsaufrufen und Bibelworten kommt man dort nicht weit und erntet am Ende eher Skepsis als Offenheit. Stattdessen habe ich die Prinzipien Gottes in meine eigenen Worte gefasst. Ich habe von einem Gott erzählt, der ihnen nahekommt. Irgendwann kamen sie an den Punkt, an dem ihnen klar wurde, dass das mit der Idee von Allah, wie sie ihn kannten, wenig zu tun hatte. Sie merkten: Gott ist anders, als ich ihn mir vorgestellt habe. Manche haben dann zum christlichen Gott gefunden. Vor allem Frauen waren fasziniert von diesem Jesus, der die Weiblichkeit so sehr achtete. Aber das geschah nicht in den Seminaren. Oft gingen sie Gott jahrelang nach. Und er ihnen. Manchmal begleitete ich sie auf ihrem Weg, manchmal waren es andere. Ich habe oft geerntet, was ich nicht gesät habe, und andere haben oft geerntet, was ich gesät hatte. Manchmal waren es Kleinigkeiten, die irgendwann den Ausschlag gaben. Ein Traum, ein Bibeltext oder ein Radioprogramm.

Ich habe in der somalischen Welt gelernt, sensibel mit den Menschen umzugehen. Auch als Christin und auch mit dem Wunsch, Menschen zu Jesus zu bringen. Fromme Reden bringen nichts. Aber ein kurzes authentisches Gebet mit der Bitte, dass Gott die Kopfschmerzen einer Person heilen möge, hat eine Wirkung. Ich war immer authentisch. Ich habe gesagt, wer ich bin. Ich habe Gefühle gezeigt. Schließlich hatte ich bereits 17 Jahre meiner Kindheit und Jugend unehrlich gelebt. Dahin konnte ich nicht zurück. Ich war auch gegenüber den Teilnehmerinnen und Teilnehmern an meinen Kursen mal sauer, mal laut und ungezähmt. Ich habe gestritten und mich entschuldigt. Aber ehrlich war ich immer.

In meinen Kursen gingen wir am Ende immer denselben Schritt. Ich erklärte, was Vergebung bedeutet. Die meisten Somalier und vermutlich auch die meisten anderen Menschen halten Vergebung für eine Schwäche. Tatsächlich aber macht sie uns stark. Sie hatte mich einst befähigt, mit meiner Familiengeschichte abzuschließen und mich meiner Berufung zu widmen. Vergebung ermöglichte den Somaliern einen Weg zurück zu einem normalen Leben. Ich erzählte ihnen meine Geschichte oder die von bekannten Persönlichkeiten wie Nelson Mandela oder Josef aus der Bibel, die wieder und wieder vergeben haben. Wenn meine Freunde sich einmal dazu entschieden hatten, diesen Weg zu gehen, ihren Peinigern, ihren Familien, ihren Feinden zu vergeben, konnte ich zusehen, wie das Trauma sie nach und nach aus seinem harten Griff entließ. Vergebung macht es uns möglich, unseren Schmerz zu überwinden und ihn hinter uns zu lassen. Sie macht uns frei.

Diese Seminare wurden meine wichtigste Aufgabe. Am Ende meiner sechs Jahre in Somalia reiste ich mit meinem Unterrichtsmaterial durch ganz Ostafrika und gab Kurse. Manchmal dauerten sie einen Tag, manchmal drei Wochen. Trauma-Bewältigung ist nicht das Ende des Weges, es ist der Anfang. Menschen, die schreckliche Gewalt und tiefe Armut erlebt haben, können trotzdem erhobenen Hauptes ihren Weg gehen. Ich war an ihrer Seite und Gott an meiner.

In diesen sechs Jahren verließ ich Afrika immer mal wieder, um kleine Pausen einzulegen, durchzuatmen, Urlaub zu machen und mich zu fokussieren. Immer wenn ich ging, fühlte es sich an, als ließe ich einen Teil von mir selbst zurück. Afrika ist meine Berufung, mein Schicksalsort, das war mir schon damals klar. Doch Schicksal kann auch bedeuten, dass schlimme Dinge passieren.

In Somaliland hatte ich gute Freunde, ein Schweizer Ehepaar, das ich schon von meiner früheren Arbeit kannte. Wir waren seit Jahren miteinander verbunden. Christina und Jörg waren in meinem Alter und hatten zwei kleine Kinder, damals neun Monate und zwei Jahre alt. Sie waren sehr liebevolle Menschen, sanft, ruhig, immer darauf bedacht, niemanden vor den Kopf zu stoßen, und sehr vorsichtig und einfühlsam bei allem, was sie taten. Sie waren das Gegenteil von mir, und dennoch verstanden wir uns prächtig.

Um die Weihnachtszeit herum trafen wir uns, um gemeinsam zu beten, zu singen und uns über unsere Arbeit auszutauschen. Viele meiner ausländischen Bekannten würden in den nächsten Tagen in ihre Heimat fliegen, um die Festtage mit ihren Familien zu verbringen. Christina und Jörg hatten entschieden, mit ihren Kindern in Somaliland zu bleiben. Wir konnten nicht wissen, dass unser Treffen das letzte in dieser Runde sein sollte.

Da ich an Typhus erkrankte, musste ich ebenfalls in Somaliland bleiben und das Bett hüten. Wegen meiner Krankheit konnte ich kein Licht ertragen. Einige Tage nach unserem Treffen lag ich vor Fieber zitternd still und leise in meinem Zimmer und hoffte, dass meine Temperatur bald sinken würde. An diesem Abend kamen Männer an mein Tor. Wir Ausländer lebten zu dieser Zeit alle in bewachten Häusern und nahe beieinander, denn die Gegend war nicht sicher. Wächter und hohe Zäune sorgten dafür, dass keine ungebetenen Gäste auf unser Gelände kamen. Diese Männer fragten den Wächter, ob jemand zu Hause sei. Der Wächter war schon etwas alt und tatterig. Er blickte zum Haus hinüber, sah die dunklen Fenster und verneinte. Er hatte wohl vergessen, dass ich das Haus nicht verlassen hatte. Also zogen die Männer, vermutlich radikale Muslime, weiter.

Am nächsten Tag erhielt ich einen Telefonanruf von Christina. Ihre Stimme war kalt vom Schock, als sie sagte: »Hedi, komm schnell, sie haben meinen Mann ermordet.«

Man kann sich kaum vorstellen, wie schnell Typhus verschwinden kann, wenn das Leben einen rechts überholt. Ich ließ mich zu ihrem Haus fahren. Christina saß einfach nur da, beide Kinder auf dem Schoß, den Kopf gesenkt, keine Tränen in den Augen, das Gesicht starr vor Fassungslosigkeit, am ganzen Körper zitternd. Sie erzählte mir stockend, was geschehen war. Jörg war mit dem älteren Kind auf dem Markt gewesen, wo eine Gruppe Männer ihn einfach so auf offener Straße erschossen hatten. Die Zeugen konnten die Männer nicht ausreichend beschreiben, und soweit ich weiß, wurde der Mord nie aufgeklärt. Aber ich reimte mir meine eigene Version der Ereignisse zusammen. Was ich mir zusammenpuzzelte, machte die Lage noch schlimmer, zumindest für mich.

Ich wusste, wir Christen waren bekannt. Ich vermutete, dass die Männer, die Jörg ermordet hatten, diejenigen waren, die am Vorabend zu meinem Haus gekommen waren. Ich hatte den schrecklichen Verdacht, dass sie sich ein anderes Opfer gesucht hatten, nachdem sie bei mir keinen Erfolg gehabt hatten. Ich dachte, dass sie Jörg an meiner Stelle umgebracht hatten.

Während die Schweizer Botschaft bereits wegen der Rückführung des Leichnams mit den somalischen Behörden korrespondierte, dauernd das Telefon klingelte und die Polizei Einzelheiten erfahren wollte, saßen Christina, die Kinder und ich einfach auf dem Boden und litten. Sie, weil sie ihren Mann verloren hatte. Ich, weil mir künftig ein großartiger Freund fehlen würde. Und weil ich mir fortan eine Frage stellte: Warum nicht ich? Hätte ich die Chance gehabt, ich hätte sofort mit Jörg getauscht. Er war immer so rücksichtsvoll gewesen und musste dennoch sterben. Ich, die Draufgängerin ohne Familie, überlebte. Das kam mir nicht fair vor.

Weil ich die einzige Vertraute war, die Christina vor Ort helfen konnte, kümmerte ich mich in den nächsten Tagen um alle Formalitäten, die mit Jörgs Tod zu tun hatten. Ich regelte die Kommunikation mit dem örtlichen Krankenhaus, das den Leichnam gekühlt hielt, solange er nicht überführt werden konnte. Ich kontaktierte die Botschaft, die die Flüge buchte, half beim Packen und beaufsichtigte wenn nötig die Kinder. Schließlich begleitete ich die Familie zurück in ihre Heimat und blieb einige Tage dort. Bei alldem stand ich selbst unter Schock. Was geschehen war, hatte auch mich traumatisiert.

Zurück in Afrika war ich nicht mehr dieselbe. Ich fühlte mich wie von einem seltsamen Nebel umgeben, immer wieder dachte ich an Christina und Jörg. Ich konnte mich nicht mehr auf meine Aufgabe konzentrieren. In dieser Zeit hörte ich von einer christlichen Einrichtung in England, die Menschen hilft, innere Heilung zu finden, und gleichzeitig Trauma-Begleiter ausbildet. Das klang für mich nach einer Möglichkeit, mich einerseits in meinem Gebiet der Trauma-Heilung fortzubilden und andererseits selbst aufzuarbeiten, was mir geschehen war. Eines war sicher: Ich brauchte eine Pause. Also bewarb ich mich, wurde angenommen und sollte schon bald ein neunwöchiges Trainingsprogramm absolvieren.

Wieder einmal packte ich meine Sachen und machte mich mit einem kleinen Koffer und nur dem Nötigsten auf den Weg nach England.

5. Das Trauma besiegen

Mit 33 Jahren saß ich in einem Flugzeug Richtung Europa, um mein Trauma zu bekämpfen. In den letzten zehn Jahren hatte ich kein Zuhause gehabt. Alles, was ich besaß, passte in wenige Koffer. Ich hatte in Paraguay, Brasilien, Kenia, Somalia, Uganda, Äthiopien und im Sudan gelebt. Ich hatte Durchschnittstemperaturen von 40 Grad ertragen und tropische Regenfälle miterlebt. Es war für mich völlig normal, auf chaotischen Marktplätzen zwischen Kameltreibern, Fleischern, Ziegenhirten und vollverschleierten Frauen unterwegs zu sein. Ich kannte die süßen Gerüche von Kardamom und Ingwer, vermischt mit dem Gestank von Abwasser und Tierabfällen. Ich wusste, wie ich mich bei einem Sandsturm zu verhalten hatte, und was ich tun musste, wenn das Wasser ausging. Zwischen meinen Zähnen knirschte Sand. Jeden Tag.

Ich liebte meine Arbeit und noch mehr liebte ich die Menschen, die bei mir Hilfe suchten oder einfach nur meine Freunde waren. Ich gehörte nach Afrika, das sagte mir jede Faser meines Körpers. Doch ich war auch ausgebrannt. Ich brauchte eine Auszeit und noch mehr brauchte ich Menschen, die mir dabei halfen, mit meinem Verlust umzugehen. Nur so würde ich irgendwann selbst wieder andere bei ihrer Heilung unterstützen können. Ich ließ also Sand, Kardamom und Ingwer, Trubel und Hitze hinter mir und kam an einem Herbsttag im Jahr 2003 in London an. Von dort reiste ich an die Südküste Englands.

Es war, als wäre ich auf einem fremden Planeten gelandet. Da grasten Kühe statt Kamele und sie waren so fett, dass ihre Bäuche fast den Boden berührten. Ich sah Holzzäune und dickes, saftiges Gras, an dem sich Schafe und Pferde satt fraßen. Das Gelände der Schule, die für die nächsten Wochen meine Heimat sein sollte, zierten alte Eichen. Das Hauptgebäude, eine alte Villa, war von Efeu umwachsen. Es war ruhig, die Blätter rauschten leicht im Wind, die Temperaturen waren angenehm kühl. Es roch nach feuchter Erde und ein wenig nach Meer. Alles hier war idyllisch und schien perfekt aufeinander abgestimmt. Ich atmete tief ein und trat durch das breite Metalltor der Einrichtung. Hier brauchen sie keine Helden, dachte ich. Hier darf ich schwach sein. Dann brach ich weinend zusammen.

Ellel Ministries ist eine christliche Einrichtung, die weltweit Seelsorge anbietet – auch und besonders für diejenigen, die selbst im Dienst an anderen stehen. Das Lukasevangelium beschreibt, wie Scharen von Menschen Jesus aufsuchten, um sich von ihm heilen zu lassen: »Da wandte er sich ihnen zu, erzählte ihnen vom Reich Gottes und heilte die Kranken unter ihnen« (Lukas 9,11). Diese Worte haben sich die Gründer von Ellel zum Vorbild genommen. Sie wollten Menschen gesund machen, ihnen aber auch etwas von Gott erzählen und die Bibel lehren. In Lancaster entstand in den Achtzigerjahren das erste Haus der Organisation. Glyndley Manor im Süden Englands – mein damaliges Zuhause für einige Wochen – kam 1991 dazu. Mittlerweile betreibt Ellel Zentren in Kanada, den USA, Australien, Südafrika, Indien, Singapur, Holland, Norwegen, Frankreich und Deutschland. Wer Ellel besucht, findet dort Ruhe und Zeit zum Gebet, aber auch Anleitung und Hilfe bei der Bewältigung von Traumata.

Ich war also an einem Ort angekommen, wo die Mitarbeiter sich um mich kümmerten. Das war mir noch nie zuvor passiert. Ich war immer für andere da gewesen, das war meine Berufung und ich liebte es. Doch es war Zeit für eine Pause und dazu gehörte es auch, meinen Tränen freien Lauf zu lassen – ein Luxus, den ich mir in meinem anderen Leben in Afrika kaum gönnen konnte. Zwar hatte ich gelernt, Tränen und Freude zu zeigen, seit ich aus der perfektionistischen Welt meiner Heimat ausgebrochen war, aber bei all der Arbeit in Afrika, den schlimmen Erfahrungen, die ich dort machen musste, und dem ständigen Stress war ich lange Zeit zu kurz gekommen.

Eines der ersten Dinge, die mir in den Sinn kommen, wenn ich an Ellel denke, ist das Essen. Oh, was war diese erste Mahlzeit in Europa für ein Segen: Cheddarkäse hatte ich seit Jahren nicht mehr im Mund gehabt. Er schmolz mir auf der Zunge, war salzig und cremig, ein Genuss. Es gab auch heiße Schokolade mit echter Sahne. Ich fühlte mich wie eine Königin. Dieses Gefühl steigerte sich noch, als ich zum ersten Mal das Zimmer betrat, das ich in den nächsten Wochen mit vier anderen Frauen teilen würde. In unserem Bad stand tatsächlich eine Badewanne! Noch am ersten Abend füllte ich sie bis zum Rand, goss wunderbar duftenden Badeschaum hinein und träumte mich in der wohligen Wärme des Wassers fort von all meinen Sorgen und Ängsten, ja sogar weit fort von Afrika.

Am nächsten Morgen schwang ich meine Beine lange vor Sonnenaufgang aus dem Bett und spazierte allein in den nahe gelegenen Wald, um zu beten. Im Gepäck hatte ich meine Bibel und meine Gitarre. Das Singen war schon immer mein liebster Zugang zu Gott, vermutlich ein Erbe meiner musikalischen Vorfahren. Ich fand eine große blaue Fichte, unter deren Zweigen ich bequem sitzen konnte, und breitete meine Wolldecke aus. Der Dampf von Matetee umspielte meine Nase, denn ich hatte eine Thermoskanne mit heißem Wasser mitgebracht, um mir meinen geliebten Mate zuzubereiten, ein Erbe meiner Heimat Paraguay. Der Matetee wird dort nicht in Teebeuteln serviert, sondern man verwendet ein Gefäß mit reichlich Teepulver. Dieses füllt man immer wieder mit heißem Wasser, das man dann durch ein Siebröhrchen saugt.

Als ich mich gerade auf meiner Decke niedergelassen hatte, hörte ich die harmonischen Klänge eines Saxofons aus dem Wald kommen. Ich lauschte den warmen Tönen, genoss die hingebungsvolle Musik kurz, vertiefte mich aber schnell in mein eigenes Gebet. Nach einer Stunde brach ich zum Speisesaal auf, wo mich das Frühstück erwartete. Doch ich war nicht mehr allein. Direkt hinter mir hatte sich der unbekannte Saxofonspieler auf den Weg gemacht und kam nun zwischen den Bäumen hervor. Seinen Anblick werde ich nie vergessen: Meine Augen wanderten an einem fast zwei Meter großen Mann hinauf – von dem golden schimmernden Instrument über eine tief sitzende Baggyjeans und seine breiten, in eine Lederjacke gehüllten Schultern, die von dicken schwarzen Dreadlocks bedeckt waren. Etwas irritiert blickte ich in ein attraktives dunkelhäutiges Gesicht mit vollen Lippen, hinter denen sich viele weiße und ein einzelner goldener Zahn verbargen. Ein kleiner Schnurrbart zierte die Züge des Musikers, der etwa Mitte fünfzig sein musste. Um seine dunkelbraunen Augen zeichneten tiefe Lachfalten ein Bild von Lebenslust und Freundlichkeit. Auf dem Kopf trug er ein schief sitzendes Barett, seine Schuhe waren aus gepflegtem Leder.

An diesem Morgen begegnete ich zum ersten Mal Colin, der Liebe meines Lebens. Doch Croissants und die erste Sitzung an meiner neuen Schule warteten auf mich. Ich hatte keine Zeit für Zwischenmenschliches. Noch nicht. Ohne ein Wort mit ihm zu wechseln, spazierte ich weiter zum Frühstücksraum.

Neben meiner morgendlichen Lobpreis-Routine führte ich für mich auch Abendspaziergänge ein. Wenn draußen langsam die Sonne unterging, verließ ich meine Unterkunft und wanderte durch das schwindende Licht. Die grünen Hügel um mich herum wirkten so friedlich und so wunderschön, als seien sie extra für mich gezeichnet worden. Und im Vergleich zu meiner Heimat in Afrika war es in England auch sicher, draußen allein unterwegs zu sein. Täte eine weiße Frau das in Kenia oder Somalia, wäre sie eine solche Attraktion, dass alle, die ihr begegnen, staunend stehen bleiben oder ihre Arbeit unterbrechen würden. Die Kinder würden vielleicht lachen oder laut rufen, die Männer ihr hinterherschauen und anerkennende Sprüche rufen. In Äthiopien hatten mich des Öfteren kleine Gruppen von Kindern regelrecht gejagt und mir »Fremde! Fremde!« hinterhergerufen – nicht etwa aus Feindseligkeit, sondern weil sie mich so spannend fanden. Sobald ich mein Haus verließ, waren alle Blicke auf mich gerichtet. Nun genoss ich es, mich in England völlig frei bewegen zu können, ohne besonderes Aufsehen zu erregen.

Eines Abends in meiner zweiten Woche bei Ellel machte ich wieder einen Spaziergang. Ich hatte das Gelände gerade verlassen und war wie immer ziemlich zügig zu Fuß, da hörte ich, wie sich von hinten Schritte näherten. Ich blickte über die Schulter zurück und sah Colin, den Saxofonspieler mit den tätowierten Armen, auf mich zukommen. Er trug ein Sweatshirt und Sneaker und marschierte mehr, als er ging. Offenbar hatte er es darauf abgesehen, zu mir aufzuschließen. Es dauerte nicht lange und er holte mich ein.

»Darf ich dich begleiten?«, fragte er mit seiner rauen Stimme, die ich seit dem Morgen im Wald schon ein paarmal in Sitzungen und Unterrichtsstunden gehört hatte.

»Nein! Nur wenn du mindestens zehn Meter hinter mir bleibst! Ich will allein sein!«, raunzte ich ihn an und stapfte davon, ohne mich noch einmal umzusehen. Als ich dreißig Minuten später zurückkam, stand er am Tor. Er wartete dort offensichtlich auf mich. Ich war fassungslos. Was war nur in diesen Mann gefahren? Er war alt genug, um mein Vater zu sein, und machte mir Avancen? Die vielen Tätowierungen, der Goldzahn, die Dreadlocks und das freche Auftreten: Es passte alles so gar nicht in das Bild, das ich mir als behütetes mennonitisches Mädchen einst von einem Partner gemacht hatte. Abgesehen davon war ich voll und ganz auf meine Aufgabe in Afrika fixiert. Mein Herz gehörte Gott und den Somaliern. Ich hatte mich vor vielen Jahren bewusst dazu entschieden, Single zu sein, und würde das nicht wegen eines Mannes ändern, den ich ausgerechnet bei der Aufarbeitung meiner Traumata kennenlernte. Und doch war da irgendetwas an Colins unnachgiebiger und zugleich höflicher Art, das ein kleines Kribbeln in meinem Innern auslöste. Als ich das Tor erreichte, lächelte er mich an und begleitete mich höflich und wie ein Gentleman auf mein Zimmer. Er ging einfach neben mir her und sagte kein Wort. Nur sein Lächeln zeigte sich dann und wann, wenn ich unauffällig zu ihm hinüberspähte.

Später erzählte er mir, dass er aus lauter Wut über die harsche Abfuhr zunächst auf sein Zimmer gegangen war und sich geschworen hatte, mit so einer eingebildeten Frau wie mir nichts mehr zu tun haben zu wollen. Doch schon nach wenigen Minuten bereute er seine Gedanken. Nach einem kurzen Zwiegespräch mit Gott über die Sache sah er ein, dass Zorn ihn nicht weiterbringen würde. Er kam zurück zum Tor und wartete still und neugierig auf mich.

Es verging nur wenig Zeit, bis ich mir eingestehen musste, dass dieser Mann von den Bermudas mich nicht so kalt ließ, wie ich es mir wünschte. Dazu trug auch die Offenheit bei, mit der wir uns im Unterricht begegneten. In einer Kurseinheit berichtete Colin aus seiner Kindheit.

Diese Trauma-Kurse waren dazu da, unser tiefstes Innerstes hervorzubringen. Wir sollten die Wurzeln unserer Probleme erkennen, um dann zu lernen, mit ihnen umzugehen. Colin erzählte davon, wie er in einer Nacht von einem Albtraum aus dem Schlaf gerissen worden war. Er hatte sich selbst als kleinen Jungen gesehen. In der Garage seines Elternhauses war ihm ein erwachsener Mann nahegekommen – zu nahe. Erst nach und nach erkannte Colin: Das war kein wirrer Traum, es waren Erinnerungen. Er sprach sehr offen über das, was ihm zugefügt worden war. Dinge, die sein Unterbewusstsein tief verborgen hatte, damit sie ihn nicht mehr verletzen sollten. Wir stellten uns als Gruppe um ihn herum und beteten. Nicht nur dafür, dass Colin von seinem Schmerz geheilt würde, sondern auch, dass er seinem Vergewaltiger vergeben konnte.

Colin berichtete noch viel mehr aus seiner Vergangenheit und erzählte auch davon, welche schrecklichen Entscheidungen er aufgrund dieses Missbrauchs getroffen hatte. Seine Jugend war wahrlich völlig anders verlaufen als meine. Während ich das liebe Mädchen vom Lande war, hatte er Frieden in Drogen und Gewalt gesucht.

Colin wurde auf den Bermudas geboren, auf einer 22 Kilometer langen Insel im Atlantischen Ozean nicht weit von der US-Grenze entfernt. Die Bermudas sind bekannt für ihre vielen bunten und wohlriechenden Tropenblumen und ihre langen mal rosa-weißen, mal goldenen Sandstrände. Colins Vater George war ein treuer Christ und Mann des Gebets. In seiner Kirche und seinem Umfeld war er sehr respektiert. Er war Teil einer der ersten pfingstkirchlichen missionarischen Bewegungen auf den Bermudas. Seine Kinder, darunter auch Colin, gingen jeden Tag in die Kirche.

Als Colin vier Jahre alt war, starb seine Mutter Irene bei der Geburt ihres vierten Kindes. Irene war wunderschön, herzlich und alle mochten sie. Ihr plötzlicher Tod traf die Familie hart – besonders Colin. Sie fehlte ihm schrecklich und er konnte als Kind nicht verstehen, warum die Erwachsenen dauernd davon sprachen, dass der Herr seine Mutter »zu sich genommen« habe. Er bezog das Leid auf sich und fragte sich: Bin ich so schlecht, dass Gott mich durch den Tod meiner Mutter derart bestraft? Seine kleine Seele suchte die Schuld bei sich selbst. Colin versteckte sich oft unter dem Esstisch und weinte heimlich. Mit Jesus konnte er ab dieser Zeit nichts mehr anfangen. Sein Vater heiratete unterdessen wieder.

Etwa in dieser Zeit muss sich die Szene in der Garage abgespielt haben. Colin hat nie darüber gesprochen, wer ihn als Kind missbraucht hat, und ich habe ihn nie gefragt. Vielleicht wollte Colin sich selbst oder seine Familie schützen. Aber eines ist sicher: Jemand, der der Familie nahestand oder sogar dazugehörte, hatte den kleinen Jungen bedrängt, gedemütigt, zum Objekt gemacht. Und das, noch während Colin um seine Mutter trauerte. Das sollte sein Leben für immer verändern. Sexuelle Verletzungen, die wir als Kinder erleben, prägen das ganze Leben.

Colins Trauer und Scham verwandelte sich in seiner Pubertät in Wut. Mit 14 Jahren rebellierte er gegen alle Menschen, die ihm nahestanden. Wenn sein Vater dachte, er sei in der Kirche, schlich er sich heimlich fort und trat mit seiner Band »Burning Ice« in Bars auf. Er liebte die Reggae-Rhythmen, mit denen die Gruppe Abend für Abend kleine Klubs zum Tanzen brachte. Die Musik war seine Welt, nichts hätte er lieber sein wollen als Entertainer. Melodien und poetische Texte waren das Einzige, was sein krankes Herz beruhigen konnte. Doch in den sternenklaren Reggae-Nächten gab Colin sich nicht nur den Rhythmen hin – sondern auch den Drogen und dem Alkohol.

Die Ausbrüche blieben nicht ohne Folgen. Colin wurde so schlecht in der Schule, dass er irgendwann rausgeworfen wurde. Ihm selbst tat das nicht leid, er genoss die zusätzliche Zeit, die er nun für seine Band hatte. Doch als sein Vater herausfand, wo sein Sohn sich herumtrieb und wie es wirklich um seine schulischen Leistungen stand, setzte er ihm ein Ultimatum: Colin sollte seinen Regeln folgen – oder Konsequenzen ziehen. Der junge Wilde entschied sich für Letzteres und zog aus.

Colin war zu jung, um auf eigenen Beinen zu stehen, und so war sein Leben schnell geprägt von den falschen Kneipenbekanntschaften, seine Vorliebe für Drogen und Alkohol wurde zur Sucht. Sex spielte in seinem Leben von da an eine wichtige Rolle, er selbst bezeichnete die Art und Weise, wie er sich Pornografie und Frauen hingab, später als pervers. Colin war geradezu süchtig nach erotischen Bildern und Filmen. Damals erschien es ihm nicht schlimm, doch als er irgendwann zurück zu Gott fand, versuchte er immer wieder, von dieser Abhängigkeit loszukommen. Sex, davon war er später überzeugt, gehörte in eine gesunde Beziehung. In eine Ehe. Colin betete, fastete, schrie zu Gott – und wurde doch immer wieder rückfällig. Manchem mag es übertrieben scheinen, von Pornos zu sprechen, als seien sie so gefährlich wie Drogen oder Alkohol. Colin jedoch war überzeugt davon, dass sie nur einen schlechten Abklatsch von dem zeigen, was wahre Hingabe zwischen zwei Menschen bedeutet. Er sah Sexualität als Geschenk Gottes und litt darunter, dass er diese Gabe nie richtig annehmen konnte und immer wieder zur Kopie greifen musste. Erst in Ellel wurde Colin frei davon. Vielleicht war es die Aufarbeitung seines Missbrauchs, die dafür sorgte, dass er sich keine Ersatzbefriedigungen mehr suchen musste. Auf jeden Fall zögerte Colin von da an nie, über Sexualität zu sprechen und zu predigen. Er erzählte seine Geschichte frei und ehrlich – und eckte damit manches Mal an.

Schon mit 21 Jahren heiratete Colin und wurde Vater eines Jungen. Diese Liebe hielt nur wenige Monate. Seine Auserwählte war Krankenschwester und ertrug es nicht lange, Colin beim Drogenkonsum zuzusehen. Als die Liebe noch frisch war, mag er sie mit seinem Charme überzeugt haben, doch als die rosarote Brille langsam von ihrer Nase rutschte und sie schließlich Verantwortung für ein weiteres Leben trug, beendete sie die Beziehung. Zeivonne lernte seinen Vater nie wirklich kennen. Seine Mutter zog mit ihm in die USA, lernte einen neuen Partner kennen, heiratete und bot dem Kind ein sicheres Zuhause. Zeit seines Lebens konnte Colin den Schmerz über diesen Verlust nicht verwinden. Tatsächlich sah Zeivonne seinen Vater das erste Mal bei dessen Beerdigung wieder.

Während Colins Familienleben den Bach hinunterging, wurde seine Musik immer erfolgreicher. Die Band reiste um die Welt und gab überall Konzerte. So landete Colin schließlich in Kanada, wo er neun Jahre wohnte. In dieser Zeit erlebte er die Höhe- und die Tiefpunkte seiner Karriere. Es gab Monate, in denen er lebte wie ein Superstar. Er feierte teure Partys, hatte viele Bekanntschaften, gab Geld für Luxus und Spaß aus. Die Musiker fuhren teure Autos und trugen Designerkleidung. Colin liebte dieses Leben. Er war versessen auf Luxus. Zeitweise ließ er sich seine Anzüge in England schneidern.

Doch irgendwann ließ der Erfolg nach und die Verträge mit den Plattenfirmen blieben aus. Auf den Ruhm folgte der Absturz. Colin konnte sich nicht einmal mehr eine Wohnung leisten. Er und seine Bandkollegen lebten auf der Straße, sie brachen manchmal sogar in Schulen ein, um zu duschen.

Mitten in diesem Auf und Ab heiratete Colin ein zweites Mal. Christina, war Kanadierin, und bald kam Christopher zur Welt. In dieser Zeit versuchte Colin vor allem, Geld zu verdienen, egal wie, er hatte schließlich eine Familie zu versorgen. Außerdem nahm er nach wie vor harte Drogen, und auch das kostete Geld. Als die Auftritte ausblieben, nahm er sich das, was er brauchte, auf anderem Weg: Er beging Raubüberfälle. Allerdings war er darin nicht besonders gut und Colin landete einige Male im Gefängnis. Als nach etwa drei Jahren auch seine zweite Ehe scheiterte, wurde er schließlich aus Kanada ausgewiesen und zurück auf die Bermudas geschickt.

Colin kam nach Hause, aber das Leben hatte ihn hart gemacht. Doch es gab einen, der in der ganzen Zeit zu ihm gestanden hatte, nicht körperlich, aber im Hintergrund: Colins Vater George hatte ununterbrochen all die Jahre für seinen Sohn gebetet. Diese Gebete begleiteten Colin auf der Bühne, im Gefängnis, beim Drogenkonsum und während der Überfälle. Sie waren wie eine Lebensader, die nie abriss. Und Colin vergaß nie die Botschaften seiner Kindheit von der Liebe Gottes. Tatsächlich nannten ihn viele seiner Freunde damals »The Rev«, die Abkürzung für Reverend, das englische Wort für Pastor, denn er sprach oft über Gott und beschäftigte sich immer wieder mit der Bibel. Colin verlor im tiefsten Innern nie seinen Glauben. Auch nicht in der Finsternis.

Als er wieder auf den Bermudas lebte, war er so am Boden, dass er täglich Suchtgruppen besuchte. Er hatte kein festes Zuhause, keine feste Arbeit, keinen Halt. Eine Schwester seiner Stiefmutter nahm ihn ab und an mit nach Hause, damit er duschen konnte.

Alles änderte sich, als er eines Tages seinen Jugendfreund Greg wieder traf. Greg hatte jahrelang mit Colin Musik gemacht und sie hatten gemeinsam Drogen genommen. Als die beiden sich zufällig begegneten, berichtete Greg strahlend: »Ich habe Jesus gefunden.« Für Colin war das eine weniger freudige Nachricht. In der Tat verstand er es als Beleidigung. Es war in seinen Augen schließlich genau dieser Jesus gewesen, der ihm seine Mutter genommen hatte. Er wollte nichts von Jesus hören – und dennoch berührte ihn die Fröhlichkeit, mit der Greg von seinen neuen Glaubenserfahrungen sprach. Deshalb willigte er ein, als Greg ihn zum Gottesdienst einlud. »Ich darf ein Solo singen«, berichtete sein Freund. Colin nahm sich vor, die Musik anzuhören und sich dann aus dem Staub zu machen. Er setzte sich in die letzte Reihe der Kirche, bereit, jederzeit aufzubrechen. Als Greg zu Ende gesungen hatte, stand Colin tatsächlich auf – doch statt sich dem Ausgang zuzuwenden, lief er wie ferngesteuert den Gang hinab, kniete am Holzkreuz nieder und brach bitterlich weinend zusammen. Die Botschaft von Gottes Liebe bewegte ihn neu.

Ab da änderte sich alles. Er wurde Teil der Gemeinde, wohnte dort, missionierte sogar. Seine Vorliebe für Luxus legte er ab. All seine teuren Anzüge und guten Schuhe verschenkte er. Es blieb ihm nur ein feiner Zwirn, den er ausschließlich zu besonderen Anlässen trug. Er ließ sich die Haare wachsen als Zeichen dafür, dass er alle Eitelkeiten, die ihm einst so viel bedeutet hatten, ablegen wollte. Zusammen mit anderen Christen zog er von Tür zu Tür, über der Schulter seine alte Handwerkertasche, gefüllt mit einer Bibel, Traktaten, angebissenen Sandwiches, Hammer und Schraubenzieher. Wenn er die Bibel herausnehmen musste, grub er sich erst einmal durch den Unrat und das Werkzeug. Aber so war er eben. Wenn je ein Mensch leidenschaftlich für Jesus war, dann Colin. Er war nicht zu stoppen, ging zu den Drogendealern, zu den Süchtigen, in Gefängnisse. Er liebte die Verlorenen, weil er wusste, was Verlorensein bedeutet. Er selbst hatte so viel Lebenszeit damit verschwendet, gegen Gottes Plan zu arbeiten – das wollte er anderen ersparen.

Ganz offensichtlich war dieser Teil seines neuen Lebens auch Teil seiner Berufung. Colin konnte Menschen mitreißen. Er war draufgängerisch und überwältigend in allem, was er tat. So wurde er sogar Teil einer Gemeindegründung. Doch wie damals bei mir war auch nach seiner Bekehrung nicht automatisch alles gut. Die Gesellschaft auf den Bermudas ist sehr fromm und Colins Umfeld vergaß nicht, wie er einst gewesen war. Colin hatte seine Freunde von früher verloren, als er abgestürzt war, und nun verlor er die Beziehungen, die ihm seine Drogenkarriere eingebracht hatte. So blieben ihm am Ende wenig mehr als flüchtige Beziehungen in der Gemeinde. Es war wie bei mir, auch wenn ich einen anderen Weg gegangen bin: Colin war ein Ausgestoßener. Ein schwarzes Schaf unter den Frommen und ein Scheinheiliger unter den Drogenabhängigen. Als auch noch sein Vater starb, war es offenbar: Colin hatte kein Zuhause mehr.

Einige Abende nachdem Colin sich im Kurs so sehr geöffnet hatte, fand ich eine Nachricht von ihm auf meinem Kopfkissen. Wütend nahm ich sie, knüllte sie zusammen und warf sie ungelesen aus dem Fenster. »Ich werde nichts mit diesem Mann anfangen«, raunte ich meinen Mitbewohnerinnen zu, die das Ganze neugierig beobachtet hatten. Sie lächelten nur und nickten langsam. Meine Freundinnen waren weit weniger naiv als ich. Sie hatten mich schon seit Tagen beobachtet und auch gesehen, wie Colin und ich immer wieder gemeinsam schweigend durch den Garten spazierten.

Jahre später erzählte mir eine von ihnen, dass Colin ohne mein Wissen zu ihr gekommen war und sie über mich ausgefragt hatte. Da ich nicht mit ihm reden wollte, hatte er sich andere Quellen gesucht, um mehr über mich herauszufinden und um über seine Gefühle für mich zu sprechen. Er hatte sie sogar gebeten, ihm meine Schuhe zu geben. Heimlich war er dann, wenn ich außer Haus war, die Treppe hinuntergeschlichen, hatte sie poliert und zurückgebracht. Wenn ihn andere Studenten fragten, was er da tue, sagte er: »Ich säe Liebe aus.«

Morgens fand ich meine Schuhe glänzend vor der Tür. Und immer mal wieder lag eine Nachricht auf meinem Kopfkissen.

Eines Nachmittags saß ich in unserem Klassenraum und spielte Gitarre. Colin öffnete die Tür und trat ein, ohne auch nur ein Geräusch zu verursachen. Da stand er nun und beobachtete mich, wie ich Lobpreislieder sang. Später erzählte er mir, dass er berührt davon war, wie vertraut meine Beziehung zu Gott wirkte. Als ich fertig war, blickte ich auf und sah Colin mitten im Raum stehen, noch immer diesen faszinierten Blick in den Augen. Er kam er zu mir, strich sanft über meine Schulter und sagte: »Ich liebe dich.«

Das war nun wirklich zu viel. Augenblicklich wurde ich stocksauer.

»Was ist es denn bloß, dass du so sehr an mir liebst!«, schrie ich.

»Ich liebe alles an dir!«, erwiderte Colin.

Ich explodierte. »Das hier wird niemals passieren! Ich bin keine Partnerin für dich!«

Ich glaube, ich schrie noch einige Beleidigungen, stampfte wütend mit den Füßen auf den Boden und verließ schwungvoll den Raum. Niemals würde ich diese seltsame Art von Liebe, die dieser Mann mir entgegenzubringen glaubte, akzeptieren!

Nur eine Stunde später sah meine Welt jedoch anders aus. Ich hatte mich etwas abgeregt und konnte nur noch daran denken, wie meine Aufregung mich enttarnt hatte. Ich hatte meine Fassung verloren, das allein war schon schäbig, aber noch mehr war dadurch für Colin und für mich offensichtlich geworden, dass er mir eben nicht egal war. Wäre er das gewesen, hätte ich mich nicht weiter um seine Liebesbotschaft kümmern müssen. Stattdessen hatte sie mich aufgebracht wie lange nichts mehr. Ich traf die Entscheidung, dass ich mich bei Colin entschuldigen musste. Wie ein angeschossenes Reh ging ich zu seinem Zimmer und klopfte an die Tür. Es war das erste Mal, dass ich von mir aus zu ihm ging. Er öffnete und blickte mich überrascht an.

»Es tut mir leid, dass ich laut geworden bin«, sagte ich, machte auf dem Absatz kehrt und eilte davon.

Nach dieser Episode überfiel mich Colin nie wieder mit Liebesbekundungen. Stattdessen brachte er mir Blumen, übergab mir kleine Briefchen und sang mir manchmal kurze selbst geschriebene Lieder vor. Er hatte sich ebenfalls entspannt, und das aus gutem Grund. Als ich wütend davongestapft war, hatte er sich mit Gott über mich unterhalten. Er bat Gott, ihm zu helfen, richtig mit mir umzugehen und mich nicht zu überfordern. Außerdem fragte Colin ihn, ob ich die Richtige für ihn sei. Als ich kurze Zeit später an seine Tür klopfte, war das ein eindeutiges Zeichen für ihn. Gott hatte Ja gesagt. Ab jetzt würde nichts mehr schiefgehen, dessen war er sich sicher.

Einige Tage später waren wir mit unserer Ellel-Studiengruppe in einem Reisebus unterwegs zu einem alten Herrenhaus an der Nordküste Englands. Colin und ich saßen in der gleichen Reihe, nur durch den Gang voneinander getrennt. Während der Fahrt nahm er seine Gitarre in die Hand, zupfte sanft die Saiten und summte leise ein Lied vor sich hin. Er trug eine dunkle Sonnenbrille, sodass ich seine Augen nicht sehen konnte. Ich schaffte es nicht, ihn zu ignorieren, meine Gedanken drehten sich darum, was in ihm vorging, wie er sich fühlte und ob er möglicherweise gerade wieder ein Lied für mich schrieb. Als der Fahrer anhielt, um eine Pause einzulegen, stieg Colin aus und kam wenige Minuten später mit einem Strauß Blumen zurück.

»Für dich«, sagte er. Ich war sprachlos.

Als wir unser Ziel schließlich erreichten, spazierten Colin und ich nebeneinander durch den Garten des Herrenhauses, vorbei an roten Rosen und kleinen Brunnen, in deren Wasser sich die Wolken und das Blau des Himmels spiegelten.

»Weißt du eigentlich, dass mein Nachname Lee lautet? Das bedeutet Beschützer«, erzählte Colin.

»Tja, wer mit mir zusammen sein möchte, sollte besser auch einer sein«, sagte ich brüsk und hatte gleich das Bild von Sandstürmen, Stromausfällen und Islamisten in Afrika vor Augen. All diese Gefahren hatten mich jahrelang begleitet. »Mich als Partnerin zu haben, bedeutet, einen hohen Preis zu zahlen.«

Ohne zu zögern, antwortete Colin: »Kein Preis kann zu hoch sein.« Am Abend lud er mich zum Essen ein.

Die Tage in Ellel waren wunderbar. Wir lernten uns alle sehr gut kennen. Wir teilten unseren Kummer, unsere Geheimnisse, unser Leben. Besonders liebte ich unsere spontanen Lobpreis-Sessions an den Nachmittagen. Wir saßen gemeinsam auf der breiten Steintreppe vor dem Haus, Colin und ich gaben den Takt vor und begleiteten die Gruppe mit unseren Gitarren. So ehrlich, wie diese Musik war, war auch Colin. Ich denke, das ist es, was mich am Ende überzeugt hat. Ja, er war anders als ich, aber er war ebenfalls echt. Man musste sich nie fragen, was er gerade dachte. Alles an Colin war authentisch. Und wenn ich im Laufe meines Lebens eines zu schätzen gelernt hatte, dann war es das.

Zwei Wochen vor dem Ende unserer gemeinsamen Zeit bei Ellel konnte ich nicht mehr anders, als Colin nachzugeben. Ich saß in unserem Klassenzimmer und summte wie so oft ein Lied vor mich hin. Colin betrat den Raum. Es war wie immer – er füllte ihn aus. Allein seine Anwesenheit sorgte dafür, dass ich ihm meine Aufmerksamkeit schenkte. Ich musste einfach hinsehen, hinhören und mich ihm zuwenden. Ich glaube, dass mich das in der ersten Zeit oft überfordert hat. Ich war es gewohnt, dass Männer zurückhaltend waren. Colin hingegen hatte das überhaupt nicht in seiner DNA.

Doch an diesem Nachmittag setzte er sich zu mir – und wurde ganz ruhig. Es war, als würde er sich absichtlich kleinmachen vor mir. Er ließ mir den Vortritt und so begann ich das Gespräch. Ich fragte ihn, wieso er mich einfach nicht aufgeben wollte, trotz all der Abfuhren, die ich ihm erteilt hatte, trotz meiner frechen Antworten und meiner offensichtlichen Weigerung, eine Beziehung mit ihm einzugehen. Er saß neben mir, sodass ich sein leicht süßes Parfüm riechen konnte, und antwortete: »Gott hat mir aufs Herz gelegt, ihn zu lieben. Und er hat mir die Liebe zu einer besonderen Frau geschenkt. Das bist du.«

Er legte seine Hand an mein Kinn und küsste mich – auf die Stirn. Es mag harmlos klingen, aber für mich war das ein intimer Moment. Und mein letzter richtiger Kuss war mindestens zehn Jahre her. Ich war sprachlos. Und ich ließ es zu. Zum ersten Mal fühlte ich mich nicht von Colin überfallen und überfordert – sondern geliebt.

Auf dem Rückweg zu meinem Zimmer war ich noch immer fest davon überzeugt, dass wir niemals zusammenkommen würden. Colin machte mich zwar nervös. Alles in mir flatterte bei dem Gedanken an diesen Kuss und ich konnte mir ein Lächeln nicht verkneifen. Dennoch betete ich, dass Gott mir die Kraft geben würde, Colin künftig zu widerstehen.

Als meine letzte Woche in England anbrach, traf ich eine Entscheidung: Ein letztes Mal wollte ich Colin darum bitten, mich in Ruhe zu lassen. Zwar hatte er mich daran erinnert, dass ich nicht nur eine Missionarin mit einem Auftrag, sondern auch eine Frau war, und dieses Gefühl schmeichelte mir. Ich spürte, wie mein Widerstand gegen ihn und eine Liebesbeziehung schwand. Aber ich war dennoch überzeugt von meinem Weg. Meine Berufung war Afrika, ich lebte von Erdnüssen und bitterer Kamelmilch. Colin hingegen war dazu geboren, auf einer Bühne zu stehen. Er mochte es extravagant, glamourös, laut und komfortabel. Unsere Bedürfnisse würden niemals zusammenpassen.

Eine Fahrradtour sollte mir dabei helfen, meine Grenzen aufzuzeigen und unsere Fronten zu klären. Am letzten Tag der Schulung brachen wir gemeinsam zu meinem liebsten Café auf.

Als wir dort angekommen waren und Platz genommen hatten, legte ich los.

»Ich verstehe, wie du dich fühlst, Colin. Du möchtest eine Beziehung mit mir. Aber ich muss dir ehrlich und direkt sagen: Das wird nicht funktionieren«, machte ich den Aufschlag.

Wir sprachen lange und ausführlich. Colin war enttäuscht, aber er versuchte nicht, mich zu überreden. Wie immer akzeptierte er meine Wünsche – auch wenn er selbst sicher schon andere Pläne im Kopf hatte.

Schon am Abend sahen wir uns wieder. Die Studentenvereinigung unserer Schule gab ein großes Dinner. Es war zugleich Colins und mein Abschied voneinander. Alle waren schick angezogen, auch wir. Ich trug das teuerste Kleid, das ich hatte – für afrikanische Verhältnisse ein Edelgewand, aber in England erschien es mir dennoch schäbig. An den Füßen hatte ich meine Hauspantoffeln, selbst gestrickt, aus Wolle. Ich hatte einfach nicht darüber nachgedacht, es waren die einzigen Schuhe, die ich im Haus tragen konnte. Als ich die breite Treppe des Herrenhauses hinunterkam, stand Colin bereits unten und wartete auf mich. Er trug den einen schwarzen Smoking, den er aufgehoben hatte, als er all seine anderen teuren Klamotten fortgegeben hatte.

Während er mich in der Mitte der Treppe in Empfang nahm und hinuntergeleitete, fragte ich mich zum ersten Mal, wie es sich wohl anfühlen würde, einen Mann wie ihn ständig um mich zu haben. Mich geborgen zu fühlen und fallen lassen zu können, wann immer ich es wollte und brauchte.

Unten angekommen nahm Colin meine Hand und führte mich in den Speisesaal. Auf jedem Tisch standen weiße Kerzen, der Schein der Flammen tauchte den Raum und all unsere neu gewonnenen Freunde in ein sanftes Licht. Gemeinsam feierten wir unsere Zeit in Ellel, unsere Heilung, Gott und uns selbst. Es war ein wunderbares Fest. Mein Herz raste den ganzen Abend wie wild und ich wusste, dass das vor allem an meiner Begleitung lag. Doch egal, was kommen sollte, ich war mir sicher, dass ich am nächsten Tag erhobenen Hauptes davonschreiten würde, bereit, Gottes Ruf zu folgen, untertänig zu sein und weiterzumachen wie zuvor. Schließlich stirbt niemand an einem gebrochenen Herzen.

Am nächsten Morgen – es war noch dunkel – packte ich meine restlichen Sachen zusammen, um zu gehen. Ich hatte einen Zug zum Flughafen zu erreichen. Im Haus war es mucksmäuschenstill und ich wollte das keinesfalls ändern. Mein Plan war, mich leise und heimlich hinauszuschleichen. Doch als ich das große Eingangstor erreichte, konnte ich meine Tränen nicht mehr zurückhalten. All die vertrauten Gesichter und Seelen – nein, ich konnte nicht einfach so gehen. Also tapste ich die Treppen wieder nach oben und verabschiedete mich tränenreich und liebevoll von meinen Mitbewohnerinnen. Auf dem Weg zurück kam ich an Colins Zimmertür vorbei. Sollte ich klopfen? Ich entschied mich dagegen. Geändert hätte es nichts, denn wie so oft war Colin mir zuvorgekommen. Er wartete bereits in der Lobby auf mich. Als ich ihm schließlich gegenüberstand, kniete er sich vor mich hin und band mir dir Schuhe. Sie glänzten von der letzten heimlichen Politur, die er ihnen verpasst hatte. Ich sah auf ihn hinab und spürte deutlich, dass er mein Herz erobert hatte. Gegen meinen Willen.

Colin stand auf. Es war Zeit zu gehen. Als ich die Türklinke schon in der Hand hatte, hielt ich nochmals inne.

»Vielleicht bin ich nur verwirrt und das geschieht alles gar nicht wirklich und soll auch nicht so sein. Aber wenn es so ist, dann wäre es mir auch egal. Ich liebe dieses Gefühl!«, sagte ich zitternd, den Blick noch immer auf meine Hand gesenkt. Ich sah auf und Colin direkt in die Augen. Wir umarmten uns. Alles war so vertraut, es fühlte sich so richtig an.

»Ich liebe dich auch«, flüsterte ich in sein Ohr.

Dann rannte ich aus der Tür und sprang in das wartende Taxi. Als das Auto sich in Bewegung setzte, fühlte es sich an, als schwebte ich einen Meter über den schwarzen Ledersitzen. Plötzlich wurde mir klar: Ich hatte mich verletzlich gemacht. Meine Gefühle offenbart. Und es hatte mich nicht umgebracht!

Bis heute weiß ich nicht, wer darüber überraschter war: Colin oder ich. Doch ich war mir auch sicher, dass wir einander nie wiedersehen würden. Aber Gott wirkt auf seltsame Weise. Er hatte einige Wunder für uns in petto.

Auf dem Weg zurück nach Afrika legte ich einen einwöchigen Zwischenstopp in Israel ein. Auf dem Ölberg vor Jerusalem gibt es ein internationales Gebetshaus. Es ist einer meiner liebsten Orte im Heiligen Land. Eines Tages saß ich auf der Dachterrasse und genoss die warme Mittagssonne, vor mir lag die Stadtmauer Jerusalems, die goldene Kuppel der Al-Aksa-Moschee schimmerte im Licht. Eine Gruppe christlicher Pilger besuchte die Überreste des biblischen Gartens Gethsemane. Plötzlich hörte ich Gottes Stimme.

Er zeigte mir ein Bild von Jerusalem, dieser zwar schönen, aber auch schmutzigen Stadt, in der so viel Unrecht geschieht. Mir war klar: Gott liebt diesen Ort, obwohl sich hier die schrecklichsten Dinge zutragen: Morde, Prostitution, Drogenhandel, Religionskriege. Und so wie er diese kaputte Stadt liebt, liebt er auch meinen Colin. Es war, als sage Gott zu mir: »Ich sehe ihn durch meine liebevollen Augen. Was auch immer ich neu mache, mache ich ganz neu. Das Alte ist vergangen. Colin ist von allem Bösen unberührt.«

Ich war bewegt. Und überführt. Schließlich hatte ich Colin immer für seine Vergangenheit und sein wildes Aussehen verurteilt. Ich hatte ihn gerichtet, dabei hatte Gott ihm längst vergeben. Plötzlich sah ich eine Zukunft für Colin und mich. Und das sprach ich laut aus: »Herr, wenn das dein Plan ist, dann akzeptiere ich ihn.«

In diesem Moment änderte sich etwas in mir. Ich hatte Colin schon vorher gerngehabt, aber nun schwemmte ein Gefühl der Zuneigung durch meinen ganzen Körper. Da war kein Staudamm mehr, der meine Liebe zurückgehalten hätte. Ich erinnerte mich an seine schwarzen Dreadlocks, an seine kleinen Lachfalten, an seinen goldenen Zahn, sein tiefes gluckerndes Lachen, die dunkle Haut und sein liebevolles Herz. Ich verehrte diesen Mann und ich war stolz auf ihn.

An diesem Tag lernte ich, Menschen so zu betrachten, wie Gott es tut. Er sieht immer das Gold in uns, auch wenn es noch unter Geröll und schmutzigem Flusswasser verborgen ist. Egal, ob das wertvolle Metall schon poliert oder noch matt ist und deshalb wertlos erscheint – Gott erkennt, was in uns steckt. Seine Liebe verlangt keine Perfektion. Sie ist bedingungslos. Colin war nicht perfekt. Er trug eine Menge Gold in sich, aber vieles an ihm war rau und roh. Es war noch kein Juwelier am Werk gewesen, der ihn glatt poliert hätte. Doch das machte nichts, denn bei mir war es genauso. Ich war bereit, den Weg von nun an gemeinsam mit Colin zu gehen. Zusammen würden wir versuchen, all das, was in uns steckte, zum Glänzen zu bringen. Gott würde uns dabei helfen.

Damals ahnte ich nicht, dass unsere gemeinsame Zeit nur kurz sein würde. Uns blieben nur wenige Monate, um uns wirklich kennenzulernen. Die aber nutzten wir in vollen Zügen aus.

6. Online-Liebe

Gott sei Dank existiert das Internet! Wenn es Zeitpunkte in der Geschichte gibt, in denen der Herr das World Wide Web für seine Zwecke nutzt, dann gehört dieser mit Sicherheit dazu! In den kommenden Wochen und Monaten blieben Colin und mir nur E-Mails und seltene Telefonate, um unsere Beziehung zu vertiefen, unsere so überraschend aufgekommene Liebe auszuleben und uns auf ein gemeinsames Leben vorzubereiten, denn ich arbeitete wieder unter den Somaliern in Afrika und bildete Missionare aus. Ich reiste wie zuvor durch Somalia, Dschibuti, den Sudan, Tansania und Uganda, lebte mal hier, mal dort und hauptsächlich aus dem Koffer.

Colin kehrte zurück in seine Heimat. Dort betrieb er gemeinsam mit seiner jüngsten Schwester eine Baufirma. Sie machte den Papierkram, er renovierte die Häuser, malte und kalkte die Dächer. Dadurch wurde das Regenwasser gereinigt und konnte zum Trinken in Zisternen aufgefangen werden. In jeder freien Minute spielte er entweder in der Lobpreisband seiner Gemeinde oder war im Gefängnis und wirkte dort als Seelsorger oder Prediger. Er gab den Häftlingen Bibelstunden und erzählte ihnen, dass er in Ellel von der Trauer um seine Mutter und dem ewigen Gefühl, ein Waisenkind zu sein, frei geworden war. Dass er seine Sucht nach Pornografie hinter sich gelassen hatte und mit alldem auch den letzten Rest an Bitterkeit.

Ich erzählte ihm nicht direkt, wie Gott auf dem Ölberg zu mir gesprochen hatte, aber ich genoss es, wie Colin auch elektronisch um mich warb. Jede unserer E-Mails endete mit einem Verweis auf eine Bibelstelle, mit der wir uns gegenseitig ermutigen wollten. Colins Schwester Gaylhia erzählte mir später, wie sie Colin beim Verfassen der Nachrichten an mich beobachtet hatte. Das Bild war herzerwärmend und zugleich amüsant: ein fast zwei Meter großer Mann, gebückt und lächelnd vor einem blau schimmernden Bildschirm sitzend, die Stirn in Falten gelegt vor Konzentration, beide Zeigefinger ausgestreckt, denn ausschließlich damit tippte er. Es dauerte ewig. Schließlich bot Gaylhia ihm an, die Nachrichten für ihn zu schreiben – ein Akt der Gnade.

Liebe Hedwig,
ich würde gerne etwas sehr Persönliches mit dir teilen. Ich glaube, der Herr möchte es dir ermöglichen, Ruhe zu finden – und zwar eine halbe Erdkugel von da entfernt, wo du gerade bist. Ich glaube fest daran, dass unser Vater möchte, dass wir eins werden. Die Bermudas sind ein sicherer Ort – ein guter Platz, um Kinder großzuziehen. Es ist ein wenig wie im Paradies hier. Ich würde für dich sogar Kamelmilch importieren lassen, wenn du zu mir kommst. Ich sagte ja, dieser Brief ist persönlich. Gott führt uns einen Schritt weiter. Ich werde täglich für dich beten. So wie ich es bisher auch getan habe. Ich weiß, dass du für mich betest, und danke dir sehr dafür. Ich spüre deine Gebete und möchte dir sagen, dass mir die Beziehung zu dir die wichtigste ist. Ich habe erst jetzt bemerkt, wie wertvoll die Zeit war, die wir gemeinsam verbracht haben – das Singen, das Plaudern, das Beten oder einfach nur in deiner Nähe zu sein –, ich denke oft an diese Momente

und bewahre sie an einem sicheren Ort in meinem Herzen auf. Ich ehre und respektiere dich, denn du bist eine starke Frau Gottes. Unsere besten Tage liegen noch vor uns. Ich liebe dich bedingungslos.

Dein Colin

Auch ich saß oft lange vor dem Bildschirm meines kleinen Computers und tippte Nachrichten. Sie geben Auskunft darüber, wie sehr wir einander herbeisehnten und zugleich bemüht waren, auf Gottes oft nur so leise Stimme zu achten.

Lieber Colin,
es erscheint mir heute, als werden die kommenden zwei Jahre, die ich hier in Afrika verbringe, prall gefüllt sein. Wir werden mit unserem Team andere Gruppenleiter aus insgesamt zehn afrikanischen Ländern ausbilden. Das bedeutet, dass ich viel reisen werde, und dazu braucht es eine Menge Kraft und Gnade. Mit diesen Aussichten klingt ein Zuhause wie die paradiesischen Bermudas wirklich traumhaft. Die Sicherheit und die gute Infrastruktur wären wunderbar, um Kinder zu bekommen. Ich glaube wie du, dass Gott mir schon bald solche Ruhe gönnen wird und mir ein neues Zuhause schenken möchte.

Gerade jetzt aber möchte ich Gottes Plan auf diesem Teil der Erde erfüllen, so wie du es auf deinem tust. Unsere Kinder sind ja (übrigens) noch nicht geboren. Würde ich jetzt fortgehen, fühlte es sich für mich so an, als würde ich all die mir so wichtigen Menschen in Afrika zurücklassen und dir stattdessen alles geben, was ich habe. Es würde sich anfühlen, als nähme ich den Hungrigen und ihren Nationen das Brot weg, um es dir und deinem Land zu geben. Dabei seid ihr doch schon satt. Dazu bin ich noch nicht bereit. Es tut mir leid, dass ich so ehrlich sein muss. Aber das sind meine Gedanken.

Gott segne dich!

Hedwig

Liebe Hedwig,

ich kann es nicht erwarten, deine Stimme zu hören. Ich fühle dich so stark in meinem Innersten, dass ich es selbst manchmal nicht glauben kann, und ich habe so etwas wirklich noch nie erlebt. Das mag etwas mit der tiefen Ehrlichkeit zu tun haben, die wir alle in Ellel er- und gelebt haben, und wie Gott seitdem mit uns weitergegangen ist. Gerade ist für mich eine siebentägige Fastenzeit zu Ende gegangen, und Gott hat einmal mehr zu mir gesprochen.

Der Pastor meiner Kirche kann sich gut vorstellen, dass ich nach Afrika gehe, um mit dir zu arbeiten. Ich würde dort all das tun, was Gott für mich vorgesehen hat. Ich bin bereit zu gehen.

Ich muss immer wieder daran denken, wie sie uns in Ellel erklärt haben, was Hingabe bedeutet: Einander den Rücken freizuhalten, bedeutet nicht, dass wir aufgeben müssen, wer wir sind oder was unser Plan im Leben war. Ich fühle, dass es meine Bestimmung ist, dich zu beschützen. Er wird es möglich machen. Das Ende ist immer besser als der Anfang.

Hedwig, ich möchte, dass du weißt, dass ich dich von ganzem Herzen liebe. So habe ich zuvor nie für jemanden empfunden. Es fühlt sich nicht an wie das Verlangen, das ich zuvor kannte, sondern wie eine wirklich göttliche Sache. Ich liebe und vermisse dich!

In Liebe

Colin

Lieber Colin,
wenn die Menschen mich ansehen, glauben sie, eine starke Frau zu erblicken. Aber das ist nicht wahr. Ja, ich kann sehr beharrlich darin sein, Gott zu gehorchen. Das hat mich manches Mal Freundschaften gekostet und manchmal fast mein Leben. Es lässt mich feministisch und tough wirken. Aber ich bete, dass Gott mich genau davor bewahrt und mich stattdessen demütig, verletzlich und weich bleiben lässt. Ich bin nicht dazu gemacht, andere zu führen. Stattdessen möchte ich folgen, Mentorin und Mutter sein, andere ermutigen und segnen – das gilt für meinen künftigen Ehemann und, solange ich unverheiratet bin, für andere Christen und die Menschen, die mir hier in Afrika begegnen.

Du sagst, du willst mich beschützen und behüten. Ich habe das einer meiner Freundinnen hier erzählt. Als ich ihr sagte, dass du eine Berufung spürst, mein Schutzschild zu sein, antwortete sie: »Hedwig, der Herr muss dich sehr lieben, um dir jemanden mit einer solchen Lebensaufgabe zur Seite zu stellen. Das erleben nur wenige Missionarinnen.« Das hat mich sehr bewegt. Ich hatte es noch nie aus dieser Perspektive betrachtet. Auch bin ich mir sicher, dass deine Berufung aus mehr besteht als deinem persönlichen Schutz für mich. Aber dieser Teil lässt mich tief berührt und dankbar zurück.

Ich glaube, so wie du mich behandelst, handeln weise Leiter: Sie stehen nicht nur selbst im Scheinwerferlicht, sondern ermöglichen es anderen, ihren Weg zu gehen, befähigen sie durch Hingabe dazu, ihre Stärken auszuleben und ihre Lebensaufgabe zu erfüllen.

Liebe und Segen für dich.

PS: Diese Woche habe ich zehn Sträuße von je 12 Rosen gekauft, 120 also, und habe sie durch die Wüste in die Stadt gebracht, wo im vergangenen Jahr mein Schweizer Freund Jörg umgebracht wurde. Ich legte sie dort nieder, wo sein Blut vergossen wurde. Für mich war es eine stumme Demonstration dafür, dass das Leben den Tod überwindet und Schönheit aus Asche erwachsen kann.

Hedwig

Um Weihnachten herum schwieg mein Postfach eine ungewöhnlich lange Zeit. Es vergingen nur einige Tage, aber das reichte, um mir zu zeigen, wie sehr ich mich nach Colins Nachrichten sehnte. Ich wollte diese Liebe nie wieder verlieren. Und das musste ich ihm sagen. Ich schrieb ihm also einmal mehr. Colin lernte die Worte, die ich ihm an diesem Tag sandte, auswendig, so sehr liebte er sie.

Lieber Colin,
ich kenne nicht den Grund dafür, dass ich so lange nichts von dir gehört habe, aber ich möchte, dass du weißt, wie ich mich deshalb fühle: Es ist die Hölle für mich, nicht zu wissen, warum du dich nicht meldest und dass ich mit meiner Zurückweisung der Grund dafür sein könnte. Ich bereue das zutiefst und auch, dass ich so lange so stark gegen meine Gefühle für dich gekämpft und dich damit verletzt habe. Du sollst wissen, dass ich dich liebe und vermisse, mein treuester Freund.

In Liebe
Hedwig

Mitte Januar rief Colin mich an und sagte: »Hedwig, du bist die ungewöhnlichste Frau, die ich kenne, da wird es dir nichts ausmachen, wenn ich auch etwas Ungewöhnliches tue. Ich werde nicht erst nach Afrika kommen, sondern frage dich hier am Telefon ganz direkt: Willst du mich heiraten?«

Ich war so schockiert, dass ich kein Wort herausbrachte, ich legte einfach auf. Am liebsten wäre ich bis zum Ende der Welt gelaufen, hätte mich in einer Erdhöhle verkrochen und wäre nie wieder ans Tageslicht gekommen. Der nächste Tag war ein Sonntag, und so bat ich meinen damaligen Pastor, nach dem Gottesdienst für mich zu beten. Das verfehlte seine Wirkung nicht. Es fühlte sich für mich an, als sprengte das Gebet Ketten, die mich jahrelang gefangen gehalten hatten. Das Ideengebäude, das mich hatte glauben lassen, ich müsse für mich selbst kämpfen, könne der Liebe nicht trauen und mein Schicksal nur allein bestreiten, brach zusammen – endgültig. Ich fühlte mich frei, zu vertrauen und zu lieben. Kurz darauf schrieb ich eine Nachricht an Colin.

Lieber Colin,
es ist nach Mitternacht. Gott ist mir in meinem Herzen nah und du ebenso. Nicht nur jetzt, sondern auch in den verworrenen letzten Tagen und nun in der Tiefe der Nacht. Ich verehre dich wie niemand anderen auf der Welt. Ich weiß, dass Liebe nichts Machbares ist, so wie zum Beispiel Vasen hergestellt werden, auf denen dann »Made in China« steht. Liebe kann niemandem aufgezwungen oder von jemandem verlangt werden. Liebe ist ein Wunder, »Made in Heaven«, direkt aus den Händen des Vaters und ein Abbild dessen, wie sehr er sich uns hingibt. Er hat dir die Liebe für mich ins Herz gelegt und nun auch eine wunderbare Liebe für dich in meines. Ich möchte dir also im Vertrauen auf Gott die Frage beantworten, die du mir gestern gestellt hast: Ja, ich will dich heiraten!

In Liebe
Hedwig

Noch in derselben Nacht rief Colin mich zurück und schrie am Telefon nur ein Wort: »Halleluja!« Wir waren furchtbar aufgeregt.

Doch ich hatte eine Bedingung für ihn. Er sollte meinen Vater offiziell um meine Hand bitten. So war es Tradition in meiner Familie und ich glaube, so will es auch Gott. Meine Familie allerdings war nicht gerade begeistert von Colin und unserer Beziehung. Er war ein mehrfach geschiedener Mann, zudem einer, der weder äußerlich noch von seinem früheren Lebenswandel her in unsere mennonitische Gemeinschaft passte. Das wusste Colin, obwohl er niemanden aus meiner Familie persönlich kannte.

»Ist es das, was du meintest, als du mir sagtest, ich müsse einen hohen Preis zahlen, wenn ich mit dir zusammen sein will?«, fragte er halb im Scherz, halb ehrfürchtig. Dennoch versprach er mir, mit meinem Vater zu sprechen.

In den nächsten vier Monaten schrieben Colin und ich uns viele E-Mails, telefonierten und beteten füreinander. Unsere Beziehung entwickelte sich weiter, auch wenn uns Tausende Kilometer trennten. Es verging kaum ein Tag, an dem wir nicht voneinander hörten. Ich fand später heraus, dass Colin in dieser Zeit 2000 Dollar für Telefonkarten ausgegeben hatte, nur um meine Stimme zu hören. Wie er gesagt hatte: Kein Preis war ihm zu hoch.

7. Nie wieder allein

Im März 2004 flog Colin von den Bermudas nach Paraguay, um meine Familie kennenzulernen. Er würde meinem Vater allein gegenübertreten, um ihn um meine Hand zu bitten, denn ich war zu der Zeit in Somaliland, wo ich Seminare zur Trauma-Seelsorge gab. Ich war in einer medizinischen Einrichtung engagiert und erklärte den Mitarbeiterinnen und Mitarbeitern, wie sie mit Menschen umgehen konnten, die nicht nur körperlich verletzt zu ihnen kamen, sondern auch seelisch.

Ich wette, der Besuch in Paraguay war für Colin genauso aufregend wie für meine Familie. Zwei Welten trafen aufeinander, nicht nur geografisch, sondern auch weltanschaulich. Und ich, der ausgleichende Faktor, der beide Seiten kannte und liebte, war nicht dabei.

Mein Bruder Korny holte Colin vom Flughafen der Hauptstadt Asunción ab. Korny ist acht Jahre jünger als ich und ein zurückhaltender und bescheidener Mann. Er spricht leise, hört gern zu und bemüht sich, Menschen vorbehaltlos zu begegnen. Damals unterhielt er gemeinsam mit einem Freund ein kleines Elektronikgeschäft. Korny war somit der Erste aus meiner Familie, der meinen künftigen Ehemann kennenlernte. Für ein Gespräch unter vier Augen war reichlich Zeit. Die Fahrt von Asunción bis in unsere Kolonie dauert mit dem Auto rund fünf Stunden. Ich bin mir sicher, dass meine Familie Korny einerseits geschickt hat, weil er von ihnen allen am besten Englisch spricht, aber andererseits auch, weil meine Eltern sich sicher waren, dass er Colin nicht vor den Kopf stoßen würde. Es war ein erstes Zeichen des Entgegenkommens.

Ich weiß nicht genau, was auf der Autofahrt geschehen ist, aber ich bin mir sicher, dass es lustig gewesen wäre, als Zuschauer dabei zu sein: Auf der einen Seite mein Bruder, höflich und freundlich bemüht, Small Talk zu machen. Und auf der anderen Seite Colin, der immer gleich zur Sache kam und gar nicht wusste, was Small Talk überhaupt ist.

In Fernheim wartete der Rest meiner Verwandten auf meinen Verlobten. Wenn eines sicher ist, dann dass Colin an diesem Tag Geschichte geschrieben hat. Unsere kleine Gemeinschaft hatte zuvor noch nie einen Menschen wie ihn getroffen. Erst recht hatte einer wie er noch nie darum gebeten, Teil der Familie werden zu dürfen. Ich bin sicher, es war für sie nicht leicht, diesen großen Mann mit den Dreadlocks und dem schimmernden Goldzahn zu akzeptieren. Sie wussten von seiner Vergangenheit, kannten auch seine Frauengeschichten und waren sich bewusst, dass er bereits Kinder hatte.

Meine Eltern hatten in der Zeit vor seinem Besuch viel gebetet. Sie hatten Gott gefragt, was er von unserer Beziehung hielt, hatten sich um Weisheit bemüht und sicherlich auch bemerkt, wie sehr ich mich an Colins Seite wünschte. Es machte sie nervös, aber sie entschieden sich dazu, uns zu unterstützen, schon bevor mein Verlobter in Paraguay landete. Mein Vater und meine Mutter wollten unsere Entscheidung segnen und darauf vertrauen, dass ich Gott richtig verstand und seinen Weg ging. Es kostete sie sicher Überwindung. Aber als Colin um meine Hand bat, sagten meine Eltern Ja und gaben uns ihren Segen.

Ich wusste von alldem nichts und wartete unterdessen in Afrika auf eine Nachricht von ihm. Natürlich war auch ich nervös. Endlich erhielt ich die ersehnte E-Mail:

Meine Königin, meine Geliebte, meine Inspiration und meine große Liebe,
ich weiß, man schreibt es eigentlich am Ende eines Briefs, aber ich will es gleich am Anfang sagen: Ich liebe dich. Ich liebe dich. Ich liebe dich! Ich vermisse dich mehr als je zuvor. Seit ich dasselbe Essen gegessen habe, das du früher gegessen hast, seit ich dieselben Wege gelaufen bin, im selben Haus gewohnt habe, die Orte besuchen konnte, an denen du gearbeitet hast, die Menschen lieben lernen durfte, die du liebst, all deine Freunde ... Das bringt mich dazu, mich so sehr nach dir zu sehnen, dass du es dir kaum vorstellen kannst. Ich bin unglaublich froh, deine Heimat besuchen zu dürfen. Ich fühle mich heute stärker mit dir verbunden als zuvor. Wir sind eins!

Ich liebe deine Familie wie meine eigene. Sie sind so ehrlich und demütig und haben mich herzlich empfangen.

Als ich deine Eltern traf, hatte der Heilige Geist alles unter Kontrolle, das spürte ich ganz stark. Ich habe deinem Vater gesagt, wie sehr ich dich verehre und respektiere. Zugleich ehre und respektiere ich auch sie, denn schließlich haben sie dich in die Welt gesetzt. Sie erzählten mir, dass sie viel für uns und mich gebetet haben und dass sie bereit dazu sind, uns in Gottes Hände zu übergeben und uns unseren Weg gehen zu lassen, wo immer der Herr uns hinführen mag. Sie gaben mir ihren Segen und umarmten mich. Das war wirklich eine Offenbarung für mich. Ich sagte deiner Mutter im Scherz, dass sie nun ihren Freundinnen erzählen kann, sie habe einen schwarzen Sohn. Sie hat dar-

über gelacht. Deine Eltern sind wirklich wunderbare Menschen, ich liebe sie.

Ich kann es kaum erwarten, dich wiederzusehen, dich zu drücken, zu herzen und zu halten, bis es sich anfühlt, als wären wir eins. Ich weiß, dass Gott dich beschützt, aber pass dennoch gut auf dich auf. Schließlich gibt es noch so vieles, was vor uns liegt. Ich bin Gott unendlich dankbar, dich kennen zu dürfen. Sicherlich benutzt er dich gerade für eine wirklich gute Sache, dort drüben in Afrika. Gott segne dich, ich liebe dich.

Colin

Colin blieb eine ganze Weile in Fernheim. Er nutzte die Chance, meine Freunde kennenzulernen und meine Kirchengemeinde zu besuchen. Er trank Tee mit mir vertrauten Menschen, die mich seit meiner Kindheit kannten, und erzählte bei Kirchenveranstaltungen von unserer Liebe. Dabei verheimlichte Colin nie, wer er war. Er sprach offen und ehrlich über seine Drogenvergangenheit und die Fehler, die er als junger Mann gemacht hatte. Er sagte dann immer: »Wem viel vergeben wurde, der liebt viel.« Je besser meine Leute Colin kennenlernten, desto mehr schätzten sie ihn für seine Offenheit. Zumindest einige.

In der Gemeinschaft der Mennoniten ist Rechtschaffenheit der höchste Wert. Das geht so weit, dass viele kaum tolerieren können, wenn ein Mensch schwerwiegende Sünden begeht. Natürlich spricht das niemand laut aus, aber das Schweigen ist oft vernichtender als eine offene Anklage. Als Colin seine Geschichte vor ihnen preisgab, klammerte er nichts aus. Nicht die Drogen, nicht die Scheidungen, nicht seine Kinder. Einige überkam daher ein Gefühl der Überlegenheit. Sie hatten einen Sünder vor sich, der im Laufe seines Lebens schreckliche Fehler gemacht hatte.

Jemanden, der schlechter war als sie. Das dachten sie zumindest. Zugleich bemerkten sie, dass Colin nicht vom Gewicht seiner früheren Sünden erdrückt wurde. Er war ein fröhlicher Mensch, es gab kein schlechtes Gewissen, das ihn klein werden ließ. Stattdessen lebte er vom Wert seiner Erfahrungen. Er wusste, wohin er nicht mehr zurückwollte. Wie sagt man doch gleich? Man muss auch wissen, was man nicht will, um Erfolg zu haben. So war es bei Colin. Durch alle Fehler hindurch hatte er Gottes Vergebung erfahren und dazugelernt.

Diese Idee war für einige meiner mennonitischen Freunde neu und faszinierte sie. Bis heute nutzen manche die Gelegenheit, wenn ich im Land bin, um das Gespräch mit mir zu suchen. Sie offenbaren mir ihre finstersten Geheimnisse, ihre Fehler und Missetaten – und gemeinsam beten wir dafür, dass Gott ihnen diese Dinge vergibt. Ich bin sicher, er tut es. Es ist wie eine Beichte. Dass man ehrlich vor Gott sein kann und das Leben trotz Sünden dadurch leichter wird, hat Colin sie gelehrt. Seine Ehrlichkeit hat Licht ins Dunkel gebracht. Leider gilt das nicht für alle. Einige blieben ihm stets feindlich gesinnt – das sollten wir kurze Zeit später noch schmerzlich spüren. Zunächst aber schien alles heiter und sonnig.

Was dort in Paraguay während Colins Besuch geschehen war, bewegte mich zutiefst. Dieser Mann liebte mich so sehr, dass er es schaffte, mit allem, was er war, in die enge Gemeinschaft der Mennoniten vorzudringen und Teil meiner Familie zu werden. Es hätte alles geschehen können. Sie hätten ihn zurückweisen oder er hätte sich blamieren können. Doch er ging seinen Weg mit Selbstbewusstsein und in dem Wissen, dass Gott ihn führte. Er kannte sein Schicksal und das machte ihn stark.

In einer E-Mail berichtete ich ihm noch mehr von meinen Erfahrungen mit den Mennoniten in Neuland.

Colin,
lass mich dir von einem Bereich meines Lebens erzählen, der mich immer wieder neu herausfordert. Ich habe es schon einmal angesprochen: Ich war einen Großteil meines Lebens eine Getriebene. Zuerst als eine Perfektionistin in einer scheinbar perfekten mennonitischen Welt. Ich war auf der Suche nach Wahrheit, und als Gott mich schließlich mit seinem Heiligen Geist erfüllte, wurde ich zur Ausgestoßenen. Über einige Jahre hinweg beobachteten mich die Menschen in Fernheim sehr genau, sie warteten darauf, dass ich einen Fehler machen und fallen würde. Sie versuchten, mich wieder zu dem zu machen, der ich vor meiner Erweckung war. Sie hielten mich entweder für verrückt, für besessen oder einfach für aufsässig. Auch diese Umstände haben mich getrieben. Was mich eigentlich frei machen sollte, führte dazu, dass ich mich wieder beweisen musste, stark sein wollte und selbstbewusst.

Ich glaube, ich habe erst in Ellel bemerkt, wie sehr mich das alles auf meinem Lebensweg beeinflusst hat und wie unfrei ich war. In mir herrschte ein permanenter Druck, alles hinbekommen zu müssen. Denn würde ich fallen, hätten die frommen Mennoniten in Fernheim am Ende recht. Deshalb ließ ich die Depressionen, die Einsamkeit, all die negativen Gefühle, die ich auch hatte, nicht an mich heran. Ich unterdrückte mein wahres Ich, um den Schein der starken Alleskönnerin aufrechtzuerhalten. Auch wenn ich seit Langem im Ausland lebe, versuche ich noch immer, mich zu beweisen.

Ich habe gelernt, dass Getriebene die schlechteren Liebenden sind. Wer rennt, kann nicht innehalten und den anderen wahrlich schätzen. Tatsächlich rennt ein solcher Mensch oft allein. Aber ich spüre, wie Gott an mir arbeitet. Er nimmt langsam und behutsam all die Dinge weg, hinter denen ich mich früher verbarrikadiert habe: die vollen Terminkalender, Strategien, Pläne, Fastenzeiten, Gebetstreffen und Meetings. Ich denke, er wird das so lange tun, bis in mir nur noch die Liebende übrig geblieben ist. Vielleicht ist es dir noch nicht so sehr aufgefallen ... aber ich verändere mich. Gott nimmt meine Schutzschilde weg und zieht mich weich und ungepanzert vor seinen Thron.

Ich erzähle dir das alles, weil ich glaube, dass unsere Ehe ein lebendiges Zeugnis der Liebe sein wird, die Gott uns geschenkt hat. Nicht ein Zeugnis von Missions- und Opferbereitschaft – sondern von ungenierter, ungeschminkter Liebe. Ich glaube, was die Welt heute am dringendsten braucht, ist nicht ein weiterer Sozialarbeiter oder Katastrophenhelfer, nicht eine weitere Predigt oder Strategie, sondern eine Familie, die sich aufrichtig liebt. Denn allein das ist die beste Predigt, die beste Strategie und die größte Hilfe für Menschen in Not. Jeder, der die Liebe sieht, kann sie verstehen – ohne Worte, Fremdsprachenkenntnisse oder komplizierte Manöver.

Ich glaube, wenn wir uns darum bemühen, genau das zu tun, was Gott von uns verlangt, öffnet uns das Türen im Leben und schenkt uns Durchbrüche, auf die wir sonst viele Jahre oder für immer warten müssten. Vielleicht verstehen es die Jüngeren besser: Es geht im Leben nicht darum, religiöse Opfer zu bringen. Statt uns zu knechten, müssen wir auf Gott hören. Ihm radikal folgen. Und das, so gut wir können und auch dann, wenn der Rest der Welt es für verrückt hält.

Mein Herz, ich liebe dich so sehr!

Dein in Ihm

Hedwig

Liebste Hedwig,
danke für deine Gebete. Ich spüre: Wenn ein ehrlicher Mensch wie du aufrichtig betet, dann bewegt das so viel. Ich spüre, wie Gott mich verändert. Er arbeitet an mir. Ich spüre eine neue Berufung. Es ist für mich an der Zeit, wie Petrus in der Bibel aus dem Boot zu steigen – und auf dem Wasser zu laufen.

In dieser Welt handhaben die meisten Menschen Partnerschaften so: Sie werben umeinander, heiraten dann – und das Werben endet. Gottes Weg ist ein anderer. Er zeigt Paaren seinen Willen. Dann heiraten sie und werben umeinander – und das Werben endet niemals. Hedwig, wir müssen uns keine Sorgen um Geld oder Verpflichtungen machen. Ich bin mir sicher, dass Gott uns mit Arbeit versorgen wird. Was er sät, wird aufgehen. Alles wird wunderbar funktionieren. Er hat uns dazu aufgefordert, uns keine Gedanken darüber zu machen, ob wir morgen genug zu essen, zu trinken oder anzuziehen haben, denn er kümmert sich um alles. Solange wir ihn an die erste Stelle setzen, wird alles gut. Wenn er uns eine Vision schenkt, schenkt er uns auch Versorgung.

In Liebe
Colin

Doch wie ich schon sagte: Es schoben sich rasch Wolken vor die Sonne, die während Colins Zeit in Paraguay so hell schien. Einige Wochen nach seinem Besuch bei meinen Eltern war ich im Sudan unterwegs und erhielt mehrere Briefe von meiner Familie. Offenbar setzte die Kirchengemeinde sie wegen Colin und mir unter Druck. Zwar hatte er einige der Mennoniten für sich und unsere Vision eines gemeinsamen Lebens einnehmen können, aber ein Teil war skeptisch geblieben und äußerte sich lautstark, nachdem Colin wieder abgereist und ich ebenfalls am anderen Ende der Welt war.

Mein Bruder Korny hatte Colin in einer Jugendgruppe unserer Gemeinde sprechen lassen und mein Verlobter hatte keinen Hehl aus seiner früheren Abhängigkeit gemacht und freizügig erzählt, dass er die Pornografie erst vor Kurzem überwunden hatte. Er hatte auch darüber gesprochen, wie er als kleines Kind missbraucht worden war und darüber, wie das sein Leben beeinflusst hat. Das und seine ungenierte Art zu sprechen hatte viele meiner Landsleute vor den Kopf gestoßen. Colin kam mit so viel Ehrlichkeit in unsere Gemeinschaft – das konnten manche einfach nicht verkraften.

Hinzu kam, dass ich meiner Familie zwar im Vorfeld von Colin und dessen Lebenswandel berichtet hatte, aber ich war voller Sorge gewesen, dass sie ihn nicht anerkennen könnten – und hatte manches weggelassen. Als sie meinen Verlobten dann leibhaftig trafen, kam alles ans Licht. Er sah in seiner grenzenlosen Ehrlichkeit und mit all seinem Gottvertrauen gar keine Notwendigkeit, etwas zu verheimlichen. Meine Eltern hatten uns ihren Segen schweren Herzens gegeben. Nun wurden sie erneut herausgefordert. Sie hielten am Ende zwar zu uns, aber sie gaben auch die Bedenken der Gemeinde an uns weiter. In einem Brief ließen uns meine mennonitischen Geschwister wissen:

Wir glauben nicht, dass Colin wirklich eine Berufung für Afrika hat. Er gibt das nur vor, um dir nahezukommen. Wenn er es nicht ernst meint, wird dich das aus der Bahn werfen. Es wird dich von deiner eigentlichen Aufgabe ablenken. Von dem, was Gott mit dir vorhat.

In einem anderen Brief stand:

> *Hast du denn die Bibel nicht gelesen? Im ersten Brief an die Korinther (6,9-10) steht es eindeutig: »Wisst ihr nicht, dass Menschen, die unrecht tun, keinen Anteil am Reich Gottes erhalten werden? Täuscht euch nicht. Menschen, die sich auf Unzucht einlassen, Götzendiener, Ehebrecher, Prostituierte, Homosexuelle, Diebe, Habgierige, Trinker, Lästerer, Räuber – keiner von ihnen wird am Reich Gottes teilhaben.«*

Das brach mir das Herz. Aber ich konnte sie auch verstehen. Nur wenige Monate zuvor hatte ich noch genauso gedacht wie sie. Ich war in einer Welt aufgewachsen, in der es keine Scheidungen gab – was nicht heißt, dass jede Ehe glücklich war, aber Trennungen gab es nicht. Ich lebte wie in einem sicheren Hafen ohne Drogen, Alkohol, Betrug und Lügen – zumindest vordergründig. Natürlich konnte meine alte Gemeinde sich nicht vorstellen, dass ich einen Mann heiraten wollte, der in ihren Augen durch Ehebruch und Drogenmissbrauch entehrt war. Auch in anderen Gemeinden sind Scheidung und Wiederheirat ein schwieriges Thema und in gewisser Weise kann ich ihre Bedenken verstehen.

Schließlich stellte mir meine Gemeinde in Paraguay per Brief ein Ultimatum: »Er oder wir.« Sie erwarteten, dass ich meine Verlobung löste, doch das lehnte ich ab. Ich schrieb ihnen einen langen Brief, in dem ich erklärte, wie sehr ich Colin liebte und dass ein Nein zu ihm für mich auch ein Nein zu Gott bedeuten würde, der mich zu dieser Beziehung ermutigt hatte. Nachdem ich den Brief abgeschickt hatte, spazierte ich ins Zentrum des sudanesischen Dorfs, in dem ich mich gerade aufhielt, und bestellte mir in einer kleinen Bar den besten Kaffee, den es dort gab.

»Das war es dann wohl«, sagte ich zu mir selbst. Ich musste von meiner Kirchenfamilie Abschied nehmen. Zum Glück blieben mir die Briefe von Colin. Darin besprachen wir alles, auch die Ablehnung durch die Mennoniten. Uns verband das Schicksal, dass wir beide abgelehnt wurden. Colin war der Hölle der Drogen entkommen und ich war der Hölle meiner eigenen Religiosität entkommen. Nun lebten wir beide mit den Konsequenzen. Man liebte oder hasste uns. So unterschiedlich wir waren, so hatten wir doch Gemeinsamkeiten, die uns verbanden.

Hedwig, meine Liebe, meine Königin, hallo,
ich freue mich immer, von dir zu hören. Und ich hatte die ganze Zeit schon das Gefühl, dass sich etwas zusammenbraut. Ich verstehe, dass deine Familie Fragen hat, was meine Person angeht. Ich habe viel durchgemacht im Leben. Aber eines weiß ich sicher: Es gibt nichts in der Welt, was mich davon abhalten wird, mit dir zusammen zu sein. Auch dann nicht, wenn ich dadurch mein Leben in Gefahr bringe. So sicher ich weiß, dass ich dich liebe, so sicher weiß ich auch, dass es Gottes Führung ist, die mich nach Afrika bringt.

Wir haben seine Stimme gehört und er hat es so oft bestätigt. Er hat uns Gutes getan und sein Wohlwollen bewiesen. Spätestens seit meiner Reise nach Paraguay bin ich mir sicher: Das mit uns hat einen Sinn und es ist für immer.

In Liebe
Colin

Lieber Colin,
die Passage aus dem Korintherbrief, die sie mir an den Kopf geworfen haben, ist unvollständig zitiert. Es heißt dort, dass

Menschen, die Unrecht tun, keinen Platz in Gottes Reich haben. Aber es geht noch weiter: »Früher traf dies auf einige von euch zu, doch jetzt sind eure Sünden abgewaschen und ihr seid für Gott ausgesondert worden. Ihr wurdet vor Gott gerecht gesprochen durch den Namen von Jesus Christus, dem Herrn, und durch den Geist Gottes.« Es ist genau so, wie Gott es mir in Jerusalem gezeigt hat: Er hat dich rein gemacht. Deshalb bist du auch rein für mich.

Kurze Zeit später schrieb ich eine weitere E-Mail:

Lieber Colin,
Ich bin so viele Jahre lang alleine durch die Welt gereist, habe so viele Länder gesehen und bin quasi wöchentlich in Flugzeuge gestiegen. Doch seit ich dich kenne, möchte ich nicht mehr allein unterwegs sein. Ich habe die Flüge, die vielen Länder und das Alleine-Kämpfen satt. Es ist wahrscheinlich kindisch, das so zu schreiben. Aber ich möchte, dass du weißt, wie sehr ich mich auf dich freue.

Ich sitze hier und betrachte einen Sonnenuntergang, gemacht aus den schönsten Farben: Orange, Rot und Lila. Vögel flattern um mich herum. Nun wird es dunkel und auch die Nacht ist umwerfend, so ruhig. Erst vor wenigen Tagen hatten wir Vollmond. Ich kann unendlich viele Sterne sehen.

Lass uns gemeinsam unter diesem sternenübersäten Himmel liegen und träumen, mein Mann! Ich vermisse dich, vermisse deine Stimme, vermisse es, in deine leuchtenden Augen zu schauen, die so voller Leidenschaft und Tatendrang sind. Ich sehne mich danach, deine breiten Schultern zu sehen, die mich eines Tages vor allem Übel schützen werden. Halleluja, es gibt eine Zeit für alles und bald wird unsere Zeit kommen, mein Liebster.

Wir sind gerade in den Nuba-Bergen des Sudans angekommen. Was für eine Erfahrung! Es ist so ein stiller Ort, weit entfernt von jeder Zivilisation. Um meine Hütte laufen Ziegen und Affen herum. Ich habe einen der Affen David getauft. Er tanzt die ganze Zeit und verfolgt jeden immer mit einem breiten Grinsen im Gesicht. Er versucht, uns Zahnbürsten, Brillen und einfach alles zu stehlen, was wir herumliegen lassen.

Hier im Gebiet der Nubier herrschte lange Zeit Krieg. Sklaverei und brutale Gewalt waren an der Tagesordnung. Und dennoch sind diese Menschen offen und freundlich geblieben. Nachdem ich nun so viele Jahre mit den Somaliern gearbeitet habe – und wie du aus meinen Erzählungen weißt, sind sie nicht immer einfach, ein stolzes Volk –, kommt mir das Leben hier wie Urlaub vor. Diese Menschen haben zwölf Jahre lang keinen Frieden um sich herum gehabt. Sie lebten in Höhlen überall im Gebirge. Nun ist hier kurz Ruhe eingekehrt. Die Familien versuchen, ihr Leben wieder aufzubauen. Es ist ein Privileg, an diesem Prozess teilnehmen zu dürfen. Durch meine Heilungsseminare kann ich helfen, auch ihren inneren Frieden wiederherzustellen. Und die Gemeinschaft der Nubier würdigt das und gibt mir wunderbares Feedback.

Ich liebe dich sehr!

Hedwig

Als die Sehnsucht immer stärker wurde, entschieden wir, dass Colin endlich nach Afrika kommen sollte. Wir wollten uns in Uganda treffen. Gemeinsam mit einigen Freunden von Ellel planten wir ein groß angelegtes Seminar für Leiter, das wir christlichen Missionaren und Führungspersönlichkeiten in Ostafrika anbieten wollten. Colin sollte für drei Monate in Afrika bleiben – eine kurze Zeit, aber nach sechs Monaten der Trennung erschien es mir wie eine glückselige Ewigkeit. Endlich würde unsere Brief- und E-Mail-Beziehung ein Ende haben. Wir konnten uns halten, küssen und in die Augen schauen. Colin würde zu mir nach Afrika kommen!

8. Zusammenwachsen

Im Frühjahr 2004 tauchte Colin in meine Welt ein. Ende April landete er in Nairobi. Wir fielen uns in die Arme – zum ersten Mal als Paar. Seit fünf Monaten waren wir verlobt. Obwohl wir uns bis dato nur weit entfernt voneinander an diesen Zustand hatten gewöhnen und darüber freuen können, fühlte es sich gleich bei unserer ersten Berührung am Flughafen so an, als gehörten wir schon ewig zusammen. Wir konnten gar nicht aufhören, uns in die Augen zu sehen. Wir fühlten uns reich beschenkt, gesegnet und endlich frei zueinanderzustehen. Den ersten Tag verbrachten wir damit, Kaffeetasse um Kaffeetasse zu leeren, während Colin mir Fotos von seinem Besuch in Paraguay zeigte. Ich gab ihm dafür einen ersten Eindruck vom Leben in Afrika.

Am nächsten Tag stand gleich etwas sehr Wichtiges auf unserem Programm: Colin wollte mir einen angemessenen Verlobungsring kaufen. Ich bin kein Fan von teurem Schmuck, aber er wollte es sich nicht nehmen lassen. Daher machten wir uns zu einem der Marktplätze von Nairobi auf, die unter den Ausländern am beliebtesten sind. Man darf sich den Markt nicht wie einen Flohmarkt vorstellen, wo jeder seine Waren auf Decken oder auf Malertischen präsentiert. Vielmehr gibt es dort einen Swimmingpool, westliche Restaurants und viele teure Boutiquen.

Es dauerte nicht lange, bis wir den schönsten Ring fanden, den ich je gesehen habe. Er war golden mit einem tiefblauen Tansanit-Stein in der Mitte und zwölf kleinen funkelnden Diamanten drum herum, die ein Herz bildeten. Ich liebte diesen Ring vom ersten Moment an – und deshalb liebte Colin ihn auch. Ich habe das Preisschild an diesem Tag nicht zu Gesicht bekommen, doch als ich später erfuhr, dass er 1 000 Dollar gekostet hat, war ich schockiert. In Kenia ist das eine unglaubliche Summe und ich dachte, dass so viel Geld lieber an ein Kinderheim gespendet werden oder in eine andere wohltätige Arbeit fließen sollte. Doch Colin war sich sicher: Er wollte das Geld für mich ausgeben. »Kein Preis ist zu hoch«, wiederholte er sein altes Credo.

Auch in den nächsten Tagen kannte seine Großzügigkeit keine Grenzen. Colin war mit einigen tausend Dollar in der Tasche in Nairobi angekommen. Schon nach einer knappen Woche war das Geld ausgegeben. Er kaufte damit nicht etwa teure Geschenke für mich – abgesehen von dem Ring natürlich. Nein, er verteilte es einfach großherzig an arme Menschen auf der Straße, an Bekannte und Freunde von mir. Das sorgte dafür, dass er sehr schnell sehr viele Freunde gewann – diejenigen, die es auf sein Geld abgesehen hatten, nannten sich jedenfalls so. Colin hatte sicher nicht im Sinn, sich auf diese Art und Weise beliebt zu machen. Das Geben gehörte für ihn einfach dazu. Obwohl er selbst auf den Bermudas kein reicher Mann war, machte er sich keine Sorgen um unsere Zukunft.

»Ich habe keine finanziellen Probleme, weil ich keine Finanzen habe«, scherzte er immer.

Für mich war das schwer zu schlucken, obwohl ich ja selbst aus dem Glauben heraus lebte. Aber ich mochte es eben auch, die Kontrolle zu behalten.

»Der Herr füttert die Vögel«, predigte er im Ton absoluter Überzeugung. »Warum sollte er nicht auch uns zu essen geben?«

Mir war es wichtig, Colin während seiner Zeit in Afrika Garissa zu zeigen, denn es war mein erster Wohnort auf diesem Kontinent gewesen und bis heute trage ich eine große Liebe für diese Stadt in meinem Herzen. Ich erinnerte mich daran, wie ich dort frühmorgens vom Krähen der Hähne aufgewacht war, während mir die Sonne ins Gesicht schien und die Affen ihr Morgenlied sangen. Nun würde auch Colin all das ebenfalls erleben.

Doch vorher mussten wir von Nairobi aus den Bus nehmen. Die Fahrt war ungemütlich, das Fahrzeug schaukelte und knallte immer wieder in tiefe Schlaglöcher. Colin trug ein buntes afrikanisches T-Shirt, Ledersandalen und eine Mütze auf dem Kopf. Trotz seiner afrikanischen Wurzeln erkannte jeder sofort, dass er ein Ausländer war. Warum sonst sollte jemand in Kenia eine Mütze tragen? Colin aber legte Wert auf sein Äußeres. Er mochte es, extravagant gekleidet zu sein, egal was andere dachten. Die Somalier im Bus unterhielten sich so laut, wie ich es gewohnt war, Colin saß still auf seinem Sitz und blickte aus dem Fenster. Ein Mann in seiner Nähe kaute Khatblätter, ein leichtes Rauschmittel, das hier sehr verbreitet ist. Frauen warfen leere Plastikflaschen aus dem Fenster. Einmal hielt der Bus in der Nähe eines dichten Gebüschs und der Fahrer rief alle dazu auf, die »Busch-Toiletten« zu benutzen. Das war meine Heimat in Afrika! Colin beschwerte sich nicht darüber, obwohl das alles für ihn sehr ungewohnt war. Immerhin warfen die Somalier keine Steine auf uns, als wir in Garissa aus dem Bus stiegen.

Am nächsten Morgen weckten uns Sonne, krähende Hähne und Ziegengemecker. Ich nahm Colin als Erstes mit auf einen Spaziergang durch das ausgetrocknete Flussbett in der Nähe, wo ich früher oft langgegangen war. Nun schritten wir gemeinsam durch den Sand, achteten penibel darauf, nicht in Kamelfladen zu treten oder, schlimmer noch, in menschliche Exkremente. Ich gebe zu, das klingt wenig romantisch. Aber das war uns egal. Dies hier war unsere Zeit und wir waren wild entschlossen, sie zu genießen und mit Liebe zu füllen.

Wir sahen dabei zu, wie die Stadt langsam erwachte, und lauschten den Vögeln bei ihrem morgendlichen Gesang. Zu dieser Jahreszeit war alles um uns herum heiß und trocken, doch an den Akazienbäumen sprossen neue Triebe. Sie brachten eine wohltuende Abwechslung und ein wenig Grün in die Wüstenlandschaft, die mich mit ihrer Rauheit und ihren versteckten Wundern an meine Heimat in Paraguay erinnerte. Hier kamen an diesem Tag alle meine Herzensorte zusammen: Fernheim, Garissa und Colins Arme, denn auch da gehörte ich jetzt hin.

Bei unserem Rundgang trafen wir alte Freunde und Bekannte. Sie mochten Colin von Anfang an. Seine offene, laute und freche Art kam bei den Somaliern gut an. Vor allem die Kinder liebten ihn sofort. Ich kann heute nur mutmaßen, was für ein wunderbarer Vater er gewesen wäre.

Colin und ich hatten eine gemeinsame Vision: Wir wollten Heilung nach Afrika bringen und den Menschen helfen, ihre Berufung zu entdecken. Dazu hatten wir ein Seminar in Uganda geplant, genauer in der Stadt Kampala. Es sollte das erste Mal sein, dass wir gemeinsam unseren Dienst ausüben würden. Für mich war das Leiten von Seminaren eine wohlbekannte Übung: Ich kam an einen neuen Ort, wo ich zusammen mit den Organisatoren dafür sorgte, dass die Logistik stimmte. Ich organisierte Räume, lud Menschen ein und bereitete meinen Unterricht vor. Dann gab ich die Lektionen, verbrachte Stunden um Stunden mit persönlichen Gesprächen, besuchte die Teilnehmer zu Hause und lernte ihre Familien kennen – und später ging es an einem anderen Ort wieder von vorn los. Solche Seminare dauerten in der Regel zwischen einem Tag und mehreren Wochen. In alldem hatte ich nach sieben Jahre Routine. Bei Colin war das anders und das sollte gleich unsere erste Probe als Paar werden. Zunächst aber lief alles rund.

In Kampala sprachen wir mit den Teilnehmern über Trauma-Heilung, Leitung und Berufung. Wir wünschten uns, dass jeder die ihm eigene Aufgabe entdeckt. Unsere Gäste waren Kirchenleiter und politische Führungspersönlichkeiten. Alle waren voller Ideale und hatten eine Menge Potenzial. Wir hofften, dass sie unsere Botschaften verinnerlichen und mit nach Hause nehmen würden.

Immer wenn ich solche Seminare gab, hatte ich Menschen bei mir, die mich begleiteten und unterstützten. Es waren eine Handvoll Vertrauter, die über ganz Ostafrika verteilt lebten und mir halfen, wenn sie in der Nähe waren. In diesem Fall begleitete uns Lilly. O wie ich diese große kenianische Frau liebte! Sie hatte dicht gelocktes Haar, das eine wilde Mähne rund um ihren Kopf bildete. Sie lachte eigentlich ständig. Wer sich in ihrer Nähe aufhielt, bekam zwangsläufig das Gefühl, Teil einer bezaubernden Party zu sein. Wie Colin war sie voller Energie – die beiden waren vom ersten Moment an auf einer Wellenlänge. Sie wurde so etwas wie seine afrikanische Schwester. Während ich, ambitioniert wie immer, meine To-do-Listen abarbeitete, alberten sie herum, erzählten sich Geschichten und witzelten mit dem Team.

Lilly leitete unsere Musikarbeit. Sie war verantwortlich für die täglichen Gebets- und Lobpreiszeiten. Eine weitere Freundin, Stephanie, hatte die logistischen Aufgaben übernommen. Colin war der Neue im Team und ein hingebungsvoller Lehrer. Wie schon in Paraguay und auf den Bermudas, lehrte er nicht nur aus der

Bibel, sondern er berichtete aus seinem eigenen Leben. Seine Erfahrungen waren die Basis dessen, was er den Menschen weitergab. Und das funktionierte wie überall auf der Welt großartig.

Die Afrikaner hatten zwar einige Probleme, Colin und seinen Bermuda-Akzent zu verstehen, aber seine Leidenschaft überzeugte sie und überbrückte jede Sprachbarriere. Wenn es sein musste, wiederholte er seine Worte zehnmal – Hauptsache, auch der Letzte verstand am Ende die Botschaft. In einer Lektion zum Thema »Sex und Seelengefängnisse« sprach er über seine eigenen Abhängigkeiten und schlechten Erfahrungen. Er erzählte den Teilnehmern vom Missbrauch in seiner Kindheit und davon, wie er Drogen und Alkohol verfallen war, diese Süchte aber vor vierzehn Jahren hatte ablegen können, als er Jesus kennenlernte. Colin verschwieg nicht, dass ihn auch als Christ die Sucht nach Pornografie fest im Griff gehabt hatte – bis vor einem Jahr in Ellel. Zuvor war er immer wieder rückfällig geworden, und das, obwohl er so dringend ein anderes Leben führen wollte. Er zeigte den Teilnehmern: Auch Christen sind fehlbar, auch sie verfallen Süchten – aber sie können heil werden.

Für die Afrikaner war diese Botschaft schockierend und befreiend zugleich. Niemand sprach in dieser Gesellschaft so offen über Dinge wie Sex und andere Tabuthemen. Das glich ein wenig den Erfahrungen, die Colin in Paraguay gemacht hatte. Für viele war es eine Herausforderung, ihm zuzuhören. Nach dem Unterricht aber kamen sie in Scharen zu ihm und wurden selbst offen. Sie bekannten ihre eigenen Süchte, Ängste und Fehltritte. Colin betete für sie und ging mit ihnen die ersten Schritte in Richtung Freiheit. Es war das reinste Glück für ihn.

Jeder unserer Tage war vollgepackt. Nach den täglichen Unterrichtsstunden saß Lilly an ihrem Computer und protokollierte das

Tagesgeschehen in ein Arbeitsheft für die Teilnehmer. Stephanie machte Pläne, wie die Arbeit weitergehen sollte, und Colin nahm sich oft sein Saxofon und arbeitete an neuen Song-Ideen, die ihm, inspiriert durch unsere Arbeit, in den Sinn kamen.

An den Wochenenden waren wir häufig mit einem meiner Freunde aus Uganda unterwegs. Julius kannte die Gegend um Kampala gut und zeigte uns die Schönheit dieser vom Krieg erschütterten Region. Egal wie sehr sich der Mensch bemüht, die Welt zu zerstören – die Natur schenkt uns dennoch großzügig atemberaubende Momente. Zum Beispiel fuhren wir an einem freien Tag nach Jinja. Dort kommen Victoriasee und Nil zusammen, der drittgrößte See der Welt und der längste Fluss. Die Gewässer sind atemberaubend. Sie rauschen und dröhnen, zerren und spritzen, allein der Anblick nimmt die Besucher gefangen. Vor allem der Nil faszinierte mich. Über tausende Kilometer machte er unbeirrt seinen Weg durch Uganda in den Sudan, vorbei an den Pyramiden und von Ägypten bis zum Mittelmeer. Ich hoffte, dass Colin und ich wie dieser Fluss durch unser Leben gehen konnten: stark und sicher, fest auf unserem Weg, egal was kommen mochte.

Unser Seminar in Kampala wurde zum Erfolg und das gleich in mehreren Bereichen. Zum einen kehrten die rund dreißig Teilnehmer erquickt zu ihren Einsatzorten in ganz Afrika zurück. Zum anderen zeigte es Colin, worauf er sich mit mir eingelassen hatte – und es gefiel ihm. Nach den ersten Wochen in Kampala reisten wir mit diesem Seminarkonzept weiter durch Ostafrika. Nach der Reise wollten wir die Planungen für unsere Hochzeit angehen. Wir konnten einfach nicht mehr länger warten. Zu unserer Hochzeitsvorbereitung gehörte es allerdings auch, dass wir einige Tiefs überwinden mussten. Sicher hatten wir das nicht im Sinn, als wir uns zusammentaten. Aber es gehört wohl dazu, wenn zwei Menschen mit einem so unterschiedlichen Hintergrund etwas Neues schaffen wollen.

Es fing damit an, dass wir beide uns daran gewöhnen mussten, wie intensiv unser Zusammensein jetzt war. Wir hatten unsere Liebe bisher nur schriftlich artikuliert – nun waren wir Tag für Tag zusammen. Ich spürte plötzlich, wie sehr mich dieser Mann anzog, ich konnte ihn kaum aus den Augen lassen. So etwas hatte ich vorher nicht erlebt und es machte mich nervös. Auf der einen Seite hatte ich Angst, meine Aufgabe in Afrika dadurch zu vernachlässigen, immerhin war ich ständig abgelenkt. Ich verstand plötzlich, was Paulus in der Bibel meint, wenn er davon schreibt, wie Verheiratete sich vor allem einander verpflichten sollten und die Partnerlosigkeit als Ideal preist. Beziehung und Berufung unter einen Hut zu bringen, ist eine besondere Herausforderung. Auf der anderen Seite fühlte ich mich aber auch wie eingesponnen in ein Netz romantischer Gefühle und sexueller Sehnsüchte. Als ich Colin davon erzählte, lächelte er nur und nahm mich in den Arm. Natürlich kannte er solche Wünsche nur allzu gut aus seiner Vergangenheit.

»Eines Tages kommt unsere Zeit«, tröstete er mich.

Obwohl es ihm wie mir ging, war er wie ich davon überzeugt, dass wir uns erst nach unserer Eheschließung einander hingeben wollten. So kannten wir es aus unseren Elternhäusern und so empfanden wir es als richtig.

Ich habe in dieser Zeit viel darüber nachgedacht, wie das Verhältnis von Männern und Frauen in Gottes Augen gedacht ist. Ich wurde so erzogen, dass der Mann das Haupt der Familie ist. Nach wie vor glaube ich daran, dass er die Verantwortung für sein Haus trägt. Das hat nichts mit Unterwerfung zu tun, denn in Gottes

Augen geht diese Leitung mit großer Liebe einher. Der Mann soll so führen und lieben, dass seine Frau nie ungerecht behandelt wird und ihre wahre Berufung ausleben kann.

Ich habe erst mit der Zeit begriffen, was für eine schwere Aufgabe ich Colin damit zumutete. Er sollte mich führen – und zwar zumindest in Bezug auf die Arbeit in einem Bereich, in dem ich mich viel besser auskannte als er. Das war verrückt, aber ich wollte ihm dadurch auch meinen Respekt beweisen. Es musste schiefgehen. Ich hatte Jahre gehabt, um mich in die Arbeit hineinzufühlen, Konzepte zu entwickeln und die Menschen kennenzulernen. Ich konnte nicht von Colin erwarten, meine Berufung zu übernehmen und die Arbeit zu leiten.

Hinzu kam, dass er sich in meinen Augen oft schrecklich unangemessen verhielt. Er war neu in dieser Kultur, aber selbst wenn das nicht so gewesen wäre, hätte es ihn vielleicht nicht besonders interessiert, ob er Menschen vor den Kopf stieß. Er war immer ein Freigeist, ehrlich, nah bei allen, die mit ihm zu tun hatten, aber auch immer er selbst zu einhundert Prozent. An einem Tag standen wir an einer Straßenkreuzung in der Mitte von Kampala. Die Autos rauschten an uns vorüber, überall waren Fußgänger, es war laut und quirlig. Plötzlich sah Colin auf der anderen Seite der Straße jemanden, den er kannte. Er atmete tief ein und schrie aus voller Kehle und mit seinem breitesten Bermuda-Akzent über die Menschenmenge hinweg: »Hey Mann, ja Mann, Jesus liebt dich und ich gehöre auch zu ihm!«

Ich wäre am liebsten im Boden versunken, so sehr beschämte mich sein Auftreten. In den muslimisch geprägten Ländern Ostafrikas würde sich kein Mensch jemals so verhalten. Man schreit nicht über die Straße, erst recht nicht irgendetwas über Jesus Christus. Es war unangemessen und ich schämte mich für meinen

Verlobten. Und das nicht nur an diesem Tag. Colin leistete sich solche Fehltritte im Grunde ständig. Ich begann, daran zu zweifeln, ob er mit mir in Afrika arbeiten konnte, und auch daran, ob wir wirklich zusammengehörten. Wenn ich ihn wollte, würde ich akzeptieren müssen, dass er sich niemals von irgendwem in eine Box sperren lassen würde. Nicht von mir, nicht von der afrikanischen Kultur, nicht von Pastoren oder meiner Familie. Er war frei und würde das für immer bleiben.

Diese Erkenntnis führte auch dazu, dass ich mich neu fragte, wie weit es eigentlich mit meiner eigenen Freiheit her war. Ich hatte mich immer – spätestens seit meinem Befreiungsschlag als Teenager – als ungebunden gesehen. Ich war diejenige, die ins Ausland gegangen war, die Gott gefolgt war, die auf Konventionen gepfiffen hatte und selbstbewusst als Singlefrau durch die Welt marschierte. Jetzt, im Zusammensein mit Colin, aber merkte ich: Auch ich hatte mich angepasst. Ich steckte in einer Box, die mir zwar das Arbeiten erleichterte, mich aber auch davon abhielt, ganz ich selbst zu sein.

Nach dem Vorfall an der Straßenkreuzung machten wir uns kurze Zeit später auf den Rückweg nach Kampala. Als wir im Auto saßen, beide müde vom Tag und ich noch ein wenig zornig und irritiert von dem Vorfall mit Colin, hörte ich einmal mehr Gottes Stimme. Es war, als würde er leise und sanft in mein Ohr flüstern: »Hedwig, lass Colin er selbst sein. Nur so kann er seine Berufung erfüllen. Versuche niemals, ihn zu verändern. Und dir sage ich: Halte dich an deine eigene Berufung!«

Wir lernten tatsächlich, uns zu arrangieren. Ich übernahm bei der Arbeit meinen Part – das Organisieren, die Konzepte, die Lehre. Und Colin übernahm seinen – das Erzählen von seinen Erfahrungen, die Nähe zu den Menschen, das Vermitteln von Leidenschaft und Vertrautheit. Ich lernte, nicht von ihm zu erwarten, in meine Box zu passen, und wagte selbst immer häufiger Schritte aus meiner Wohlfühlzone heraus. Vor Colin hatte ich selten die Zeit gefunden, einfach ohne Ziel durch die Straßen zu schlendern. Er tat das andauernd. Er sprach mit den Bettlern oder Verkäufern, lernte ihre Sehnsüchte und Sorgen kennen und half ihnen spontan, wo er konnte. Nicht selten gab er ihnen kleine Geldbeträge, damit sie sich etwas finanzieren konnten, das sie weiterbrachte – seine Form von Mikrokrediten. Obdachlosen spendierte er Geld für Schuhputzausstattungen, damit sie sich selbst etwas verdienen konnten. Ich kannte niemanden außer Colin, der so etwas in Afrika tat. Er aber vertraute darauf, dass die Menschen das Geld tatsächlich in ihre Zukunft investieren würden. Ich gab mich seinem Reggae-Takt hin. Und siehe da: Es war gar nicht so schlimm.

Doch nicht nur ich musste mich an Colin gewöhnen, er musste auch lernen, mit mir zurechtzukommen, denn er lernte Eigenschaften von mir kennen, die ihm neu waren. Die Trainings zu organisieren war eine anstrengende Sache. Ich hatte zwar Übung, aber ich war auch immer noch ein Stück weit Perfektionistin und wollte alles richtig machen. Das stresste mich und das bekam auch Colin zu spüren. Er hingegen erledigte alle Aufgaben mit einer Gelassenheit, die wohl nur Reggae-Musiker aus Inselstaaten im Blut haben. Er verlor niemals, nicht für eine Sekunde, seinen sorgenfreien, tanzenden Geist. Als ich das sah, versuchte ich, ihm darin ähnlicher zu werden. Bis heute bin ich Colin dankbar dafür, dass er mich gelehrt hat, das Leben so zu akzeptieren, wie es ist – und zwar mit einem Lächeln.

Doch das war nicht alles: Colin war es gewöhnt, im Rampenlicht zu stehen, und genoss es, die Aufmerksamkeit der Menschen um sich herum auf sich zu ziehen. Afrika aber war mein Zuhause. Egal, wohin wir kamen, ich kannte bereits viele der Mitarbeiter und Seminarteilnehmer. Und ich hatte einen guten Ruf. Colin musste damit leben lernen, dass sich unsere Welt in Afrika zunächst mehr um mich als um ihn drehte. Das verletzte ihn zum Teil tief. Alte Wunden aus seiner Kindheit brachen wieder auf, er wurde wütend auf mich und ich weinte, weil ich ihn nicht verstand. Wir liebten uns, aber wir brauchten auch Zeit, um uns zu erkennen, unsere Lebenswelten miteinander zu verbinden und passend zu machen und uns tief und wahrhaftig kennenzulernen.

Liebe zu machen – das habe ich in diesen Tagen gelernt – hat nur geringfügig mit dem kurzen leidenschaftlichen Akt zu tun, den Menschen so bezeichnen. Liebe machen wir mit jedem Wort, das wir zueinander sprechen, mit jeder Geste, jeder Berührung, ja sogar, wenn wir miteinander schweigen. Es liegen viele kleine Schritte auf dem Weg zum Traualtar und zum Ehebett. Sie alle sind wichtig für das, was aus uns wird. Für unser Zusammenwachsen und Zusammenhalten. Sie haben viel mit Entbehrung zu tun, aber zum Glück auch viel mit Freude und Bereicherung. Wir müssen lernen, uns selbst loszulassen und stattdessen eins miteinander zu werden. Charakterzüge, Erwartungen, Rollenideale – das alles tritt zurück hinter das Zusammenwachsen. Gott wollte, dass Colin und ich zusammen sind. Aber zuvor lehrte er uns Demut.

Als ich schließlich so weit war, Colin Colin sein zu lassen, blühte er auf. Er machte unsere Seminare originell und einzigartig, einfach durch das, was er war. Ich war stolz auf ihn und ich bin heute unglaublich froh darüber, dass ich es geschafft habe, ihn nicht mehr verändern zu wollen. Vor allem jetzt, da ich weiß, wie kurz unsere gemeinsame Zeit sein sollte. Bevor wir damals zu unserer ersten gemeinsamen Arbeit nach Kampala aufbrachen, sagte eine Freundin im Scherz zu mir: »Wenn euch das nicht auseinanderbringt, dann schafft ihr alles. Dann seid ihr bereit für die Hochzeit.«

Drei Monate und fünf Länder später war es beschlossen: Unserem gemeinsamen Leben stand nichts mehr im Weg. Wir würden die Hochzeit auf den Bermudas feiern. Colins Pastor würde uns trauen. Wir kannten uns zu diesem Zeitpunkt ein Jahr und waren seit acht Monaten verlobt.

Aufgeregt und voller Erwartungen verabschiedeten wir uns von Lilly und Stephanie und all unseren Freunden in Ostafrika und stiegen in unser Flugzeug. Einige Monate später würden wir als Mann und Frau zurückkehren.

9. Hochzeit im Paradies

Ein Grund, warum ich mich auf den Bermudas augenblicklich zu Hause fühlte, war die salzige Luft. Ich atmete ein, atmete aus – und kam mir vor, als wäre ich in Dschibuti. Afrika erschien nur einen Steinwurf entfernt.

Greg, Colins engen Freund, der ihn zurück in die Kirche gebracht hatte, lernte ich dort als Erstes kennen. Ich verbrachte einige Zeit im Haus von ihm und seiner bezaubernden Ehefrau Jennifer. Als Familie haben sie eine Berufung, die Menschen zu erreichen, die für andere Christen und Gemeinden als unberührbar gelten: Drogenabhängige, Alkoholsüchtige, Prostituierte. Es gibt Tage, an denen verwandelt sich ihr Haus in ein Rehabilitationszentrum. Da sitzen ehemalige Dealer auf dem Sofa im Wohnzimmer und unterhalten sich mit Heroinsüchtigen über Gott. Menschen, die nirgendwo sonst Liebe erfahren durften, können hier durchatmen – und Jennifer schafft es, dass sich jeder willkommen fühlt und es immer gemütlich ist.

Obwohl ich mich dort wohl- und wertgeschätzt fühlte, konnte ich es Tag für Tag kaum erwarten, dass Colin mich mit seinem Motorrad abholte und mir die Insel zeigte. Wir kurvten an den Stränden entlang und durch die Städte. An so gut wie jeder Ecke hielt er an, um mich einem seiner Bekannten oder Freunde vorzustellen. Das war ihm viel wichtiger, als tatsächlich irgendwo anzukommen. Als ich später einmal mit einem seiner engeren

Freunde aus diesen Tagen sprach, sagte dieser zu mir: »Als wir dich damals trafen, wussten wir, dass Colin ein anderer Mann geworden war.«

Offenbar hatten die Frauen, mit denen Colin sich vorher umgeben hatte, nicht das Geringste mit mir gemeinsam. Statt einer Schönheitskönigin, die schon Dutzende Männer gehabt hatte, kam er nun mit einem Mädchen vom Lande an, das nicht nur fromm bis in die Zehenspitzen war, sondern auch noch Missionarin in Afrika.

Colin zeigte mir geheime Orte und sein ganzes altes Leben. Auch ich hatte als Jugendliche verborgene Plätze gehabt, an die ich zum Beten ging oder einfach nur, wenn ich meine Ruhe brauchte. Colin und ich suchten seine auf den Bermudas nun gemeinsam auf, beteten zusammen und redeten stundenlang über das, was uns bewegte. Wir entdeckten neue Gemeinsamkeiten. Diese Ausflüge schufen eine Verbindung zwischen uns, die es so vorher nicht gegeben hatte. Wir wurden immer mehr eins. Ich glaube, wir waren das glücklichste Paar auf der ganzen Insel.

Außerdem war ich die wohl stressfreiste werdende Braut auf dem Planeten, denn die Planung für unsere Hochzeit hatte Colins Schwester Gaylhia übernommen. Was für eine bemerkenswerte Frau! Sie trug immer High Heels, sogar zu Hause. Sie kannte jeden und war ständig unterwegs von einem Ort zum nächsten, um sich mit allen möglichen Leuten zu unterhalten. Sie war eine Meisterin darin, Nächstenliebe zu leben. Ständig war sie dabei, irgendjemandem zu helfen, einen Gefallen zu tun, Probleme zu lösen, Dinge für andere zu organisieren. Kurz: Sie war genau die Richtige, um die Organisation unserer Hochzeit zu übernehmen. Ich selbst hatte nie romantische, blumenerfüllte, Zuckerguss-Hochzeitsträume gehabt. Ich hätte mich auch einfach mit

Colin unter einen Baum gestellt und vor einem Pastor Ja gesagt. Doch nicht mit Gaylhia. Sie rannte sich die hohen Absätze ab, um uns einen wundervollen Tag zu bereiten.

Diese Zeit auf den Bermudas ließ mich auch erkennen, dass ich Colins unbedarften Lebensstil mehr und mehr angenommen hatte. Nur wenige Tage vor unserem Hochzeitstermin hatten wir noch immer kein Geld für Ringe. Ich sorgte mich nicht. Gott versorgte schließlich auch die Vögel, wie Colin immer sagte. Unerwartet boten uns Bekannte einen Maler-Job an. Von frühmorgens bis abends arbeiteten wir so fleißig, dass wir schließlich mit Blasen an den Händen und Farbklumpen in den Haaren ins Bett fielen – und um 700 US-Dollar reicher. Am nächsten Tag kauften wir unsere Ringe, gerade noch rechtzeitig für den großen Tag.

Am 15. Oktober 2004 hatten meine Tage als Single ein Ende. In den drei Tagen zuvor hatten drei Freundinnen alles gegeben, um aus mir eine Vorzeigebraut zu machen. Eine von ihnen kümmerte sich um meine Bauernmädchen-Hände, meine Augen, mein Gesicht, meine Haut. Eine weitere machte mir die Haare, die dritte sorgte dafür, dass mein Kleid sauber, gebügelt und fusselfrei war. Es waren drei Tage voller Cremes, Seifen, Öle, Massagen und Bäder. Ich gebe zu – es hat mich genervt. Wäre es nach mir gegangen, hätte ich einfach kurz vor der Hochzeit geduscht, den Reißverschluss meines Kleides zugezogen und es wäre losgegangen.

Doch zum Glück haben wir Frauen starke Vorbilder in der Bibel. Esther zum Beispiel hat sich ein Jahr lang auf ihre Hochzeit vorbereitet. Schöner war am Ende wohl keine. Ein gutes Zeichen dafür, wie wertvoll eine Braut in Gottes Augen ist. Die äußere Vorbereitung ist ein Symbol für die innere. Als mir das klar wurde, war ich nicht nur tief bewegt, ich versuchte von da an auch, den ganzen Firlefanz, so gut es ging, zu genießen.

Doch es lief nicht alles so rund: Einen Tag vor der Hochzeit meldete sich meine Trauzeugin bei mir – Anni, eine Jugendfreundin aus Paraguay. Sie weinte am Telefon und berichtete mir stotternd, dass sie nicht kommen würde. Es hatte einen Notfall in ihrer Familie gegeben, sie konnte nicht einfach so weg. Noch sechs Jahre später bereute sie das in einem Gespräch mit mir aus tiefster Seele. So kam es, dass meine Brautjungfern allesamt Mädchen von den Bermudas waren, die ich erst einige Tage zuvor kennengelernt hatte.

Als ich gerade gemeinsam mit meinen Helferinnen das Kleid zur Probe anziehen wollte, kam mein Bruder Korny auf den Bermudas an. Oh, wie freute ich mich darüber, ein vertrautes Gesicht zu sehen, vor allem, weil er sich eigentlich gegen meine Hochzeit mit Colin gestellt hatte. Doch irgendwann zwischen damals und diesem Tag war er weich geworden und nun war er da, um mich vor dem Altar an Colin zu übergeben. Er trat damit an die Stelle meines Vaters und repräsentierte den Rest der Familie, der nicht zur Hochzeit kommen konnte. Nach wie vor war diese Ehe ein Skandal für die Gemeinschaft in Fernheim. Das war einer der Gründe dafür, dass niemand anderes aus meiner Familie mich an diesem Tag begleitete – neben der Tatsache, dass die Bermudas eine Weltreise entfernt liegen. Meine Eltern stiegen nicht wie ich in Flugzeuge und bereisten die Welt und ich hatte nicht damit gerechnet, dass es zu meiner Hochzeit anders sein würde.

Natürlich hätten sie mit uns gefeiert, wären wir in Paraguay vor den Altar getreten. Das aber war nicht möglich, weil dort schlicht keiner die Trauung übernommen hätte. Zu sehr misstrauten die Menschen dort Colin und unserer Liebe. Ich habe es meinen Eltern nie übel genommen, dass sie nicht zu unserer Hochzeit gekommen sind. Ich wusste, dass mein Vater mich im Geiste in der Kirche begleiten würde. Er würde bei mir sein, auch wenn sein Körper Tausende Kilometer entfernt war – mehr vielleicht als andere, die körperlich anwesend waren, aber mit dem Kopf woanders.

Über diese Dinge dachte ich nach, als mich beim Probeessen eine von Gaylhias Freundinnen nach draußen rief. »Komm, Hedi, ich möchte dir etwas zeigen«, forderte sie mich auf.

Ich ging in die Garage vor ihrem Haus, wo sie mit einer Schachtel stand. Als sie sie öffnete, staunte ich nicht schlecht. Eine wunderschön geformte Koralle lag darin. Sie war weiß, durchzogen von pink schimmernden Äderchen und handflächengroß. Sie war ursprünglich aus den USA importiert worden und sollte bei einer anderen Hochzeit benutzt werden. Dazu war es jedoch nicht gekommen und nun lag sie einfach so herum. Nicht nur eine oder zwei von ihnen, sondern dreißig Stück. Ich stand in der Garage und sah mir die feinen Schmuckstücke lange Zeit an. Ich erinnerte mich an einen Traum, den ich einst gehabt hatte. Darin war bei meiner Hochzeitsfeier alles mit Korallen dekoriert gewesen. Ich habe danach nie wieder von meiner Hochzeit geträumt und es war eine halbe Ewigkeit her. Ich hatte es schon vergessen gehabt – und nun das. Ich war gerührt und nahm es als Zusage Gottes zu Colins und meiner Verbindung. Er hatte meine Wünsche und Träume nicht vergessen. Er kannte sie alle.

Nach dem Probeessen spazierten Korny und ich gemeinsam zum Strand. Wir suchten uns ein ruhiges Plätzchen auf den von der Sonne gewärmten Felsen am Wasser und unterhielten uns über all das, was in den vergangenen Monaten geschehen war. Ich hatte einmal mehr die Chance, alles durch die Augen meiner Familie zu betrachten: Sie waren unruhig. Zwar mochten sie Colin, aber sie vertrauten ihm nicht genug, um unsere Beziehung voll und ganz zu unterstützen. Sie hatten Sorge, dass seine Berufung nach Afrika nicht echt war, sondern nur ein Vorwand, um mich zu heiraten. Hinzu kam der Druck von außen, den meine Eltern ja im Grunde aushalten mussten, seit ich ihr Haus als junge Frau verlassen hatte. Ich verstand Korny und auch den Rest meiner Familie. Hätte es sich um meine eigene Tochter gehandelt, wäre ich ebenso skeptisch gewesen. Doch mein Leben war seit der Teenagerzeit nicht mehr in dem Rahmen verlaufen, den Mennoniten als normal ansahen. Die Begegnung mit Colin und unsere Liebe war ein weiterer Baustein, den Gott in mein Leben gesetzt hatte. So gesehen passte er wie ein Puzzleteil perfekt hinein.

Das erklärte ich Korny an diesem Abend noch einmal. Ich bat ihn um sein Vertrauen und machte ihm deutlich, dass Colin und ich füreinander geschaffen waren. Dass unsere Beziehung ein Symbol Gottes für das Miteinander von Schwarz und Weiß war und mehr noch, ein Zeichen dafür, dass eine ehemalige Superreligiöse wie ich und ein ehemaliger Drogen- und Pornosüchtiger wie er zusammen sein konnten – und es funktionierte. Ich bin mir nicht sicher, ob meine Familie das zu Colins Lebzeiten verstanden hat, aber sie hat sich sicherlich darum bemüht.

Doch nicht nur das war Thema unseres letzten langen Gesprächs, bevor ich in ein neues Leben eintreten sollte. Wie ich merkte, hatte mein lieber Bruder seit seiner Ankunft auf den Bermudas alles ganz genau beobachtet. Vor allem war ihm die unkonventionelle Hochzeitsvorbereitung aufgefallen – immerhin saß die Braut einen Tag vor ihrer Hochzeit entspannt neben ihm am Strand! In unserer Kolonie in Paraguay wäre das undenkbar gewesen. Eheschließungen werden monatelang geplant, minutiös geprobt und bis ins kleinste Detail durchgestylt. Am Vorabend des großen Tages rennen die Bräute von A nach B, organisieren die letzten Kleinigkeiten, helfen beim Aufbau oder probieren noch einmal ihr Kleid an.

Als Korny mir das sagte, kam ich selbst ins Grübeln darüber, warum ich mit meinen eigenen Traditionen brach. Zwar genoss ich die Ruhe vor dem Sturm, aber meine freie Zeit hatte hauptsächlich einen für mich traurigen Grund: Ich war eine Außenstehende in dieser Gesellschaft. Nie zuvor war ich auf den Bermudas gewesen. Nicht einmal wenn ich gewollt hätte, wäre es mir gelungen, hier eine Hochzeit so zu organisieren, wie es die Einheimischen tun. Stattdessen dekorierte Gaylhia die ganze Nacht den Veranstaltungsort. Es war eine schmerzhafte Erkenntnis. Ich sah alles um mich herum vibrieren, alle waren beschäftigt und bemüht, Colin und mir einen wundervollen Tag zu bereiten. Nur ich konnte kaum etwas dazu beitragen. Immerhin: Bei der Zeremonie am kommenden Tag würde ich keine Außenstehende mehr sein. Alles würde sich um mich, um Colin und unsere Liebe drehen.

Mit diesem Gedanken im Kopf verabschiedete ich mich von Korny und ging ins Bett. Doch auch da fuhren meine Gedanken weiter Achterbahn. Ich dachte an den Blick in den Augen meines Bruders, als er mir seine Eindrücke vom ersten Tag auf der Insel erzählt hatte. Ich dachte an meine eigenen Leute, unsere Traditionen, an das, was ich verloren hatte, und an das, was ich gewinnen würde. Ich setzte mich wieder auf. Nach all diesen Monaten der Sicherheit kamen mir so kurz vor dem Ziel tatsächlich Zweifel, und zwar stärker als jemals zuvor.

Ich zog mir etwas über und ging vor die Tür. Dort stand ich in der Dunkelheit und hörte all diese Stimmen der Unsicherheit in meinem Kopf. »Diese Beziehung ist verrückt«, sagten sie. »Du wirst niemals hierhergehören. Er wird niemals in deine Familie passen. Du brauchst deine alte Gemeinschaft. Wirf dein Leben nicht weg, indem du diesen Mann heiratest, indem du diese Welt hier zu deinem Zuhause machst. Das ist es nicht wert. Deine Berufung wird auf der Strecke bleiben.«

Es war kaum zu ertragen. All die Monate hatte ich den Druck meiner Familie und meiner Gemeinde ausgehalten. Ich war mir trotz allem sicher gewesen, dass Colin und ich zusammengehörten. Doch nun kämpften mein Herz und mein Kopf gegeneinander – mitten in der Nacht, einen Tag vor meiner Hochzeit. Als ich nicht mehr wusste, wohin ich noch denken sollte, nahm ich meine Gitarre, die mir so viel bedeutet. Sie ist Lobpreis. Sie ist Gebet. Sie ist Nähe zu Gott. Sachte zupfte ich die Saiten, bis ein kleines Lied entstand. Leise nur, aber hörbar. Ich summte dazu und saß stundenlang am Rand des Pools, draußen auf der Veranda meiner Freunde, bei denen ich bis zur Hochzeit untergebracht war. Ich betete und sang. Und plötzlich fiel mir alles wieder ein. Die Sicherheit, die ich empfunden hatte, als ich Colin das erste Mal umarmt hatte. Wie er niemals aufhörte, Liebe zu säen. Wie ihm kein Preis zu hoch war – und mir auch nicht. Ich dachte an Gottes Stimme, die wir so klar gehört hatten. An seine Liebe und seine Bestimmung für unser Leben. An die Zeichen, die er uns gegeben hatte. Ich schaffte es gerade noch zurück ins Bett, bevor ich im Morgengrauen einschlief.

Mein Schlaf kann nicht länger als zwei Stunden gedauert haben. Ich erwachte von selbst, schreckte hoch, saß senkrecht im Bett – und da war sie wieder: meine alte Sicherheit, meine Überzeugung, mein Vertrauen. Ich würde Gott folgen. Ich würde mit Colin gehen. Trotzdem fühlte ich mich wie betäubt, als meine

Brautjungfern kamen, um mir die Haare zu machen, mir beim Anziehen zu helfen und mir den Blumenstrauß in die Hand zu drücken.

Plötzlich stand ich in der Kirche. Gaylhia ging mit eleganten Schritten vor mir in Richtung Altar, es folgte ein Tänzer, gekleidet in Weiß. »Lasst das Jammern ersterben, der Lobpreis soll den Raum erfüllen«, sang die amerikanische Gospelmusikerin Judy Jacobs vom Band. Dann war ich an der Reihe. Ich klammerte mich an den Arm meines Bruders, der mich nach vorn geleitete. Jeder Schritt führte mich näher zu einem völlig neuen Leben. Als ich neben Colin ankam, roch ich als Erstes sein Parfum, das mich schon so viele Male in seinen Bann gezogen hatte. Ich blickte auf und sah ihm in die tiefbraunen Augen. Alles war gut. Ich gehörte zu ihm.

Mein Mann trug eine prachtvolle weiße nigerianische Robe. An den Hand- und Fußgelenken war sie golden und rot bestickt. Das Gewand fiel hinten bis fast auf den Boden. Kurz vor seinen weißen Schuhen endete der Stoff. Er hatte einen langen roten Schal um den Nacken gelegt, der wunderbar zu den Stickereien passte. Die Farben hatte Colin bewusst ausgewählt. Sie symbolisieren König- und Priestertum. Wie ein Hoher Priester seiner Gemeinde verpflichtet ist, würde er künftig mir verpflichtet sein.

Als Korny meine Hand in Colins legte, machte ich mir bewusst, was das symbolisierte. Ich ließ die Verbindung zu meiner Familie hinter mir, um eine neue zu knüpfen. Ich trat aus dem Schutz meines Elternhauses heraus, um an einem neuen Ort Heimat zu finden. Ich atmete tief ein. Und in diesem Moment ließ ich meine Vergangenheit wahrhaftig hinter mir. Ich blickte in die Zukunft, verpflichtete mich Colin und allem, was Gott für uns bereithalten würde. Und ich war glücklich. Nach all dem Hadern, meinen Zweifeln, der Ablehnung durch meine Gemeinde und all der Fremdheit, die ich auf den Bermudas empfunden hatte, war ich nun bereit. Ich lächelte zum ersten Mal an diesem Tag.

In meiner Erinnerung sehe ich noch vor mir, wie Colin und ich uns am Tag unserer Hochzeit gegenseitige Liebe und Treue bis zum Tod versprachen. Wie ich weinte. Wie Colin mir ein Lied sang. Ein wunderbar schnulziges, aber so echtes Musikstück über uns, den Weg, der uns hierhergeführt hatte, Gott und das Leben. Wir entzündeten die eigens dafür gegossene Hochzeitskerze, die unsere Einheit symbolisierte. Ich erinnere mich daran, wie alle lachten, als Colin die Streichhölzer herunterfielen – und daran, wie er selbst darüber schmunzelte. Pastor Stovell erklärte uns zu Mann und Frau – Colin und Hedwig Lee. Dann kam der Moment, dem wir am meisten entgegengefiebert hatten. Alle Pastoren und Gemeindeleiter wurden nach vorn gerufen. Sie entzündeten eine weitere Kerze, legten die Hände auf uns und beteten. Sie sprachen über die guten Dinge, die in unserem Leben noch kommen sollten, erklärten, dass wir auf der ganzen Welt Frucht bringen würden. Sie nannten uns Pioniere. Bis heute ist es dieser Moment, den ich an unserer Hochzeit besonders wertschätze. Wir beide in unseren wunderschönen Kleidern, all diese gesalbten Menschen um uns herum, Gott in der Mitte und der Lichtschein der Kerzen. Wir waren jetzt offiziell ein Ehepaar – ohne festen Wohnsitz zwar, aber mit einer großen Vision für die Welt und einer unbändigen Sehnsucht nacheinander.

Als die Trauzeremonie vorbei war, mussten wir den Veranstaltungsort für die anstehenden Feierlichkeiten wechseln. Auf dem Weg von der Kirche zur Party überraschte mich Colin mit einem Kurzbesuch in den Crystal Caves, einer Höhle, die über und über mit glitzernden Tropfsteinen bedeckt ist. Wie eine Million strahlender Sterne füllen sie die Decke oder wachsen aus der Erde.

Brautpaare dürfen normalerweise nicht in die Crystal Caves – offenbar hatte es schon zuvor solche Anfragen gegeben. Vielleicht haben die Besitzer Angst um die teure Garderobe und die Kosten für Klagen, sollten die Frauen sich auf ihren dünnen High Heels die Knöchel brechen. Doch Colin hatte hart verhandelt und es am Ende möglich gemacht, dass wir einen Moment der Ruhe und Stille vor dieser wunderbaren Kulisse genießen durften.

Wie ich später erfuhr, hatte mein wunderbarer Colin, naiv wie ein kleiner Junge, sogar den Premierminister gefragt, ob wir unsere Trauzeremonie in dessen Garten abhalten konnten. Das wurde ihm allerdings verwehrt und wir feierten stattdessen im Garten von Freunden weiter, wo wir von all unseren Lieben empfangen wurden. Auf den Tischen lagen die Korallen, die wir tags zuvor in der Garage gefunden hatten. Außerdem war alles über und über mit Blumen geschmückt. Mir kamen die Tränen. Die Hochzeitstorte trug auf ihrer Spitze zwei Tauben.

Bei allem Tanzen, Singen und Feiern vergaßen wir glatt, den Kuchen anzuschneiden. Jemand musste uns daran erinnern, dass unsere Gäste nun schon lange genug auf die Torte warteten – und so kamen am Ende alle zu ihrem Glück.

Spät am Abend verließen Colin und ich die Feier und wurden von einem Fahrer in unser Hotel gebracht. Wir hatten eine echte Honeymoon-Suite gebucht. Ihre Fenster gaben den Blick auf die Küste frei, doch sie lag eher versteckt in einer der hinteren Ecken des Hotels. Ruhe und Zeit für uns waren alles, was wir brauchten. Erschöpft und fröhlich sanken wir aufs Bett. Die Hochzeit erschien uns wie ein hoher Berg, den wir gerade erklommen hatten. Wir waren müde, aber auch stolz, es geschafft zu haben, und irgendwie aufgeregt, wie Kinder, die eine Überdosis Süßigkeiten gegessen haben.

An diesem Abend gab es keine Hochzeitsnacht, auch wenn sie offiziell so hieß. Wie schon in den Monaten zuvor hatten wir uns vorgenommen, uns Zeit zu lassen, einander zu genießen, und nichts zu überstürzen. Wir verbrachten den nächsten Tag damit, am Strand spazieren zu gehen, gemütlich in Liegestühlen oder auf dem Sofa zu liegen, uns zu unterhalten und gemeinsam zu beten. Als sich die Abenddämmerung über die Insel legte, zogen auch wir uns zurück und genossen ein weiteres Geschenk, das Gott uns gemacht hatte. Es war eine wahrlich unvergessliche Nacht.

Unsere Flitterwochen dauerten zwei Tage. Danach zogen wir in Colins kleines Ein-Zimmer-Appartement. Es war – nun ja – eine echte Junggesellenbude. Ich konnte nicht anders, als es innerhalb des nächsten Tages zu einem gemütlichen Zuhause zu machen. Dazu ging ich zum Secondhand-Laden um die Ecke, kaufte Vasen und Tischdecken, Vorhänge und Lampenschirme. Außerdem hängte ich getrocknete Blumen an die Wände. Als Colin von der Arbeit kam, war er etwas überrascht: Sein Heim war nicht mehr dasselbe. So hatte er es sich nie vorgestellt, und trotzdem konnte er der neuen Heimeligkeit etwas abgewinnen. Doch seien wir ehrlich: Am Ende ist es nicht das Haus, das das Zuhause ausmacht. Es ist der Mensch, mit dem man es teilt, und die Art, wie man mit ihm lebt. Colin selbst war nun mein Zuhause geworden. Ich hätte überall leben können, solange er dabei war.

Unsere Ehe dauerte dreizehn Monate. In dieser Zeit besuchten wir fünfzehn Länder und schliefen in über fünfzig Hotels, Häusern und Hütten. Und überall, wo wir hinkamen, fühlte ich mich daheim.

10. Die Welt unter unseren Füßen

Wir lebten uns schnell in unserem kleinen Apartment ein. Als Nächstes würden wir Geld verdienen müssen, denn eine neue Reise nach Afrika war schon in Planung. Wir würden 8 000 Dollar brauchen, um sie zu realisieren. Geplant war, meinen Verwandten in Paraguay einen Kurzbesuch abzustatten und dann von dort weiterzureisen. Wie immer gelang es uns mit Hilfe von oben ziemlich problemlos, die Finanzen zusammenzubekommen. Einer von Colins Verwandten plante, sein Haus zu renovieren. Wir durften die Arbeit an der Küche übernehmen. Mein Ehemann brachte mir bei, wie ich mit dem Tropenholz umzugehen hatte, aus dem die Wände bestanden. Er zeigte mir, wie ich Schrauben richtig setzen musste und das Material beim Streichen schonte. Wir arbeiteten hart und ohne freie Tage, denn pünktlich zu Weihnachten wollten wir in den Flieger steigen.

Und tatsächlich: Zwei Monate später, kurz vor den Feiertagen, war es geschafft. Mit Geld in unseren Taschen und Schwielen an den Händen hoben wir ab Richtung Südamerika.

Obwohl ich mich auf diese Reise gefreut und Himmel und Erde für ihr Gelingen in Bewegung gesetzt hatte, war ich unsicher, was mich erwarten würde. Da war der alte Streit mit meiner Gemeinde. Ich würde den bekannten Gesichtern aus meiner Kirche jetzt als verheiratete Frau gegenübertreten. Immerhin war ich mir sicher, dass mich meine Familie nie verstoßen würde, egal, was ich in ihren Augen Unrechtes tat. Und nur, weil die Lage dort für mich kompliziert war, konnte und wollte ich meine Familie nicht einfach hinter mir lassen. Ich brachte meinen Mann also an den Ort, der einst mein Zuhause gewesen war.

Der Empfang bei meiner Familie war herzlich. Zwar war offensichtlich, dass sich meine Eltern ein wenig unwohl fühlten – immerhin waren sie nicht bei unserer Trauung gewesen –, aber sie bemühten sich um Colin, nahmen ihn herzlich auf und gaben ihm das Gefühl, willkommen zu sein. Die raue Art meiner Mutter vertrug sich wunderbar mit Colins ungeniertem Wesen. Er war in der Lage zu erkennen, was mir als Kind schwergefallen war: dass sich hinter ihrer harten Schale ein weiches Herz verbarg, das seine Zuneigung eben auf eine besondere Art offenbarte. Mein Mann entdeckte, dass meine Mutter aus purer Liebe bestand. Und sie erkannte das auch bei ihm. So wuchs Colin tatsächlich ein Stück weit in meine Familie hinein. Mein Vater tat ebenfalls sein Bestes, um Colin zu zeigen, dass er ihn als Schwiegersohn angenommen hatte – auch wenn sich das völlig anders äußerte als bei meiner Mutter. Er schnappte sich meinen frischgebackenen Ehemann, fuhr mit ihm durch die Gegend, zeigte ihm sein Vieh und seine Felder. Er nahm ihn mit zu den Indianersiedlungen und stellte ihn den Menschen dort vor, so wie er es mit allen anderen Männern gemacht hatte, die in unsere Familie eingeheiratet hatten.

Das Weihnachtsfest mit meinen Eltern zu verbringen, war ein großes Geschenk für mich. Acht Jahre lang hatte ich es nicht geschafft, über die Feiertage ins sommerliche Paraguay zu kommen. Colin vermisste zwar seine Familie und all die weihnachtlichen Rituale seiner Heimat, wie das Zubereiten von Christmas

Pudding, einem süßen Dessert aus Nüssen und Trockenfrüchten, aber er fühlte sich auch sehr wohl in Paraguay und schätzte es, meine Familie besser kennenzulernen.

Das Haus meiner Eltern brummte vor Geselligkeit. Wenn die Hausarbeiten erledigt waren, nahmen wir oft unsere Instrumente und sangen traditionelle mennonitische Hymnen auf Deutsch, paraguayische Polkas oder Volksmusikstücke, die wir Shamames nennen. Meine Schwester Marilyn und ich spielten Gitarre, die anderen Akkordeon. Sogar meine kleinen Neffen beherrschten dieses Instrument schon, dabei waren ihre Arme gerade mal lang genug, um auf einer Seite die Tasten zu greifen und auf der anderen Seite den Pumpmechanismus zu bedienen.

An anderen Tagen spielten wir stundenlang Karten. Die ganze Familie saß um den alten Holztisch im Esszimmer herum, eiskalter Matetee wurde herumgereicht und jeder versuchte, den anderen zu besiegen – ganz ohne faule Tricks, versteht sich.

Sonntags besuchten wir die Kirche meiner Eltern. Wir wollten den Menschen dort zeigen, dass es zumindest von unserer Seite keine Bitterkeit gab. Unser erster Besuch in der Gemeinde verlief nicht gerade vorzeigefähig – wir kamen zu spät. Als bereits alle im Saal schwiegen, öffneten wir noch einmal die Türen und versuchten, so leise wie möglich zwei Plätze inmitten der vielen neugierigen oder feindseligen Blicke zu ergattern – eine unmögliche Situation, wie sich jeder vorstellen kann.

Doch plötzlich hörten wir Kinderstimmen. Drei meiner Nichten und Neffen im Alter zwischen acht und zwölf Jahren hatten Colin und mich entdeckt. Ganz anders als der Rest der Gemeinde konnten sie sich kaum auf ihren Stühlen halten. »Colin ist da!«, flüsterte einer von ihnen. Raimund, Gabi und Rambert freuten sich, so leise sie konnten – was immer noch ziemlich laut war.

Vom ersten Moment an hatten sie Colin bei seinem ersten Besuch in Paraguay heiß und innig geliebt. Für sie war es, als wäre er schon immer Teil der Familie gewesen.

Kinder sind wunderbar. Sie interessieren sich nicht für das, was man in seinem Leben gemacht hat, solange man ihnen echt und liebend begegnet. Kinder sind so anders als Erwachsene!

Später spielten meine Nichten und Neffen mit Colin Fangen und Verstecken, rauften und rollten sich mit ihm auf dem Boden, lachten und umarmten ihn. Mein Mann hatte schon immer eine besondere Beziehung zu Kindern gehabt. Egal wo wir auf der Welt hinkamen, die Kinder liebten ihn. Es lag wohl daran, dass er auftrat wie ein riesiger Teddybär: liebevoll, lachend, herzlich und nahbar.

Wir blieben nur einen Monat in Paraguay, dann brachen wir auf in Richtung des Kontinents, der unser Schicksal war: Afrika. Sechs Monate sollte unsere Reise dauern. Sie bestand aus Konferenzen und Schulungen, an denen wir entweder teilnahmen oder die wir leiteten. Wir wollten vor allen Dingen Missionare besuchen, die wir bereits kannten. Diesmal sollten sie nicht zu uns in ein Trainingscenter kommen, sondern wir wollten zu ihnen reisen, in ihre Länder, dorthin, wo sie tätig waren.

Unser erster Stopp war – wieder einmal – Uganda. Wir kehrten zurück nach Kampala, unserem letzten Wirkungsort in Afrika vor unserer Hochzeit. Dort nahmen wir mit vielen anderen Christen aus der ganzen Welt an einer Gebetskonferenz teil. Jeder von ihnen war gekommen, um zehn Tage lang seinen speziellen Einsatzort im Gebet vor Gott zu bringen. Die individuellen Herausforderungen und Probleme jeder Region, in der Missionare tätig waren, sollten zur Sprache kommen. Drei Tage waren zum Fasten vorgesehen. Das Hauptthema der Tagung lautete Versöhnung.

Colin und ich waren eingeladen, um über unsere Erfahrungen mit Heilung und Berufung zu sprechen.

Eine meiner Aufgaben war es, ein gemeinsames Gebet zu leiten. Dazu rief ich alle Europäer im Raum auf, um Vergebung für die Schuld ihrer Vorfahren gegenüber den Afrikanern zu bitten. So wie ich einst in São Paulo und oftmals danach um Vergebung für das gebeten hatte, was meine entfernten Verwandten anderen angetan hatten.

Wir alle waren bewegt. Ich glaube, unser Gebet war auch deshalb so kraftvoll, weil Colin und ich eine Einheit waren und gleichzeitig beide Seiten der Unterdrückung repräsentierten: Colin als schwarzer Mann stand für die Versklavung, ich als weiße Frau für die brutale westliche Gesellschaft, die Afrika einst ausgebeutet und seitdem nie wirklich damit aufgehört hatte. Zu sehen, wie allein Colins und mein gemeinsames Auftreten dafür sorgte, dass unsere Zuhörer dem Thema Versöhnung offener gegenüberstanden und tatsächlich Heilung erfuhren, machte uns einmal mehr klar, dass Gott unser Zusammensein vorgesehen hatte. Dass er Pläne mit uns schmiedete. Dass wir und unsere Partnerschaft ihm wichtig waren.

Leider blieb unsere gemeinsame Zeit nicht so unbelastet. Nach dieser Konferenz reisten wir weiter nach Khartum im Nordsudan für ein Seminar. Colin feierte dort seinen 57. Geburtstag – selbstredend ohne Familie oder Freunde, es gab nur uns beide und ein paar Mitarbeiter. Wir machten kein großes Fest daraus. Die Party bestand lediglich aus einem kurzen gemeinsamen Singen, herzlichen Umarmungen und kleinen Aufmerksamkeiten für das Geburtstagskind.

Für uns ging es anschließend weiter in die Nuba-Berge. Wie so oft genossen wir einerseits die beschämende Gastfreundschaft der Afrikaner, andererseits kamen wir in den heruntergekommensten Absteigen unter, die man sich vorstellen kann. Colin und ich witzelten darüber, dass sie weit mehr als fünf Sterne hatten – weil sich uns in der Nacht oft durch Löcher in der Zimmerdecke eine freie Sicht auf den ganzen Himmel bot! Im Sudan übernachteten wir dieses Mal unter anderem in einer kleinen strohgedeckten Hütte. Die Wände bestanden aus Lehm, an manchen Stellen sogar nur aus getrocknetem Gras. Wir schliefen auf dem Boden und nahmen Dinge zu uns, die wir nie zuvor gesehen hatten.

Unsere Duschen waren im Freien. Dort gab es auch ein Badebassin. Unser Open-Air-Badezimmer war mit einem kleinen Sichtschutz versehen, sodass Vorbeikommende nur unsere Köpfe sehen konnten. Dennoch war die Situation absurd. Man stelle sich vor: Einer von uns wusch sich dort, schrubbte sich den Wüstensand von Armen und Beinen, währenddessen spazierte ein Nachbar vorbei, grüßte, man winkte zurück und begann ein kleines Gespräch, während man fröhlich weiterbadete. Es war verrückt.

Unsere kleine Hütte bot leider nicht die geringste Privatsphäre. Nicht einmal leise Gespräche blieben ungehört – lautere Meinungsverschiedenheiten erst recht nicht. Jedes Wort drang durch die dünne provisorische Wand. Das Stroh ließ schmale Schlitze frei, die erahnen ließen, wer sich in dem Zimmer bewegte und was er tat. Das klingt witzig, tatsächlich machte es uns aber fast verrückt. Wir brauchten als Frischverheiratete etwas Freiraum – nicht nur für Intimitäten, sondern auch, um uns besser kennenzulernen, uns nahezukommen und zu verstehen.

Colins Stimmung war seit seinem Geburtstag ohnehin angespannt. Ihm war klar geworden, dass er für das Leben mit mir mehr zurücklassen musste, als er sich vorgestellt hatte – sein ganzes altes Leben. Zugleich spürte er, dass er am richtigen Ort

Hedis Eltern Hartmut und
Maria (Verlobungsfoto 1967)

is Großeltern Peter und Sarah
h in den 60er-Jahren

Hedis Großeltern und Eltern (oben v. l.: Peter (ihr Onkel), Maria (ihre Mutter), Dietrich (ihr Onkel), Ernst (ihr älterer Bruder), Hartmut (ihr Vater); unten v. l.: Sara und Peter Dych)

Hedi als Sechzehnjährige zusammen mit ihrer Schwester Marilyn

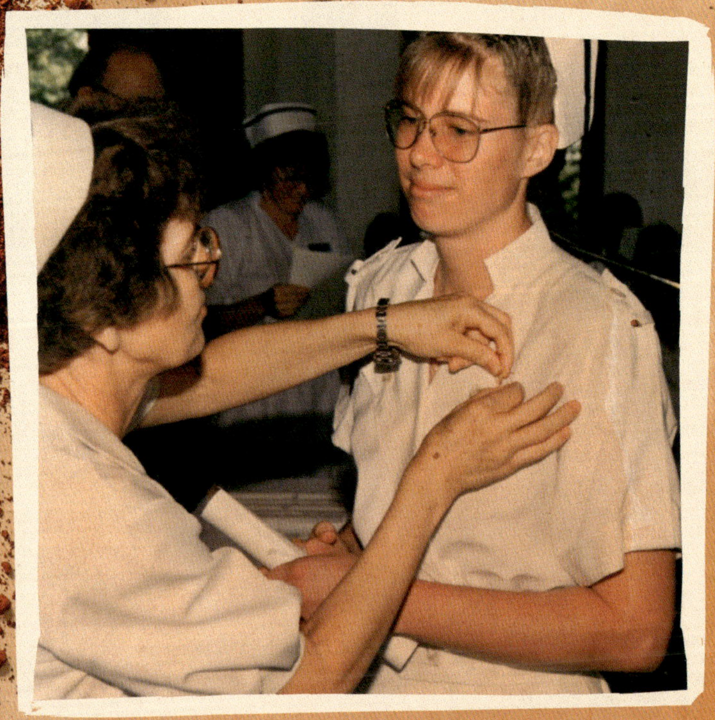

Hedi in Paraguay beim Abschluss ihrer Schwesternausbildung 1991

Hedi in einer der mennonitischen Kirchen in Paraguay mit ihrer besten Freundin Anna in den 90er-Jahren

In den 90er-Jahren: Hedi und Anna mit dem Hauskreis, den sie in ihrer WG gründeten

Hedi mit ihrer Schwester Marilyn und einer Freundin aus Brasilien in der Zeit ihrer Missionars-Ausbildung

Hedi bei einer ihrer liebsten Beschäftigungen: Singen

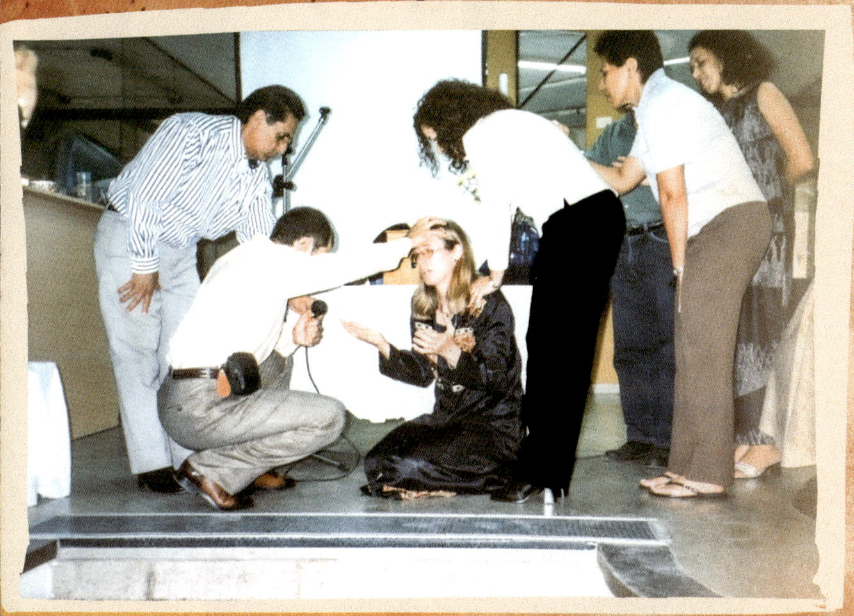

Hedi wird als Missionarin in Bolivien von ihrer Missionsorganisation MESF gesegnet

Hedi betreut Straßenkinder in São Paulo

Hedi engagiert sich bei einer Gemeindegründung in Bolivien

Hedi bei der Seminararbeit in Ost-Äthiopien, Nord-Kenia und Djibouti

Colin beim Posieren mit einem Afrikaner, den er gerade getroffen ha

Colin in Äthiopien

es gemeinsames Foto von Hedi und Colin im Jahr 2003 in England

Hedi und Colin musizieren bei
ihrer Verlobungsfeier in Uganda

Colin mit Hedis Neffen und Nichten in Paraguay
(v. l.: Benjamin, Gabi, Rambert, Raimund)

Colin und Hedi in Kampala, stolz auf einem geliehenen Motorra

Hedi und Colin auf dem Weg zum Kauf des Verlobungsrings in Nairobi

Hochzeitsfoto in der Tropfsteinhöhle

Colins und Hedis Honeymoon auf den Bermudas

Große Gefühle
in Dschibuti

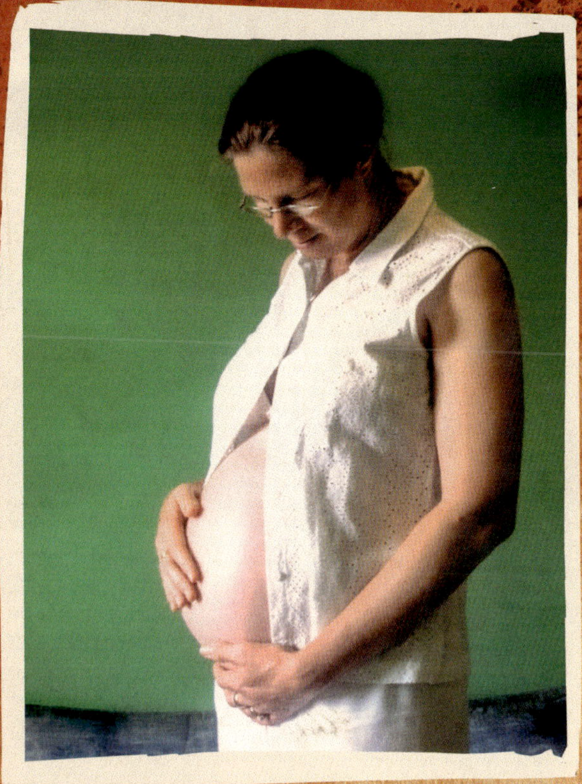

Hedi schwanger mit Shekinah auf den Bermudas

Baby Shekinah

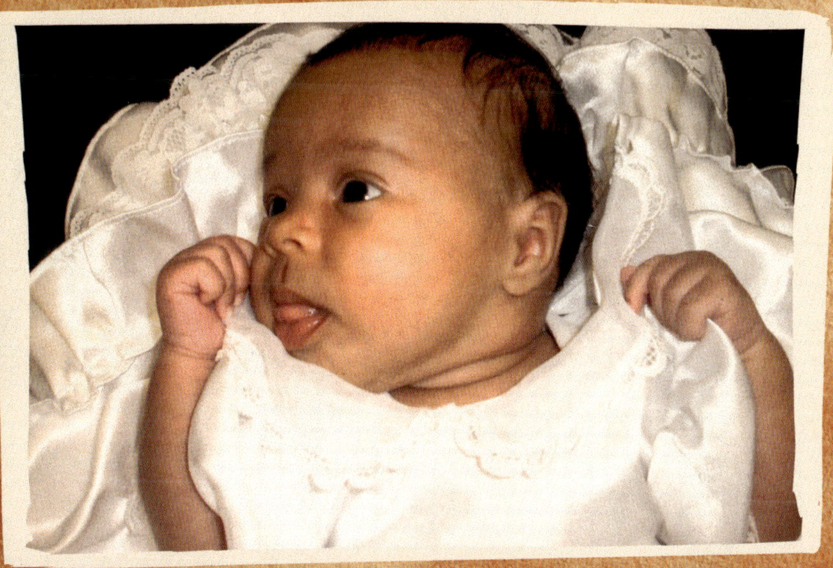

Shekinah in Hedis Haus in Paragu

Shekinah 2014

Hedi und Shekinah

Hedi mit Kindern in Afrika

Hedi und Shekinah in Paraguay mit dem Kinderchor in Hedis Küche

Hedi mit den Rossows (v. l.: Hedi, Shekinah, Matthias, Benjamin, Rebecca, Jonathan, Constanze, Deborah) in Yei

Shekinah und die Rossow-Kinder: Shekinah, Deborah, Rebecca, Benjamin, Jonathan (im Uhrzeigersinn) beim ersten gemeinsamen Weihnachten in Paraguay

war. Dennoch war er seltsam traurig. Im Nachhinein denke ich, dass er vielleicht gespürt hat, wie ihm die Zeit davonlief. Er hatte seinen Weg im Leben gefunden und hatte den Eindruck, dass er ihn nicht mehr lange würde weitergehen können. Es blieb so viel zu tun und so wenig Zeit! Colin war in dieser Phase aufbrausend und unruhig.

Mich machte das nicht nur nervös, ich wurde auch sehr sensibel, nahm jedes Wort persönlich und weinte viel. Ich war unsicher, zweifelte einmal mehr an der Liebe. Und je mehr Tränen ich vergoss, desto ungehaltener wurde Colin. Statt Liebe und Respekt strahlten wir in dieser Zeit für alle offensichtlich Ungeduld und Unzufriedenheit aus. Warum das so war, konnte keiner von uns sagen. Es kam plötzlich, noch in Uganda waren wir ein Herz und eine Seele gewesen. Nur an den dünnen Wänden unserer Unterkunft lag die Verwandlung wohl kaum.

So vergingen die Tage und Nächte, Wochen sogar, und unsere Schwierigkeiten wuchsen. Wir gerieten aneinander, sobald wir allein waren, gleichzeitig gaben wir Seminare in Trauma-Heilung, obwohl wir selbst gerade nicht heil waren. Wir waren so empfindlich wie Seifenblasen. Jede kleinste Berührung brachte uns zum Platzen – oder besser, zum Explodieren. Ich fühlte ich mich hilflos. Allein, das wurde mir schnell klar, würden Colin und ich unsere Probleme nicht in den Griff bekommen. Ich hatte aber auch keine Idee, an wen ich mich wenden sollte. Schließlich gab es um uns herum keine engen Vertrauten. Wir waren auf uns selbst gestellt.

Am schwierigsten waren die Nächte. Wenn wir Seite an Seite lagen, fühlte es sich an, als hätte sich eine dicke Backsteinmauer zwischen uns aufgebaut. In der engen Hütte mussten wir uns ein Lederbett teilen, dessen Liegefläche in der Mitte so durchhing, dass wir automatisch dicht an dicht lagen, wenn wir schliefen. Wir rutschten in die Kuhle und konnten nichts gegen diese Nähe tun. Es war mir ein Graus. Ich wollte nicht neben diesem Mann schlafen, ich wollte nicht einmal mehr ein Zimmer mit ihm teilen. Hätte ich damals ausziehen können, ich hätte es sicherlich getan. Aber es gab einfach keinen Ort, an den ich hätte gehen können.

Heute bin ich Gott dankbar dafür, dass ich keine Wahl hatte. Es gibt keine intensivere Feuertaufe als die Ehe. Keine andere Beziehung ist so herzzerreißend, lehrt uns so intensiv Demut und belohnt uns zugleich auf so tiefgründige Art und Weise. Jeder aufrichtige Ehemann und jede aufrichtige Ehefrau kommen irgendwann an den Punkt, wo er oder sie keine andere Wahl haben, als umzukehren, sich zu ändern, zu bereuen und sich neu für die Liebe zu entscheiden. Ich konnte nicht gehen, also wandte ich mich neu meinem Mann zu. Und er sich mir. Hilfe fanden wir bei dem, der uns immer geholfen hat. Wir sangen und beteten, denn das konnten wir am besten. Es war, als würden uns nach und nach all die Lichter aufgehen, die wir allein nicht entzünden konnten. Gott zeigte uns, dass es bei unserer Beziehung nicht nur um uns als Individuen ging. Wir mussten als Team zusammenhalten, sonst war nicht nur unsere Liebe, sondern auch unsere Berufung gefährdet. Colin und ich waren aufeinander angewiesen. Unsere Mission würden wir nur gemeinsam erfüllen. Alles oder nichts. Zusammenhalt oder Zerbrechen. Gottes Weg oder unserer. Wir entschieden uns einmal mehr für Ersteren. Gott wusste einfach besser als wir selbst, was gut für uns war.

Als ich wieder einmal nachts Rücken an Rücken mit Colin in der Lederkuhle lag und das Unwohlsein in mir aufsteigen spürte, machte es Klick: Das bin nicht ich. Das sind nicht wir. Ich brachte alle Kraft auf und verbannte diese negativen Gefühle aus meinem

Denken. Ich übergab sie Gott, sollte er damit tun, was er für richtig hielt. Ich wollte sie nicht mehr spüren.

So wurde Gott zu unserem ultimativen Ehetherapeuten. Er rettete uns einmal mehr. Von da an schufen wir uns jeden Tag Freiräume, in denen wir gemeinsam beten konnten. Wir nannten es Familiengebet – eine Stunde Zeit gemeinsam mit Gott. Bis heute habe ich diese Zeiten des Gebets, auch wenn Colin schon lange nicht mehr daran teilnehmen kann.

Während wir in Kampala arbeiteten, traf Colin einen Teenager, der sich selbst Rabbi Lo nannte. Rabbi war ein Waisenjunge, zumindest nahm er an, dass seine Eltern mittlerweile tot waren. Er selbst war einst von der sogenannten Lord's Resistance Army (LRA) in Norduganda verschleppt worden. Diese Gruppe gibt es seit Ende der Achtzigerjahre. Der berüchtigte Joseph Kony hatte sie als Widerstandsbewegung gegen die ugandische Regierung gegründet.

Kony beruft sich auf das Christentum, tatsächlich predigt er jedoch Esoterik und Militanz. Die LRA kämpft für die Errichtung eines Gottesstaates in Afrika. Alles soll streng nach den Zehn Geboten ausgerichtet sein. Dazu sind ihr nahezu alle Mittel recht. Die selbst ernannte Armee mordet, versklavt, plündert, foltert und vergewaltigt. Kinder macht sie zu Soldaten oder Prostituierten. Wen die Terroristen mit ihrer Gewalt treffen, ist ihnen egal. Als sie in Rabbis Dorf einfielen, entführten sie alle gesunden Kinder. Brauchbare Wertsachen stahlen sie, die Erwachsenen wurden ermordet. Rabbi war schließlich einer der wenigen, denen die Flucht gelang. Eines Tages rannte er einfach los. Weg von der Brigade, in die er eingegliedert war. Durch den dichten Wald, immer weiter südlich, bis er schließlich eine größere Stadt erreichte. Und irgendwann kam er nach Kampala.

Ein Jahr später lernten wir ihn kennen. Im Tausch gegen einen Schlafplatz hielt er eine der örtlichen Kirchen sauber – sie war im Grunde nicht mehr als eine wackelige Hütte mit einem dünnen Wellblechdach. Eine der Holzbänke in ihrem Innern war sein Bett. Die Begegnung mit diesem elternlosen Kind, das den Krieg der Erwachsenen hatte kämpfen müssen, zerriss Colins Herz. Er verbrachte viel Zeit mit Rabbi Lo, erzählte ihm aus seinem Leben, von den grausamen Erfahrungen, die er selbst gemacht hatte, und wie Gott aus den Scherben etwas Schönes und Neues entstehen ließ. Die Geschichte der Kindersoldaten sollte uns fortan nicht mehr loslassen. Mich begleitet sie bis heute.

Damals aber reisten wir zunächst weiter nach Kigali in Ruanda. Dort war es unter anderem unsere Aufgabe, in einem Haus für ehemalige Zwangsprostituierte über Vergebung zu sprechen. Colin trat vor all diese Mädchen und sprach über seine sexuellen Erfahrungen, seine Abhängigkeiten und seine Beziehung zu Gott. Ich habe nicht ein einziges Mal erlebt, dass er sich dafür geschämt hätte, egal, welches Publikum vor ihm saß.

»Gott sieht unsere Stärke in uns«, sprach er den Frauen zu. »Andere Menschen können in euch sehen, was immer sie wollen. Sie können euch sagen, was immer sie wollen. Aber es ist Gott, der euch gemacht hat. Er interessiert sich nicht für eure Defizite, eure Fehler, eure Vergangenheit, sondern für das, was ihr könnt. Er sucht das Gold in euch. Lasst es raus, indem ihr euch eure eigenen Fehler und eure Schuld vergebt, genauso wie denen, die euch verletzt haben.«

Er sprach so leidenschaftlich darüber, dass die zum Teil schwer traumatisierten Frauen an seinen Lippen klebten.

»Vergeben heißt nicht vergessen«, fuhr er fort. »Vergeben bedeutet nicht, jemanden für unschuldig zu erklären. Es bedeutet nur, dass ihr es Gott überlasst, diesen Menschen zu verurteilen. Wenn ihr selbst versucht, Rache zu nehmen, dann wird die Bitterkeit euch vergiften.«

Die Mädchen liebten Colins Botschaft. Sie lernten, dass Gott sie nicht verurteilte und dass auch sie niemanden verurteilen mussten. Gott berührte ihr Herz. Als Colin und ich zum Flughafen fuhren, weinten wir beide Tränen der Freude für die Mädchen von Kigali. Wir wollten so schnell wie möglich zurückkommen, um weiter mit ihnen zu arbeiten.

Das sind nur einige Begegnungen, die wir in dieser wertvollen Zeit hatten. Sie alle haben das möglich gemacht, was danach geschah – Gutes wie Schlechtes. Die Mädchen von Kigali, Rabbi Lo und unsere Sehnsucht danach, den Opfern der Kriege in Ostafrika von Gottes Vergebung und Liebe zu erzählen, besonders den Kindern und den Mädchen, lenkten unsere Schritte.

Nur wenige Tage nachdem wir Kigali verlassen hatten, erreichte uns ein Telefonanruf mit sehr schlechten Nachrichten. Mariam, eine uns nahestehende Mitarbeiterin, war in Mogadischu erschossen worden. Ausgerechnet dorthin wollten wir als Nächstes reisen. Mariam hatte dort an einem Projekt zur Bewältigung von Traumata und zur Gesundheitsschulung gearbeitet. Tatsächlich hatte sie gerade die Leitung dieser Seelsorgearbeit übernommen. Sie hatte ihre Lebensaufgabe gefunden, war bereit, alles für ihre Mission zu tun – und nun hatte sie sterben müssen. Ihr Wagen war auf dem Weg zu einem ihrer Seminare überfallen worden. Obwohl sie mit einem Fahrer und Leibwächtern unterwegs war, konnten sie sie nicht retten. Ein Schuss hatte sie getötet.

Wir waren sprachlos. Die Welt drehte sich für mich in diesem Moment in die falsche Richtung und zurück zu dem Tag, als mein Schweizer Freund Jörg ums Leben gekommen war.

Als wir uns einigen Freunden vor Ort anvertrauten, erkannten wir schnell, dass sie keineswegs von der Gewalttat überrascht waren. »Ihr werdet die Nächsten sein«, warnten sie uns stattdessen und drängten uns, die Region zu verlassen. Die Sicherheitslage hatte sich offenbar dramatisch verschlechtert. Ich wusste, dass mein Name schon vorher auf sogenannten Todeslisten radikaler Gruppen gestanden hatte, und ich war auch schon bedroht worden. Doch das hier war anders. Zum ersten Mal war ich gezwungen, nicht nur im Geheimen zu arbeiten, sondern meine Aufgabe ganz ruhen zu lassen. Es war zu gefährlich, offen als Christen aufzutreten und für den Glauben an Jesus zu werben. All die Wochen und Monate, in meinem Fall sogar Jahre, waren Colin und ich unbekümmert durch Afrika gereist, immer im Vertrauen darauf, dass Gott uns sicher leiten würde. Plötzlich wurden wir aufmerksam auf all die Gefahren, die um uns herum lauerten.

In der darauffolgenden Nacht hatte ich einen Traum: Ich hielt ein Baby im Arm, offenbar mein eigenes, aber Colin war nicht da. Ich hatte keine Decke, um es zu wärmen, doch direkt vor mir lag ein Felsbrocken auf dem Boden, der nicht nur irgendwie weich, sondern auch warm war. Daher legte ich das Kind auf den seltsamen Stein und umarmte es in dieser Position erneut. Wir beide bekamen etwas von der Wärme ab und unsere Not war vorerst beendet.

Als ich Colin von dem seltsamen Traum berichtete, war ihm die Bedeutung gleich klar. »Hedwig«, sagte er, »ich werde vielleicht nicht immer da sein, um dich zu beschützen und zu wärmen. Der wahre Fels in deinem Leben soll Gott sein. Jesus ist immer da.«

Mariams Tod änderte unsere Pläne radikal. Es erschien uns nicht mehr weise, länger auf somalischem Gebiet zu bleiben. Wir reisten deshalb aus Somaliland aus und hielten uns eine Zeit lang in Äthiopien auf. Während dieser Zwangspause, die wir im Haus einheimischer Freunde verbrachten, fasteten Colin und ich vierzig Tage lang, gedachten unserer lieben Freundin und beteten für die Somalier. In unserer Trauer wandten wir uns an den, der all unsere Gefühle kannte. Wir offenbarten unser Leid und unsere Zuversicht, dass er eines Tages alles zum Guten führen würde. Unser Gebet war angelehnt an Psalm 2:

> Warum kämpfen die Nationen miteinander,
> warum leben die Menschen planlos und eitel?
> Die Könige der Erde setzen sich selbst auf den Thron
> und die Herrscher beraten sich,
> um sich gegen den wahren Herrn
> und all seine Gesalbten aufzulehnen.
> Und doch bist du es, Herr, der im Himmel
> Stellung bezogen hat.
> Wir müssen dich nur bitten und du gibst uns die Länder
> der Welt als Lebensort,
> bis zu den Enden der Erde teilst du deinen Besitz mit uns.
> Alle werden dich eines Tages fürchten und frohlocken.

Nach einigen Monaten im afrikanischen Exil entschlossen wir uns, noch einmal gemeinsam nach Israel zu reisen. Ich wollte Colin diesen einzigartigen Ort zeigen, jene Welt, in der ich mich voll und ganz für ihn entschieden hatte. Wir trampten zwölf Tage lang kreuz und quer durch das Heilige Land, trafen alte Bekannte und schlossen neue Freundschaften. Wir besuchten den Norden des Landes und den See Genezareth. Einmal aßen wir auf einem der Boote frisch gefangene Fische. Im Gespräch mit den Fischern stellte sich heraus, dass sie überhaupt keinen Glauben an oder gar Respekt vor Jesus hatten – und das, obwohl sich so viele Geschichten der Bibel genau dort, wo sie täglich arbeiteten, abgespielt hatten. Colin erschien das unglaublich und es blieb ihm tief im Gedächtnis. Dort auf dem Wasser spielte er ihnen christliche Lieder auf dem Saxofon vor – und siehe da: Sie liebten es. Von da an spielte Colin seine Lieder an jedem Ort, den wir in diesem Urlaub besuchten.

An einem anderen Tag stiegen wir in einen Bus Richtung Haifa, spazierten abends am Strand entlang, genossen es, wie der leichte Wind durch unsere Haare fuhr, die warme Luft, den fast vollen Mond und beobachteten russische Juden, die dort am Ufer saßen, sich unterhielten und den Abend ausklingen ließen. Für uns gab es zum Abschluss Eiscreme und Kaffee in einem Bistro an einer Straßenecke. Der nächste Tag war mein Geburtstag, der 24. Juli. Ich wurde 35 Jahre alt und wir waren unterwegs in der Negev-Wüste. Am Abend lud Colin mich zu einem fulminanten Festessen ein – serviert in einem Beduinenzelt.

Wir waren nun neun Monate verheiratet. Schon am Anfang unserer Ehe hatten wir uns darauf verständigt, ein Jahr vergehen zu lassen, bis wir den Versuch starten würden, ein Baby zu bekommen. Erst wollten wir uns näherkommen, uns voll und ganz kennenlernen. Doch wir beide hatten nach allem, was in Afrika geschehen war, das Gefühl, dass es schneller gehen sollte. Bereits vor Wochen hatte ich meine Packung Antibabypillen in den Müll geworfen. Und nun, an einem dieser lauschigen Abende in Israel geschah es: Ein neues Leben begann.

Nach unserem Aufenthalt in Israel verbrachten wir drei Monate auf den Bermudas. Wir mussten uns neu aufstellen und brauchten Geld, bevor wir nach Afrika zurückkehren konnten. Colin machte sich sofort daran, einen neuen Job auf Zeit zu finden.

Auf den Bermudas erfuhr ich von meiner Schwangerschaft. Schon als wir ankamen, ahnte ich etwas und besorgte mir einen Test. Mein erster Gang, nachdem wir in Colins Heimatort angekommen waren, führte mich ins Sekretariat der dortigen Kirche und zur Damentoilette. Um zwei pinkfarbene Teststreifen reicher verließ ich die Örtlichkeit. Der Test war positiv ausgefallen! Den Weg von der Toilettentür zum Bürotelefon legte ich tanzend zurück. Ich rief Colin an, ein breites Grinsen im Gesicht und tausend Schmetterlinge im Bauch.

»Colin«, sagte ich und konnte ein lautes Lachen nicht unterdrücken, »wir werden bald Eltern sein!«

»Halleluja!«, rief er eine Sekunde später durch den Hörer. Es vergingen nur wenige Minuten, da hatte er die Neuigkeit bereits jedem mitgeteilt, der sich gerade in seiner Nähe aufhielt. »Ich bin wie Abraham«, sagte er und machte sich ein wenig über sich selbst lustig, »in einem so biblischen Alter noch ein Kind zu bekommen ... was für ein Segen!«

Sosehr ich mich freute, es vergingen nur wenige Tage und die Schwangerschaftsübelkeit setzte mir hart zu. Der Arzt schickte mich ins Bett, wo ich das ganze erste Trimester verbrachte. Zum Glück hatte der Spuk nach drei Monaten ein Ende. Bis dahin hatte Colin genug Zeit zum Arbeiten gehabt, um uns eine Rückkehr nach Afrika zu ermöglichen.

So machten wir uns als werdende Eltern auf den Weg zurück zu den Menschen, die wir so sehr liebten, aber eben auch zurück in eine ungewisse Zukunft und in eine Welt voller Wüstenstaub, unbequemer Betten und unabwägbarer Gefahren. Weil uns das alles bewusst war, legten wir einen kleinen Zwischenstopp in den Niederlanden ein, um ein letztes Mal Kraft zu tanken. Wir schlemmten uns durch all die kleinen Patisserien und Eisdielen, genossen die Kalorien und die Schönheit der Kanäle und kleinen Gassen in Amsterdam.

Dennoch fühlte sich irgendetwas ganz und gar falsch an. Colin und ich hatten das starke Bedürfnis zu beten, obwohl wir nicht wussten, wofür. Auch am Vorabend unseres Abfluges saßen wir zusammen und suchten das Gespräch mit Gott, als ich plötzlich von einem schrecklichen Heulkrampf geschüttelt wurde. Es fühlte sich an, als schwebten wir in großer Gefahr. Ich bekam kaum noch Luft vor lauter Angst. Zugleich verstand ich nicht, was mit mir los war. Erst als wir erneut unser Leben in Gottes Hände legten, ihm unser Vertrauen schenkten und uns ganz ihm hingaben, kam ich zur Ruhe. Am nächsten Tag verließen wir Amsterdam und flogen nach Uganda.

Unser erstes Seminar nach unserer Rückkehr würden wir im Südsudan halten. Die Stadt Yei liegt etwas westlich von der Stelle, wo der Nil die Grenze zwischen Uganda und dem Südsudan kreuzt. Wir nahmen die einzige Straße, die von Uganda aus dorthin führte. Fünfzig Seminarteilnehmer warteten auf uns. Sie waren alle Leiter christlicher Organisationen oder Werke. Außerdem wollten wir den Kindern des Krieges helfen, den Waisen, den Prostituierten, den viel zu jungen Soldatinnen und Soldaten. Wir hatten große Hoffnungen und Pläne. Gott würde etwas Wunderbares durch uns bewirken, da waren wir uns sicher.

11. Letzte Reise

Eng aneinander gekuschelt lagen Colin und ich in einem Bett in Uganda, kurz bevor wir zu unserem nächsten Abenteuer aufbrachen. Wir wollten in den Norden fahren, Richtung Südsudan. Doch vorher erzählte mir mein Mann, was er in der Nacht geträumt hatte: Er hatte eine große Mission zu erfüllen. Sie war schwer, fast zu schwer für ihn. Er trug eine unheimliche Last auf seinen Schultern, die ihm die Luft nahm. Doch er sprach auch mit Gott und versicherte ihm, dass er seine Bürde tragen würde, egal wie. Dann erwachte er.

Wir beteten, bevor wir aufbrachen. Für unsere Sicherheit, aber auch für die all jener, die wir unterwegs treffen würden. Die Reise war nicht ungefährlich. Im ugandischen Grenzgebiet waren Guerilla-Kämpfer unterwegs. Es waren vor allem traumatisierte Kinder, die zu Soldaten ausgebildet worden waren, im Busch patrouillierten, Reisende überfielen und plünderten. Doch wie so oft dachte Colin nicht im Traum daran, sich von Sorgen beeinflussen zu lassen. Niemand würde uns verletzen, da war er sich sicher. »Und wenn es geschieht, dann hat Gott es schon lange vorhergesehen. Nur keine Angst!«, sagte er.

Kurz vor dem Grenzübergang in den Südsudan machten wir Rast. Über unseren Köpfen kreisten Helikopter, die Militärpräsenz war enorm. Einige andere Reisende erzählten uns, dass das Militär auf der Suche nach Mitgliedern der Lord's Resistance

Army war. Sie kämpften gerade in dem Gebiet zwischen Uganda und dem Sudan.

Ich muss zugeben, dass ich mir nie groß Gedanken über die LRA gemacht hatte. Sie war da, so wie der Wüstensand und die trockenen Bäume da waren. Ich nahm sie nicht einmal als Gefahr für uns wahr. So vieles an Afrika ist beängstigend, verwirrend, fremd und ungewohnt. Hätte ich mir über all diese Dinge ständig Gedanken gemacht, wäre ich wohl nicht lange dortgeblieben. So erkläre ich mir heute, warum Colin und ich nach einem guten Mittagessen völlig unbekümmert weiterfuhren – mitten hinein in den militärischen Suchradius. In vier bis fünf Stunden wollten wir die Stadt Yei erreichen, unser vorläufiges Ziel.

Die breite, vom Staub senfgelb gefärbte Schotterstraße verdiente ihren Namen nicht. Eigentlich war sie eher ein Fußweg mit Schlaglöchern, Geröllbrocken und Auswaschungen, die unser Vorwärtskommen behinderten. An beiden Seiten war sie mit dichtem Unterholz bewachsen. Sie verlief entlang der Grenze zwischen dem Sudan und dem Kongo, im Westen des Landes. Herunterhängende Äste kratzten an den Scheiben des Autos, wenn der Weg schmaler wurde. Wir fuhren, nein, schaukelten, mitten durch den Busch. Die Sonne war bereits tiefer gesunken. Langsam verwandelte sich der späte Nachmittag in den Abend.

Ich habe diese Tageszeit in Afrika immer geliebt. Der Himmel zeigt sich in seinen wundervollsten Farben: eine Mischung aus Gold, Kupfer, glühendem Orange, strahlendem Pink, und das alles in tausend Schattierungen. Dieses Aquarell beugt sich hinab zur Erde und küsst den Sand, die Wiesen und die Felsen. Alles taucht ein in die Farben und Kontraste, die Schatten und die untergehenden Sonnenstrahlen. Für mich war dieses Schauspiel an jedem Abend aufs Neue spektakulär, ganz gleich, ob ich sah, wie die Sonne die kahlen und felsigen Hügel in Äthiopien traf, die fruchtbaren grünen Anhöhen Ugandas oder die rote Erde Kenias.

Während wir nun durch den dichten Dschungel des Südsudans fuhren, war ich entspannt. Egal, wo ich in Afrika war, manche Dinge blieben immer gleich. Ich kannte den Kontinent und der Kontinent kannte mich. Ich sah nach vorn, wo Colin auf dem Beifahrersitz den Anblick der untergehenden Sonne ebenso genoss. Neben ihm lenkte unser Fahrer den Pick-up sicher über Stock und Stein. Ja, alles war gut. Ich war zu Hause.

Ich hatte mich ganz der Poesie der Landschaft hingegeben, als plötzlich um uns herum ein Stimmengewitter losbrach. Aus dem hohen Gras am Wegesrand kamen laute Rufe, undefinierbare Geräusche explodierten in unseren Ohren. Eine Truppe bewaffneter Kinder rannte aus dem Gestrüpp und baute sich vor uns auf. Bevor die Hölle losbrach, hatte ich kurz Zeit, sie genauer anzuschauen. Es waren etwa ein Dutzend Jungen und Mädchen, noch nicht einmal im Teenageralter. Sie alle hielten großkalibrige Gewehre in ihren kleinen Händen. Ich fragte mich kurz, ob sie sie auch benutzen würden – da feuerten die Kinder los. Unser Auto wurde zum Sieb, der idyllische Sonnenuntergang zum Grabeslicht.

Ich war auf alles vorbereitet gewesen, aber nicht auf das. In Panik duckte ich mich hinter den Rücksitz. Den Fahrer rief: »LRA! LRA!«

Er versuchte noch, das Auto in einem schnellen Manöver zu wenden, weg von den Schüssen, aber es war zu spät. Die Reifen waren platt und hatten sich in einem kleinen Seitengraben verkeilt. Eine tödliche Falle. Der Fahrer schrie noch einmal. Zwischen dem lauten Knallen der Kugeln, die in die Karosserie einschlugen, und den Rufen der Kindersoldaten hörte ich seine Stimme: »Lauft!«

Doch ich konnte mich nicht bewegen. Wie festgewachsen lag ich auf dem Boden des Pick-ups, eingepfercht zwischen Rück- und Vordersitz, wie hypnotisiert von dem Terror um mich herum. Ich kam kurz zu mir, wand mich aus meiner verkrümmten Position und schrie aus reiner Verzweiflung heraus: »Jesus! Jesus! Jesus!«

Plötzlich verstummte das Kanonenfeuer. Stille. War ich tot?

Das Nächste, was ich hörte, waren Füße, die sich auf unser Auto zubewegten. Nein, ich lebte. Meine Zuflucht war umstellt von Kindern mit Waffen in den Händen. Vorsichtig spähte ich durch den Freiraum zwischen den beiden Vordersitzen. Ich konnte erkennen, dass die Kühlerhaube, die Scheibe und die ganze Vorderseite des Autos von Kugeln durchlöchert waren, ebenso die linke Flanke. Die Fahrertür stand offen, unser Chauffeur war verschwunden. Vermutlich hatte er sich im Gebüsch an der Straßenseite versteckt. Dann sah ich Colin. Sein Oberkörper lehnte an Beifahrertür und Sitz. Er hielt seine Hände schützend vor Brust und Nacken. Dickes rotes Blut quoll zwischen seinen Fingern hervor.

Der Sitz war bereits vollgesogen mit seinem Blut. Ich hatte nie zuvor so viel Blut gesehen. Jeder seiner Herzschläge pumpte die Lebensenergie aus Colin heraus. Und ich konnte nur tatenlos danebensitzen. Die Welt drehte sich um mich, ich zitterte so sehr, dass ich meine Hände kaum zu einer kontrollierten Bewegung überreden konnte. Tränen verschleierten meine Sicht. Dennoch bewegte ich mich wie in Trance, nur einer Aufgabe verpflichtet: Ich musste meinen geliebten Mann retten. Mit beiden Armen griff ich um den Sitz herum nach vorn und umarmte ihn fest. Ich bettelte einen Gott an, der gerade ewig weit entfernt schien: »Nein, nein, nein. Jesus, bitte. Colin, stirb nicht. Ich will nicht, dass er stirbt. Mein Ehemann. Wir werden doch ein Baby haben …«

Ich versuchte, mit meinen Händen Druck auf seine Wunden auszuüben. Doch nichts konnte die Blutungen stoppen, die Kugeln hatten tiefe Löcher in seinen Nacken und seine Brust geschlagen. Rot und warm rann sein Blut durch meine Finger.

Währenddessen waren unsere Angreifer keineswegs verschwunden. Sie schlugen gegen das Auto, schrien uns an, doch ich verstand kein Wort.

»Stirb nicht, bitte, stirb nicht! Oh, Jesus«, flüsterte ich am Ende meiner Kräfte und hielt Colin einfach nur fest. Die Kindersoldaten zerrten an der Beifahrertür, dann hatten sie sie geöffnet. Als wäre er ein nutzloser Gegenstand, rissen sie Colin aus meiner Umklammerung und warfen ihn einfach auf die Straße. Er fiel und ich sprang neben ihn. Im sich dunkel färbenden Sand hielt ich Colin in meinen Armen und versuchte weiterhin, Druck auf seine Wunden auszuüben. Es schien völlig nutzlos.

Ich saß neben ihm im Staub der Straße, gefangen in einem wahr gewordenen Horrorfilm. Wenn ich zurückdenke, sehe ich alles in Zeitlupe. So als wäre es wirklich ein Film und nie real gewesen.

Ich weine. Die Tränen sammeln sich im Staub der Straße, genauso wie Colins Blut. Er liegt in meinen Armen, schwer atmend, die Augen geöffnet. Wir können nicht mehr tun, als zuzusehen, wie die Kinder mit ihren übergroß erscheinenden Waffen unser Auto auseinandernehmen. Offenbar haben sie uns für kurze Zeit vergessen. Stattdessen suchen sie im Wagen nach Wertsachen und Nahrungsmitteln. Finden sie etwas, das sie gebrauchen können, kämpfen sie miteinander darum. All unser Hab und Gut, unser Gepäck, unsere Gitarren, Colins Saxofon, unsere Papiere, meine Handtasche, Seminarmaterial, Laptops ... sie reißen alles an sich und schleppen es nach und nach in den Wald.

Doch aus irgendeinem Grund scheint sie das alles nicht zufriedenzustellen. Es ist, als suchten sie etwas Bestimmtes. Plötzlich deutet einer der Jungen mit seinem Gewehr auf mich. Die anderen machen es ihm nach. All ihre Waffen zeigen nun in meine Richtung. Ich blicke in ein gutes Dutzend Gewehrläufe.

Das hätte mich wohl ängstigen sollen. Aber genau in diesem Moment fiel alles von mir ab. Ich war jenseits der Angst. Ich hielt meinen Mann in den Armen und fand meinen Mut wieder. Ich zuckte nicht einmal zusammen, als sie drohten: »Sag uns, wo euer Satellitentelefon ist, oder wir bringen dich um!«

Statt zu antworten, sah ich sie lange Zeit nur an. Diese jungen Menschen. Wie sie mir drohen, als wäre der Teufel in sie gefahren. Sie verstehen weder die Welt um sich herum noch was sie soeben getan haben. Kinder, die Erwachsene sein müssen. Gnadenlose Erwachsene mit scharfen Waffen. Ich atme tief ein und beantworte ihre Frage mit einer Stimme, die mir fremd vorkommt. Ruhig, tief, gefasst.

»Ich weiß es nicht.«

In diesem Moment wurde mir klar, worum es den Kindern ging. Sie waren hungrig. Sie suchten verzweifelt nach etwas, das sie zu Geld machen konnten.

»Wir töten dich!«, versuchten sie es noch einmal.

Ich blieb auf meinem Platz, nur von einem Gedanken beseelt. Colin musste leben.

Unsere Angreifer ließen von mir ab. »Weg vom Auto«, schrie einer von ihnen und zog eine Flasche Brennspiritus aus der Tasche. Sie wollten es anzünden!

»Bitte helft mir, meinen Mann zuerst von dem Wrack wegzubringen«, flehte ich sie an. »Ich schaffe es nicht allein!«

Damit hatten sie nicht gerechnet. Für den Bruchteil einer Sekunde sahen sie mich nur an, unsicher, wie sie darauf reagieren sollten, dass ihr Opfer sie um Hilfe bat. Dann besannen sie sich.

»Aus dem Weg mit euch! Oder ihr werdet auch brennen!«

Plötzlich bewegte sich Colin in meinen Armen. Ich weiß nicht, woher er die Kraft nahm, aber dieser von Kugeln durchlöcherte Mann hievte sich tatsächlich auf seine Beine. Er war so viel schwerer als ich und stützte sich nun mit seinem ganzen Gewicht auf meine Schulter. Während wir dem Auto unseren Rücken kehrten, sprangen die Kindersoldaten darauf herum, verteilten Benzin in jede Ritze und schrien immer wieder wütend auf.

Colin und ich schafften es, einige Meter zurückzulegen, bevor wir im Gras zusammenbrachen. Seine Lippen bewegten sich, aber er konnte nicht mehr sprechen.

Irgendwie gelang es mir, seinen schweren Körper über meine linke Schulter zu hieven und ihn ein Stück weiter in den tiefen Busch hineinzuziehen. Als ich zurückschaute, sah ich unser Auto in Flammen stehen. Die Kinder sprangen wie kleine Teufel um den Wagen herum, warfen Steine und zertraten die Reste der Glasscheiben auf dem Boden. Mitten in diesem Chaos sah ich plötzlich ein kleines Mädchen. Es gehörte zu der Gruppe, stand aber einfach nur da und blickte mich an. In ihren Händen hielt sie meine Handtasche. Wären die Flammen nicht gewesen, das Geschrei und Colins schwerer Atem – man hätte denken können, sie habe sich die Handtasche ihrer Mutter ausgeborgt, um in die Rolle einer Erwachsenen zu schlüpfen. Doch das hier war kein Spiel. Diese Kinder waren gezwungen worden, Erwachsene zu sein und die grausamsten Dinge zu begehen, die Menschen sich nur ausdenken konnten. Als wisse dieses Mädchen all das, blickte sie traurig zu mir. Ihre Augen brannten sich für immer in mein Herz. Dieses Kind wollte kein Teil der Zerstörung sein. Es wollte nach Hause.

Ich wusste damals noch nichts über die Methoden der LRA. Ich wusste nicht, dass sie Kinder entführten und sie darin trainierten, den Menschen Leid zuzufügen, um sie zu brechen. Ich sah nur diese traurigen Augen. In diesem Moment hatte ich dem Mädchen alles vergeben. Ich sehnte mich danach, es vor sich selbst zu schützen. Dann wurde mir wieder bewusst, in welcher Lage wir uns befanden. Ich hatte Colin mit letzter Kraft und so sanft wie möglich ins Gras gebettet. Nun musste es irgendwie weitergehen. Ich konnte ihm nicht einfach beim Sterben zusehen.

»Ich muss Hilfe suchen«, sagte ich zu meinem Mann. Ich küsste ihn, hielt seinen Kopf kurze Zeit in meinen Händen und sprach im Geist einen Segen für ihn. Dann lief ich los, so schnell ich konnte, mitten in die Nacht und den dichten Urwald hinein. Ich hatte nicht die geringste Ahnung, wohin mich meine Beine tragen würden.

Ich war erst einige Minuten gelaufen, da sah ich das Metall von Gewehren im Mondlicht schimmern. Ich rannte auf eine bewaffnete Gruppe zu. Waren es Kindersoldaten? Feinde? Verbündete? Konnten sie helfen? Ich wusste es nicht und hielt eine Sekunde lang inne. Da winkte die Gruppe mir zu. Sie hatten mich gesehen. Ich hatte keine Wahl mehr und näherte mich ihnen. Es stellte sich heraus, dass es sich bei der Gruppe tatsächlich um Soldaten handelte – dieses Mal aber von der anderen Seite. Vor mir standen Kämpfer der Sudanesischen Volksbefreiungsarmee, eine Rebellengruppe und zugleich Gegenspieler der LRA.

»Bitte helft mir, ich brauche ein Auto, um meinen Mann zu retten«, flehte ich sie an.

Sie hatten keines, aber meine Angst schien sie zu berühren. Ich zeigte ihnen, wo Colin lag, und bat sie, ihn zu beschützen, während ich weg war. Die Männer willigten ein. Ich lief weiter.

Als ich endlich wieder befestigten Boden unter meinen Füßen hatte, hörte ich das stotternde Brummen eines Motorrads. Und tatsächlich: In der Dunkelheit näherte sich ein einzelner Mann auf einem fahrbaren Untersatz. Ich winkte wild und rief ihm zu, er möge anhalten. Er muss die Angst in meinen Augen gesehen haben, in jedem Fall willigte er augenblicklich ein, mich zum nächsten Ort zu fahren. In Morobo fanden wir ein kleines Krankenhaus, aber die Flure waren verlassen und es gab kein Funkgerät. Also fuhren wir weiter. Auf der Straße begegneten wir einem südafrikanischen Pastor. Als ich ihm von Colin erzählte, zögerte auch er keine Sekunde. Er setzte mich in seinen Pick-up und ließ sich von mir den Weg zu meinem Mann beschreiben. Neben all dem Schrecklichen, das uns in dieser Nacht widerfahren ist, muss ich immer wieder bekennen: Gott hat uns auch dort nicht vergessen. Wieso sonst traf ich mitten in der Nacht in einem umkämpften Gebiet derart viele hilfsbereite Seelen?

Von dem Moment an, als ich Colin verlassen hatte, bis zu meiner Rückkehr verging etwa eine Stunde. Als wir ihn erreichten, waren zwei der Soldaten, die ich zuvor getroffen hatte, an seiner Seite. Sie hatten Wort gehalten. Sie halfen dabei, Colin auf die Ladefläche des Pick-ups zu heben. Dort lag er die ganze Fahrt über. Ich wiegte seinen Kopf in meinem Arm, was hätte ich auch sonst tun können? Offenbar waren wir mitten im Nirgendwo auf die Kindersoldaten gestoßen. Das nächste brauchbare Krankenhaus lag in der Stadt Yei, wie mir der Pastor verriet. Die Fahrt dahin dauerte drei Stunden und die Straße war voller Schlaglöcher. Colin war noch immer bei Bewusstsein. Er schaute mich an. Die ganze lange Reise hindurch war ich sein Anker. Er würde nicht wegdriften, solange wir Kontakt hielten – das war sein unausgesprochenes Versprechen an mich. Immer wieder nahm er meine Hand und legte sie auf seine Stirn. Ich presste meine Wange an seine.

Je weiter wir fuhren, desto schlechter wurde die Straße. Nicht nur Colin musste große Schmerzen haben, auch für mich wurde die Position, in der ich ihn hielt, immer unbequemer. Irgendwann begannen meine Hände zu krampfen. Ich änderte meine Haltung dennoch nicht. Und während ich ihn die ganze Zeit ansah, wurde mir klar: Colin hatte die Kugeln abgefangen, die sonst mich getroffen hätten. Ich hatte in dem mittlerweile zum Wrack abgebrannten Auto direkt hinter ihm gesessen. Er hatte nicht nur mich beschützt, sondern auch unser ungeborenes Kind.

Während der ganzen Fahrt betete ich ununterbrochen. Ich weiß, dass Colin es hörte. Ich sagte ihm gute Dinge für seine Zukunft zu: »Du wirst nicht sterben, du wirst leben, um der Welt von Gottes Schönheit zu berichten«, oder: »Unsere Leben sind sicher. Sogar jetzt sind wir geborgen in Christus.« Ich sagte ihm, wie sehr ich ihn liebte und wie stolz ich auf ihn war. Wie ich fühlen konnte, dass Gott uns und das heranwachsende Leben in meinem Bauch beschützte. Ich war in der vierzehnten Schwangerschaftswoche. Trotz allem, was wir erlebt hatten, dem Schock und meiner abenteuerlichen Fahrt durch Nacht und Nebel war mein Geist ruhig. Und ich konnte sehen, dass es Colin ebenso ging. Uns umgab ein wunderbarer Friede. Wir hielten die ganze Zeit Augenkontakt. Wir fühlten uns, als würden wir miteinander sprechen, allein mit unseren Blicken. Es schien, als könnte ich Colin auf diese Weise etwas von meiner Lebensenergie übertragen. Die Verbindung zwischen uns ließ ihn die Fahrt überstehen, obwohl die ständigen Stöße und das Wackeln des Autos seine

Verletzungen sicherlich noch schlimmer machten. Wir saßen dort auf der Ladefläche des Autos, durchnässt von Schweiß und Blut. Es war kalt, es war dunkel, meine Glieder verkrampften sich immer öfter. Aber wir dachten beide nur an eines: Überleben. Innerlich zitierte ich Bibelstellen. Ich hörte Colins Stimme im Geist aus dem Hebräerbrief vorlesen:

> Durch den Glauben haben sie Königreiche bezwungen, mit Gerechtigkeit regiert und bekommen, was Gott ihnen versprochen hatte. Sie verschlossen Löwen das Maul, löschten Feuerflammen und entkamen der tödlichen Klinge des Schwertes. Ihre Schwäche wurde in Stärke verwandelt. Sie wurden stark im Kampf und schlugen ganze Armeen in die Flucht.
>
> *Hebräer 11,33-34*

Ich erinnerte mich an den Traum, von dem Colin mir am Morgen berichtet hatte. Die scheinbar zu schwere Berufung von Gott, die er dennoch annehmen würde. Und ich erinnerte mich an meinen eigenen Traum, in dem ich allein mit meinem Kind in der Kälte gestanden hatte. Das Baby und ich wurden durch einen warmen Felsen gerettet. Colin war nicht da.

Hatte Gott in diesen beiden Träumen zu uns gesprochen? Würde mein Mann, mein Beschützer, mein Freund und Helfer etwa an seinen Verletzungen sterben? Nein! Ich schob alle negativen Gedanken fort. Colin würde leben. Ich war mir sicher. Doch dann hörte ich wieder seine Stimme in meinem Kopf, die weiter aus dem Hebräerbrief zitierte:

Frauen erhielten ihre geliebten Angehörigen aus dem Tod zurück. Doch andere vertrauten Gott und wurden gefoltert, weil sie lieber starben, als sich von Gott abzuwenden und freizukommen. Sie setzten ihre Hoffnung auf die Auferstehung zu einem besseren Leben.

Hebräer 11,35

Ich hielt mich an die Zusage, dass Verstorbene wieder lebendig würden, und ignorierte den Rest. Mir kamen Colins Worte in den Sinn, mit denen er mich gewonnen hatte: »Kein Preis ist zu hoch.« Ihm war wirklich kein Preis zu hoch gewesen. Nicht einmal sein eigenes Leben.

Nach einer Ewigkeit sahen wir endlich Licht: die Straßenlaternen von Yei. Mein Herz schlug schneller. Colin hatte es bis hierher geschafft. Alles würde gut werden. Das Krankenhaus war nicht mehr weit. Da bogen wir auch schon in den Hof der Rettungsstation ein. So sanft wie möglich trugen wir Colin in das Gebäude und legten ihn auf den Boden. Schon waren Krankenschwestern da, die der Anblick des Bluts und der schweren Verletzungen allerdings sehr verunsicherte. Es schien, als wüssten sie nicht, was sie mit diesem sterbenden Mann anfangen sollten. Das Krankenhaus war hoffnungslos überfüllt. Sie legten Colin in ein Bett und schoben ihn in einen Raum, der mit Patienten gefüllt war. Als ich nach einem Arzt fragte, sagten sie mir, er sei nicht im Dienst. Immerhin hatten sie ihn bereits verständigt. Colin bekam eine Infusion, Monitore zur Überwachung gab es nicht. Als ich sah, wie er vor Kälte zitterte, suchte ich ihm Decken, aber ich ließ ihn nie aus den Augen.

Einige wurden verspottet und ausgepeitscht, wieder andere wurden im Gefängnis angekettet. Manche starben durch Steinigung, andere wurden zersägt, wieder andere mit dem Schwert getötet. Einige gingen in Schaf- oder Ziegenfellen umher, litten Hunger und wurden unterdrückt oder misshandelt. Sie, die zu gut für diese Welt waren, zogen durch Wüsten und über Gebirge und suchten Zuflucht in Höhlen und Erdlöchern.

Hebräer 11,36-38

Ich hörte weiter die Worte aus dem Hebräerbrief in meinem Kopf widerhallen. Es war Colins liebstes Buch der Bibel. So warteten wir auf Hilfe und währenddessen war es, als würden wir uns gegenseitig die Bibel vorlesen, nur durch die Kraft unserer Blicke und unserer Verbindung miteinander.

Ich bin mir heute nicht mehr sicher, ob der Arzt sich wirklich verspätete. Aber die Zeit bis zu seiner Ankunft erschien mir wie eine Ewigkeit, als drehe sich die Welt in Zeitlupe. Um uns herum waren Dutzende andere Patienten. Alle warteten auf Behandlung, doch keiner war so schwer verletzt wie Colin. Immerhin nutzte Pastor Allen, mit dem ich hergekommen war, die Zeit, um unsere Freunde in Yei zu kontaktieren. Schon bald war ich nicht mehr allein im Krankenhaus.

Als der Arzt endlich erschien, machten sich die Schwestern daran, Blutspender für Colin zu finden. Krankenhäuser in Afrika südlich der Sahara verwenden keine Blutkonserven. Wenn jemand eine Transfusion braucht, müssen Verwandte und Freunde direkt spenden. Zum Glück waren unsere Bekannten bereits da. Sie gehörten zu dem Team, das unser Seminar hätte durchführen sollen. Manche von ihnen hatten tatsächlich dieselbe Blutgruppe wie Colin. Ich saß an seinem Bett, als sie damit begannen, den schweren Blutverlust auszugleichen. Schläuche füllten sich mit roter Flüssigkeit. Hoffnung machte sich breit. Ich hielt Colins Hand, sah ihm in die Augen und hörte wieder seine Stimme:

> Einige wurden verspottet und ausgepeitscht, wieder andere wurden im Gefängnis angekettet. Manche starben durch Steinigung, andere wurden zersägt, wieder andere mit dem Schwert getötet. Einige gingen in Schaf- oder Ziegenfellen umher, litten Hunger und wurden unterdrückt oder misshandelt. Sie, die zu gut für diese Welt waren ...

Plötzlich unterbrach er den Blickkontakt. Seine Augen wanderten im Raum umher, als habe er eine andere Stimme gehört. Dann begann er, mit den Armen und den Händen zu winken. Er gestikulierte wild, offenbar in Panik.

»Papier und Stift!«, rief ich. »Schnell!« Beides wurde uns sofort gereicht und Colin krickelte rasch einige Worte auf die weiße Seite: »Meine Brust ist voll, ich kann nicht atmen.«

In diesem Moment betrat der Arzt den Raum, er ahnte noch nicht, was sich hier abspielte. Ich fuhr ihn an: »Bitte, tun Sie etwas!«, da schoben die Krankenschwestern Colins Bett schon in Richtung OP. Sie mussten das Blut irgendwie aus seiner Lunge bekommen. Dazu wollten sie schnell operieren, aber es fehlte das richtige OP-Besteck. Der Arzt tat sein Bestes. Ich stand direkt neben ihm und beobachtete, wie sein Team verzweifelt um Colin herumwuselte. Niemals musste ich von seiner Seite weichen. So etwas war wohl nur in Afrika möglich.

Der Arzt rief Anweisungen durch den Raum, und wenn ich richtig sah, versuchten sie sogar, einen Katheter zu benutzen, um Colin das Atmen zu erleichtern. Solche kleinen Röhrchen sind eigentlich dazu da, Magen, Darm oder Harnblase zu entleeren. Nichts funktionierte. Und plötzlich hörte Colin auf zu atmen. Er sah mich noch immer an, doch seine Brust hob sich nicht mehr. Sein Herz hatte aufgehört zu schlagen.

Frauen erhielten ihre geliebten Angehörigen aus dem Tod zurück.

Ich hörte die Worte wieder und wieder in meinem Kopf. Ich wollte schreien, weinen, um mich schlagen, Gott dazu zwingen, Colin wieder lebendig zu machen. Aber nichts geschah. Mein Mann war gegangen. Der Kampf war vorbei. In diesem Moment wäre ich am liebsten ebenfalls gestorben. Ich interessierte mich nicht für mich, nicht für mein Baby, nicht für meine Familie, nicht für meine Berufung. Da auf dem Bett lag mein Leben und es war zerstört. Ich schloss die Augen.

In der nächsten Sekunde hatte ich eine Vision. Es war, als hätte Gott mir das Herz geöffnet. Durch all die Tränen hindurch blickte ich mit meinen übermüdeten Augen in eine Welt, die nichts mit unserer Realität zu tun hatte. Ich sah Lichter in allen Farben, Freude und Jubel erfüllten die Luft, sodass sie sich wie elektrisch aufgeladen anfühlte. Nein, Colin hatte den Kampf nicht verloren. Er hatte gesiegt. Ich konnte ihn nicht retten. Aber Gott hatte ihm ein neues Leben geschenkt. Ich sah meinen Mann, von Licht umgeben, wie er durch die Reihen der Heiligen und der Engel schritt. Sein Körper war nicht länger blutüberströmt. Er war nicht mehr 57 Jahre alt. Gott hatte ihm einen jungen Körper geschenkt. Colin lachte, so wie er immer gelacht hatte, als wir miteinander Witze gemacht und uns gegenseitig geneckt hatten. Er war glücklich. Ich sah direkt vor mir, wie die ganze himmlische Welt diesen Märtyrer – denn das war er nun – dafür feierte, dass er seine Mission erfüllt hatte. Gott hatte ihm einen Auftrag gegeben und Colin hatte Wort gehalten, so wie er es am Morgen dieses Tages bereits im Traum gesehen hatte. Jesus schloss ihn in die Arme.

»Willkommen, du treuer Diener. Nun komm zur Ruhe«, hörte ich ihn sagen.

Ich öffnete die Augen und sah wieder all das Blut, die Krankenschwestern, einen toten Körper. Doch all das war nur zum Teil real. Ja, Colin war gegangen. Aber der Himmel kam mir echter vor als all das Leid um mich herum, als der Schweiß, die Tränen, das unzureichende medizinische Instrumentarium, die überfüllten Räume des Krankenhauses irgendwo im Südsudan und die Dunkelheit vor ihren Türen. Gottes Reich war realer als Colins toter Körper, der dort vor mir lag. Und ich verstand: Das da war nicht mein Mann. Nicht mehr. Sein Körper war ein verlassenes Haus. Colin aber war lebendiger als je zuvor. Nicht mehr hier bei mir. Aber in Gottes Welt. Er war dort, wo er hingehörte.

Gott hatte den Vorhang zwischen meiner und seiner Welt für eine Sekunde gelüftet. Es war ein Geschenk an mich. Nicht um alles in der Welt hätte ich Colin aus seinem neuen himmlischen Zuhause zurück zu mir beordern wollen. Wie gut er es jetzt hatte! Viel besser als jemals in seinem menschlichen Leben.

Frauen erhielten ihre geliebten Angehörigen aus dem Tod zurück.

Ich erinnerte mich ein letztes Mal an die Worte, die ich noch vor wenigen Minuten als Zusage Gottes an Colin und mich verstanden hatte. Nein, selbst wenn Gott es möglich gemacht hätte – ich konnte meinem Geliebten seine Willkommensparty im Himmel nicht missgönnen. Er war sein Rennen gelaufen und hatte das Ziel erreicht. Nun durfte er zur Ruhe kommen.

Ich wollte nicht länger sterben. Ich würde leben und mein Rennen auch beenden, genauso wie er. Jesus würde auch mich für immer in die Arme schließen. Einmal mehr ließ ich los. Bitterkeit, Sünde und Ungnade fielen von mir ab. Im Gedenken an Colin würde ich meinen Kampf kämpfen, um am Ende gemeinsam mit ihm in die Ewigkeit zu gehen. Stärker als je zuvor glaubte ich daran.

Ich betrachtete Colins toten Körper, nahm einmal mehr seine Hand und sagte: »Colin, mein Geliebter, wenn du möchtest, komm in Jesu Namen zu mir zurück. Doch wenn du das nicht möchtest, dann entlasse ich dich in die Arme Jesu, denn ich liebe dich.« Colin entschied sich für das Paradies, wie hätte ich es ihm verübeln können?

Als ich ihn dort liegen sah, erinnerte ich mich plötzlich an das Mädchen, das meine Handtasche aus unserem Wagen genommen hatte. Dieses Kind, das dazu gezwungen wurde, eine Soldatin zu sein. An ihre tieftraurigen Augen. Die schmalen Schultern, die alles Leid der Welt zu tragen schienen. Ich vergab ihr einmal mehr. Dort im sudanesischen Krankenhaus, in diesem Inbegriff der Finsternis dieser Welt, erkannte ich: Gott hatte mich auf eine neue Mission geschickt. Es sollte eine lange Reise werden.

Es vergingen einige Tage, bis alle rechtlichen Fragen rund um Colins Tod geklärt waren. Ich wurde nach Kampala geflogen, wo die Ärzte mir absolute Bettruhe verordneten. Mein schwangerer Körper hatte schreckliche Traumata erlebt und mit ihm auch mein Kind. Der Muttermund hatte sich durch all den Stress geöffnet – es bestand die Gefahr einer Fehlgeburt. Ich hatte nicht nur meinen Mann verloren, auch mein Kind war nun in Gefahr.

Zugleich liefen die Vorbereitungen für Colins Trauerfeier. Zwei unserer Freundinnen und Mitarbeiter, Lilly und Stephanie, kümmerten sich um das Wichtigste. Der Gottesdienst sollte ebenfalls in Kampala stattfinden. Colin hatte dort einen Lieblingsort. Er nennt sich »Afrikanischer Gebetsberg aller Nationen«. Dorthin kommen bis heute Missionare aus aller Welt zum Gebet. Auch Colin und ich hatten hier oft Gottes Nähe gesucht. Der Ort war perfekt, um von Colin Abschied zu nehmen. Ein Hügel mitten in Afrika. Menschen, die uns bei unseren Reisen und in der Mission begleitet hatten, sollten ihm dort die letzte Ehre erweisen. Die Bermudas sind britisches Hoheitsgebiet, deshalb schickte die britische Botschaft sogar einen Diplomaten zur Gedenkfeier. Rabbi Lo nahm den Bus von Kampala, um dabei zu sein. Während des Gottesdienstes hörte man ihn immer wieder leise schluchzen: »Mein Vater! Mein Vater!«

Colin und ich hatten uns einst gegenseitig versichert, dass wir im Falle unseres Todes in der Mission auch in dem Land beerdigt werden wollten, in dem wir uns gerade aufhielten. Wir wussten um das Risiko des Missionarslebens. Doch Colins Familie und seine Kirche auf den Bermudas hatten andere Pläne. Sie wollten ihn nach Hause holen und auch den Menschen dort die Chance geben, von ihm Abschied zu nehmen. So kam es, dass ich Colins sterbliche Überreste auf die Bermudas begleitete. Colin wurde dort wie ein Staatsheld empfangen. Auf der kleinen Insel hatte er jeden gekannt. Seine Lebensgeschichte war bekannt. Sie alle wussten um sein neues Leben in Afrika. Es gab kaum jemanden in seiner Heimat, der wie er nach Afrika gegangen war, um anderen zu helfen. Ich habe die Hoffnung, dass die öffentliche Beisetzung auf den Bermudas viele andere inspirierte, es ihm gleichzutun.

Die Tage rund um die Beerdigung waren anstrengend und prall gefüllt. Ich traf seine beiden Söhne Zeivonne und Christopher und erzählte ihnen von ihrem Vater. Colin hatte sich so sehr danach gesehnt, sie wiederzusehen. Nun konnten sie sich nur noch von ihm verabschieden. Doch sie lernten auch ihre Halbschwester kennen – zumindest legten sie ihre Hand auf meinen immer runder werdenden Bauch. Ich verriet ihnen den Namen, den Colin und ich für sie ausgesucht hatten: Shekinah. Das Wort kommt aus der jüdischen Mystik und bedeutet so viel wie »die Gegenwart Gottes«.

Natürlich hatte ich in diesen Tagen keine Zeit, meine Gefühle zu sortieren. Ich erlebte die Beerdigung und all die Begegnungen ein wenig so, als stünde ich neben mir. Dabei war die Trauerfeier nahezu ein Staatsakt. Sie wurde im Fernsehen übertragen, so konnten auch all die Häftlinge, mit denen Colin so lange Zeit gearbeitet hatte, dabei sein. Ich erinnere mich daran, dass viele ihren Glauben an Jesus neu bekannten. Colin hätte das gefallen.

Doch irgendwann war auch dieser Trubel vorüber. Colin war beerdigt. Alle gingen nach Hause und lebten ihr Leben weiter. Nur ich nicht. Wegen meiner schwierigen Schwangerschaft sollte ich nicht reisen, am besten sogar die ganze Zeit liegen. Ich sehnte mich danach, meine Familie in Paraguay zu sehen und dort Trost zu finden. Aber auf Anraten der Ärzte würde ich mein Kind auf den Bermudas zur Welt bringen. Gott wusste wohl, warum. Blicke ich heute zurück, dann denke ich, Paraguay hätte mich wohl überfordert. Sicherlich hätte ich mich dort nicht an die Bettruhe gehalten. Ich wäre viel herumgefahren, hätte allerhand zu erledigen gehabt, Freunde und Familie getroffen und mir sicherlich keine Zeit genommen, um über meinen Verlust nachzudenken und ihn zu verarbeiten.

Auf den Bermudas aber war ich allein. Ich hatte kaum Vertraute und deshalb viel Zeit, um meiner Seele das Trauern zu erlauben. Ich musste leiden, um heil zu werden.

12. Shekinah

Ganz so ruhig wie erhofft war die Zeit auf der kleinen Insel mitten im Nordatlantik anfänglich aber leider doch nicht. Nach seinem Tod war Colin zu einem Volkshelden avanciert. Die Medien verfolgten mich regelrecht. Reporter wollten alles über den Überfall und die versuchte Rettung erfahren, hielten mir Mikrofone unter die Nase, Zeitungen baten mich um Interviews. Ich war versucht, Colin zu Ehren darüber zu sprechen. Doch immer dann, wenn ich mich den Fragen stellte oder versuchte, Gespräche über das traumatische Geschehen zu führen, bekam ich Wehen. Die Ärzte hatten recht gehabt: Ich musste das Bett hüten und Aufregung vermeiden. Colins Familie und Freunde sorgten deshalb dafür, dass ich eine Zeit lang untertauchen konnte. Sie ließen mich in ihren Häusern wohnen, beantworteten der Presse keine Fragen über mich und gaben keine Auskunft über meinen Aufenthaltsort. Ich hielt mich vor allem im Haus von Colins Schwester Sharon auf.

Währenddessen wurde mein Bauch dicker und dicker. Mein ganzes Leben lang war ich groß und schlaksig gewesen. Nun sah ich dabei zu, wie mein Körper sich veränderte und es ermöglichte, dass ein kleiner Mensch in ihm heranwuchs. Ich war erstaunt über dieses Wunder, das sich in mir abspielte. Auf keinen Fall wollte ich meine Shekinah gefährden, deshalb versuchte ich, strenge Bettruhe einzuhalten.

Mein Gefühlsleben war ein ständiges Auf und Ab zwischen dem Glück einer werdenden Mutter und dem Schmerz einer Witwe. Zuflucht bot mir die Musik, in Glück und Leid wandte ich mich ganz an Gott. An manchen Tagen spielte ich meine Gitarre sieben Stunden lang. Der Klangkörper ruhte auf meinem runden Bauch, während ich halb im Liegen, halb im Sitzen, über Gottes Größe sang, obwohl ich gerade das verloren hatte, was mir im Leben das Wichtigste war: meinen Mann.

Das mag seltsam klingen. Aber ich spürte in all der Zeit, dass Gott bei mir war. Hätte ich damals so getrauert wie andere das tun, deren Angehörige gestorben sind, hätte ich meine Tochter sicherlich verloren. Seelischer Stress war das Letzte, was ich in dieser Zeit brauchen konnte. Die Musik half mir, nicht zu verzweifeln. Meine Seele ruhte. Dass mich all meine Verzweiflung und die Wucht des Erlebten noch einmal einholen sollten, ahnte ich in diesen Tagen nicht. Stattdessen genoss ich die Aussicht auf ein neues Leben mit meiner kleinen Tochter.

Es war, als hätte Gott mich in einen Kokon aus dicker Watte gepackt. Meine Seele war geschützt und mit ihr mein Kind. Gott hielt zu mir in diesen schwierigen Tagen. Mein Zimmer war gefüllt mit meinen Gebeten. Ich sprach den ganzen Tag mit ihm. Ich hatte Fragen, sicherlich. Aber ich spürte auch: Es war nicht die Zeit des Zweifelns. Ich konnte und wollte nicht klagen oder zornig sein. Stattdessen dankte ich Gott dafür, dass ich überlebt hatte und Shekinahs kleines Herz weiterschlug. Ich traf diese Entscheidung bewusst. Die Trauer und die Fragen musste ich vertagen. Tatsächlich fühlte es sich für mich so an, als säße Jesus neben mir auf der Bettkante. Er hielt mich und sorgte zugleich dafür, dass meine Seele sich langsam darauf vorbereiten konnte, denen zu vergeben, die mir dieses Leid zugefügt hatten. Schließlich würde ich denselben Weg der Trauma-Heilung gehen müssen, den ich Hunderten Missionaren und Kriegsopfern zuvor gewiesen hatte.

In der Abgeschiedenheit und Ruhe verbrachte ich viel Zeit damit, über Colins Leben nachzudenken. Ich erinnerte mich daran, wie er gestrahlt hatte – in so vielen unterschiedlichen Farben, dass ich womöglich gar nicht genug Zeit gehabt hatte, um sie alle zu erkennen.

Ich erinnerte mich an seine Großzügigkeit und Geduld. Daran, wie besonders ich mich gefühlt hatte, weil ich seine Frau sein durfte. So oft hatte ich ihn mit meiner Naivität zum Schmunzeln gebracht. Mit einem verschmitzten Lächeln im Gesicht sagte er dann: »Du bist schon was Besonderes«, und amüsierte sich über meine Unschuld.

Ich erinnerte mich an all das, was ich auf dieser Straße nach Yei im Südsudan verloren hatte. Und so begann ich langsam und sanft, um Colin zu trauern.

Ich trauerte an der Stelle meines Babys, das seinen Vater nie kennenlernen würde.

Ich trauerte an der Stelle der Drogensüchtigen und Gefängnisinsassen, die ihren Mentor verloren hatten.

Ich trauerte an der Stelle seiner Freunde, die nie wieder Colins tiefes Lachen hören würden und nie wieder bis tief in die Nacht hinein mit ihm diskutieren und Erfahrungen austauschen konnten.

Ich trauerte an der Stelle der Waisenjungen, die er immer so liebevoll begleitet hatte.

Ich trauerte für mich und Shekinah, weil sie nie die liebende Umarmung eines Vaters erleben würde und ich nie wieder die meines Mannes.

In jenen Tagen war es neben Colins Schwester Gaylhia vor allem meine Hebamme Rita, die mich begleitete, auf die ich mich stützte und die mir nicht nur in meiner Trauer, sondern auch mit meiner Schwangerschaft half. Sie stammte von den Bermudas. Ursprünglich hatten Colin und ich sie nach Äthiopien holen wollen, denn da hatten wir Shekinahs Geburt geplant. Nun war alles anders gekommen und sie blieb mit mir auf der Insel. Alles, was ich zur Geburtsvorbereitung wissen musste, lernte ich von ihr. Sie half mir, meinen Körper besser zu verstehen und gut mit ihm umzugehen. Eine Geburt ist strapaziös, der Körper tut Dinge, die sich jeder Kontrolle entziehen – und Kontrollverlust zuzulassen war noch nie meine Stärke. Mit Ritas Hilfe aber würde ich alles gut überstehen.

Ihr Ehemann Gavin brachte mir regelmäßig frisches Obst und Gemüse aus seinem Garten. Ich war in den Monaten meiner Schwangerschaft völlig verrückt nach Tomaten. Ich denke, ich habe rund ein halbes Kilo davon täglich gegessen. Mein zweitliebstes Nahrungsmittel waren rote Beeren. Auch damit versorgten die beiden mich liebevoll. Zugleich sprudelten sie über vor Lebenslust und -freude. Ich suchte ihre Nähe und spürte, wie gut mir die Gelassenheit tat, die sie ausstrahlten. Shekinah ging es in meinem Bauch sicherlich genauso.

Bei einer Untersuchung in der 36. Schwangerschaftswoche stellte der Arzt fest, dass meine Tochter mit dem Po voran in meinem Bauch lag. In dieser Steißlage würde ich sie nicht auf die Welt bringen können, also empfahl er mir einen Kaiserschnitt, falls sie sich nicht mehr drehte. Am dritten Mai, nur wenige Wochen später, sollte es so weit sein.

Meine Familie hatte meine Schwester Marilyn auf die Bermudas geschickt, um mir bei der Geburt und mit dem Baby beizustehen. Sie ist neun Jahre jünger als ich und sah mir damals sehr ähnlich. Wir sind beide groß und dünn und trugen unsere langen blonden Haare damals mit Pony und Seitenscheitel. Sie wollte sieben Wochen bei mir bleiben.

Ich war glücklich. Endlich war auch jemand von meinen Leuten bei mir! Ich mochte Colins Familie und Freunde, aber ich sehnte mich auch nach einer Vertrauten.

Als wir an diesem dritten Mai ins Krankenhaus fuhren, weinte meine Schwester während der ganzen Fahrt. Sie war so überwältigt von der Situation und freute sich zugleich auf das Baby. Ich hingegen dachte nicht im Traum daran, eine weitere Träne zu verschwenden. Ich hatte genug geweint, nun war die Zeit des Feierns gekommen. Meine Seele sehnte sich nach etwas Schönem, und so konnte ich es nicht erwarten, Shekinah in den Armen zu halten.

Als die Schwestern mich schließlich in den OP schoben, grüßte ich den Doktor mit einer völlig überdrehten Stimme, so fröhlich und aufgeregt war ich. Dann betäubten sie mich von der Brust abwärts. Ich konnte alles hören, was um mich herum geschah, aber der Schmerz der Geburt blieb mir erspart. Rita war ausgebildete Krankenschwester und konnte deshalb während der Operation bei mir bleiben. Da auch ich einst in diesem Beruf tätig gewesen war, hielt sich meine Angst in Grenzen.

Nur wenige Minuten später hörte ich den Arzt sagen: »Es ist ein Mädchen!« Im nächsten Moment erklangen Shekinahs feine Schreie. Ich liebte ihre Babystimme in diesem Moment und für immer, auch wenn mich ihr schriller Protest in den kommenden Monaten fast meine Nerven kosten würde. Als Rita das Kind vorsichtig in meine Arme legte, war ich überwältigt. Ich war dankbar für ihr und mein Leben. Der Kampf war vorbei. Die Liebe hatte gesiegt. »Shekinah«, flüsterte ich.

Sie war nicht einmal drei Kilogramm schwer, sehr klein, mit einem leichten schwarzen Flaum auf dem zarten Kopf. Shekinahs Haut war damals hell, ihre Augen tiefbraun. Ich legte sie auf meine Brust und barg ihre Stirn in der Kuhle zwischen meinem Kinn und dem Schlüsselbein. Ich hätte sie stundenlang betrachten können, die kleinen Augen, ihre Zunge, die sie immer wieder aus dem Mund streckte, bis sie schließlich an meiner Brust trank. »Ich will für den Rest meines Lebens deine Mutter sein. Ich bin für dich da«, raunte ich ihr zu.

Für eine paar Minuten nahmen die Krankenschwestern mir Shekinah ab, sie musste gewaschen und gewogen werden. Doch ab dem Moment, wo sie wieder bei mir war, ließ ich sie nicht mehr los. Vom ersten Tag an, bis sie zu schwer wurde, schlief sie nur auf meiner Brust. Ich blieb einige Tage im Krankenhaus und dann noch eine kurze Zeit in Sharons Heim. Fünf Wochen nach Shekinahs Geburt brachen wir auf. Es war Zeit, dass sie die andere Seite ihrer Familie kennenlernte.

Meine Schwester Marilyn war bis zu diesem Tag bei uns gewesen und nun begleitete sie mich nach Hause. Ich war schon so oft um die halbe Welt und zurück geflogen. Doch dieses Mal trug ich nicht mehr nur Verantwortung für mich und mein verrücktes Leben, sondern auch für das eines kleinen Babys, das kaum mehr konnte als schreien, trinken und seine Windel füllen. Wie anders doch alles geworden war. Schöner, lauter, ermüdender, unkontrollierbarer und wilder. »Dieses neue Leben hätte gut zu Colin gepasst«, dachte ich mit Wehmut.

Meine Eltern schlossen Shekinah in ihre Arme und ihr Herz, wie es nur Omas und Opas können. Sie gehörte zu mir, ich gehörte zu ihnen, und wir alle waren eins. Dieses Mal war der Empfang in der Gemeinschaft der Mennoniten herzlicher. Die Menschen in Fernheim lullten uns ein mit ihren alten deutschen Kinderliedern und Gedichten, drückten und knuddelten Shekinah und nahmen mich in ihre Mitte auf. Ich kann das nur als liebevoll beschreiben. Bei allem Zwist waren die Mennoniten nie bösartig gewesen. Besorgt und warnend, verbissen vielleicht, und zwar so sehr, dass sie mich damit ausgrenzten. Aber nie ohne Liebe. Shekinah sank ein in diese Menge von Onkeln und Tanten, Cousins und Cousinen, Großeltern und engen Freunden.

Es erschien mir so, als hätte meine alte Gemeinschaft erst mit Colins Tod verstanden, was unsere Beziehung eigentlich war – eine Verbindung aus Liebe, aber auch mit dem Ziel, Gott zu dienen. Als sie Monate zuvor von dem Überfall auf unser Auto und der schrecklichen Nacht in Yei erfahren hatten, waren sie erschüttert gewesen, sogar diejenigen, die mich so vehement vor Colin gewarnt hatten. Vielleicht änderte sein Tod als Märtyrer ihre Sicht auf meinen Mann. Vielleicht fühlten sie sich überführt. Ich weiß es nicht. Auf jeden Fall veranstalteten sie nach dessen Tod einen Trauergottesdienst in Paraguay. »Wir mussten einfach Abschied nehmen«, erklärte mir meine Familie später. Diejenigen, die an diesem Tag am meisten trauerten, waren wohl jene Neffen und Nichten, die Colin so sehr ins Herz geschlossen hatte, als er mit mir in meiner Heimat gewesen war. Vier Kinder standen dort vor Colins Foto und hörten, dass er nie wieder Schabernack mit ihnen treiben würde, sie nie wieder in den Arm nehmen und durchkitzeln konnte. Zehn Jahre später unterhielt ich mich mit einem von ihnen. Als fast erwachsener Mann erklärte er mir, wie tief ihn diese Begegnung mit Leid und Verlust damals bewegt, ja sogar traumatisiert hatte.

Als ich nach Shekinahs Geburt in meiner alten Heimat ankam, waren immer noch alle in Trauer. Das Dorf, in dem meine Eltern damals wohnten und in dem auch ich unterkam, bestand aus zwölf Bauernhöfen. Jeder dort wusste genau, was passiert war. Die Frauen, Männer und Kinder schlossen mich in die Arme, sprachen mir ihr Beileid aus, brachten mir Geschenke oder versuchten, mich auf andere Weise zu trösten. Nach allem, was passiert war, berührte das wirklich mein Herz.

Ich wählte das kleine Dorf meiner Eltern bewusst als Aufenthaltsort für die ersten acht Monate. Ich hätte in die Stadt gehen können, auch dort hatte ich Freunde. Aber ich wollte in dieser schweren Zeit so wenige Menschen wie möglich um mich haben und so wenig wie möglich in Aktivitäten eingespannt sein. Ich hatte den Eindruck, dass meine Familie es mir ermöglichen würde, Ruhe zu finden – und so kam es auch.

Meine alte Gemeinschaft ließ uns zum Übergang in einem kleinen Haus auf dem Gelände der örtlichen Kirche wohnen, gleich gegenüber von meinem Elternhaus, doch schon bald sollten Shekinah und ich unsere eigenen vier Wände haben. Colins Gemeinde und Freunde auf den Bermudas hatten 30 000 Dollar gespendet, um mir einen Hauskauf zu ermöglichen. Mein Vater legte noch etwas drauf, und da Häuser in Paraguay nicht teuer sind, konnte ich mir ein Haus mitten in Filadelfia, der Hauptstadt unseres Regierungsbezirks, leisten. Es war umwerfend. Ich hatte plötzlich ein riesiges Wohnzimmer, mehrere Schlafzimmer und eine eigene Badewanne. Shekinah und ich liebten es, im Wasser zu planschen.

So wurden mein Kind und ich nach und nach Teil des ganz gewöhnlichen mennonitischen Lebens in Paraguay. Für mich war es eine Reise in die Vergangenheit, für Shekinah die Entdeckung einer neuen Welt. Eine der ersten Traditionen, mit der ich meine Tochter bekannt machte, war das Frühlingsfest der Gemeinschaft.

Die Frauen bereiten dafür jedes Jahr frittierte saure Gurken, frittierten Kohl und frittierte Bohnen zu – wir frittierten einfach alles, Hauptsache, es schmeckte gut! Ein paar Familien brachten literweise frisch gepressten Orangen- und Zitronensaft mit. Die Männer hatten die Aufsicht über das Barbecue und servierten ihr gegrilltes Fleisch am Ende mit gekochtem Maniok. Zum Nachtisch gab es Obstsalat. Vor der gemeinsamen Mahlzeit sprachen wir ein traditionelles deutsches Gebet: »Segne uns, Vater, diese Speise, uns zur Kraft und dir zum Preise!«

Außer dem leckeren Essen gab es auch zahlreiche Sportangebote. Die Gemeinschaft baute Spiele auf, wer mochte, konnte sich im Bogenschießen üben. Am Nachmittag packten die Musiker ihre Instrumente aus und alle sangen dort im Freien zwischen den alten Bäumen und in der kargen Landschaft des Chaco gemeinsam alte mennonitische Lieder.

In diesen Tagen kam ich auch zum ersten Mal seit einer Ewigkeit dazu, eines unserer Familienpicknicks zu besuchen. Immer am Sonntagnachmittag schnappten sich Verwandte Tüten und Taschen, packten Silberbesteck, Tassen, Teller, Obst und Fleisch ein und beluden ihre Autos damit. Dann fuhren sie raus auf die Weiden. Das ist der beste Ort für leckeres Essen, Trinken und Zusammensein mitten in der Natur – und für jede Menge kindischen Spaß. Auf diesen Feldern hoben die Farmer regelmäßig Vertiefungen aus, um Regenwasser für das Vieh zum Trinken aufzufangen. Sie waren in der Regel um die zehn Meter breit, so tief, dass man darin versinken konnte, und voller braunem Wasser und Schlamm. Klar ist: Jedes Kind auf der Welt liebt Matschpfützen. Mennoniten sind da keine Ausnahme – und die Erwachsenen lieben sie ebenso. Mein ältester Bruder Ernst war der Meister der Tajamare, wie die Schlammlöcher auf Spanisch heißen. Er machte sich einen Spaß daraus, ein Seil von einem Ende des Loches zum anderen zu spannen und es dadurch zu ermöglichen, dass sich Kinder und mutige Erwachsene bis zur Mitte hangeln und mit einem lauten Platscher in den Schlamm fallen lassen konnten. Was für eine herrliche Sauerei!

Doch meine Brüder haben auch Eigenschaften, die dem leiblichen Wohl dienen. Sie sind vermutlich die besten Grillmeister der Welt. Sie waren es, die bei solchen Treffen Feuer machten und das Fleisch darüber garten. Wenn ich nur noch ein Gericht auf dieser Welt essen könnte, es wäre sicher ihr Guiso, ein paraguayischer Eintopf mit Reis und Fleisch. Ich liebe aber auch das Grillfleisch. Wenn ich daran denke, wie ich diese Tage meiner Kindheit nun mit meinem eigenen Kind in den Armen wieder erleben durfte, dann schmecke ich den saftigen und leicht eisernen Geschmack des Fleisches auf meiner Zunge, rieche den Rauch des Feuers und fühle die kalte Schwere des Schlamms an Händen und Füßen.

Ernst besitzt eine Farm, die der ähnelt, auf der ich aufgewachsen bin. An einem dieser Familien-Picknick-Nachmittage nahm er mich und Shekinah mit auf eine Sightseeingtour quer über seine vierhundert Hektar großen Felder, auf denen Dutzende Milchkühe weideten. Mir gefiel es, auf der Ladefläche des Pick-ups durch die heiße, sandige Luft zu fahren. Ich erinnerte mich an unsere Kindheit, in der wir Seite an Seite über die Felder gerannt, Bäume hinaufgeklettert und über Zäune gesprungen waren. Seit diesen Tagen war aus dem Jungen mit den zotteligen Haaren ein respektabler Vater dreier Kinder geworden. Seine Frau zeigte mir den großen Garten ihres Wohngrundstücks, wo sie Melonen, Kürbisse, Rote Bete und Radieschen anbauten.

In Fernheim wartete ein weiteres Familienmitglied auf mich, dem ich mich in all den Jahren meiner Reisen viel zu wenig gewidmet hatte: meine Mutter. Wir unternahmen gemeinsam lange Fahrradtouren. Am Nachmittag saßen wir oft in der Küche, unterhielten uns stundenlang über die Bücher, die sie gerade las, und die wohltätige Arbeit, die sie tat, und genossen dabei Tereré, den eiskalten Matetee, den wir durch ein Siebröhrchen aus Kuhhörnern tranken.

Vater und ich waren uns so nah wie eh und je. Er sprach noch immer nicht viel, aber wir genossen es, Seite an Seite in der Erde seines Gemüsegartens zu wühlen und uns um die Pflanzen zu kümmern.

Mein Bruder Korny plante gerade, seiner Freundin einen Heiratsantrag zu machen. Ich unterhielt mich gern mit ihm über seine Beziehung und seine Pläne für die Zukunft. Gelegentlich kamen dabei die Gedanken an Colin hoch. Das machte mich traurig, aber es half mir auch, meine Erfahrungen mit Korny zu teilen. Schon in diesen Tagen wurde mir klar, welch ein Schatz die dreizehn Monate mit meinem Mann gewesen waren und wie viele Weisheiten ich daraus für mein Leben gewonnen hatte. Kornys Freundin sagte übrigens Ja.

Ich besuchte auch seinen Elektroladen. Tatsächlich war aus dem Projekt, das er gemeinsam mit einem Freund aufgebaut hatte und führte, so etwas wie ein kleines Seelsorgezentrum für Schrauber geworden. Es gab dort einen Raum für private Gespräche, in dem er seinen Gästen zuhörte, während er an alten Radios herumbastelte oder Drähte zusammenlötete.

Meine Schwestern waren in meiner Afrika-Zeit unglaublich erwachsen geworden. Marilyn, Erika, Rosalyn und ich standen oft stundenlang in der Küche zusammen, plapperten und plapperten, und kümmerten uns währenddessen um Kuchen und Abendessen.

Ich war mit Haut und Haaren wieder in meiner Heimat angekommen. Einer aber fehlte, und in dunklen Momenten und an schummrigen Abenden zerriss mir das fast mein Herz.

13. Kind ohne Vater

Auch wenn ich die Zeit mit meiner Familie genoss, drehte sich mein Leben eigentlich die ganze Zeit um Shekinah. Vom ersten Tag an schlief sie schlecht. Junge Eltern kennen es, dass Babys alle drei bis vier Stunden wach werden, manche sogar alle zwei. Shekinah schloss die Augen niemals länger als eine halbe Stunde, auch nachts nicht. Plötzlich verstand ich, was für ein Luxus ununterbrochener Schlaf ist. Wer über Tage und Wochen nicht richtig ausruhen kann, ist irgendwann nicht mehr Herr seiner selbst. An manchen Tagen hatte ich das Gefühl, alles drehte sich. Mir war schwindelig, ich konnte keine klaren Gedanken fassen. Alles, was zählte, war dieses kleine, aufmerksame und oft schreiende Wesen in meinem Arm. Ich bewegte mich wie im Nebel – und doch liebte ich es, eine Mutter zu sein.

Einige Monate nach Shekinahs Geburt begann ich, mich der Öffentlichkeit zu stellen. Schon lange hatte die Presse nach Colins und meiner Geschichte verlangt, nun wollte ich sie erzählen. Ich traf mich mit Redakteuren und gab einige Interviews, die in der Zeitung und sogar im Fernsehen erschienen.

Nach und nach entwickelten meine Tochter und ich kleine Routinen. Sie schlief halbwegs regelmäßig, wenn auch kurz, sodass ich kurze Auszeiten einplanen konnte. Das Leben stabilisierte sich. Wir wurden trotz aller Herausforderungen eine echte kleine Familie und fanden ein spirituelles Zuhause in der christlichen Gemeinde, die ich als junge Frau mit anderen ins Leben gerufen hatte. Die Welt pulsierte um mich herum und alles schien wieder in normale Bahnen zu kommen.

Jeden Morgen, wenn ich erwachte, wurde mir neu bewusst, welches Geschenk es war, dass wir noch lebten. Gott hatte uns den Angriff auf unseren Wagen im Südsudan überstehen lassen. Wir waren noch da, atmeten, lachten und weinten. Es gab Tage, an denen kamen die Tränen unvermittelt und plötzlich. Ich dachte an Colin und auf einmal war alles wieder da: Der Verlust und die Einsamkeit, ich fühlte mich verlassen, auch wenn ich tief in meinem Inneren wusste, dass ich es nicht war. Doch Shekinah und ich schafften es, nicht in der Trauer verloren zu gehen. Ein Jahr lang erlebte ich voll Freude mit, wie meine Tochter zuerst das Sitzen und dann das Krabbeln lernte. Ich war wie unter einem Schutzschirm geborgen, der mich davon abhielt zu verzweifeln. Doch mit Traumata ist es so eine Sache – die schlimmen Erlebnisse verschwinden nicht einfach. Sie kommen immer wieder nach oben, auch wenn man alles für überwunden hält.

Einige Tage vor Shekinahs erstem Geburtstag stand ich in der Küche und backte ihren Geburtstagskuchen, als mich die Wahrheit traf wie ein Schlag: Das Kind hat keinen Vater. Ich hielt mich am nächstbesten Stuhl fest und setzte mich langsam hin. Wie im Schock starrte ich auf die von Mehl und Zucker bedeckte Tischplatte, als die Wahrheit vollends in mein Hirn und mein Herz sickerte. Sie hat keinen Vater.

Natürlich war mir das auch vorher klar gewesen – so wie man weiß, welchen Weg man morgens zur Arbeit nimmt oder wo das Salz im Küchenschrank steht. Aber ich war zwölf Monate lang so beschäftigt mit Stillen, Wickeln, Schlaf nachholen und Spielen gewesen, dass ich keine Zeit gehabt hatte, diese Wahrheit an mich heranzulassen. Es war eine Tatsache und doch war sie mir in all der Zeit nie wirklich bewusst gewesen. Als Shekinah nun da auf dem Küchenboden saß und langsam Hände und Füße voreinander schob, um sich im Krabbeln zu üben, kleine Schnaufgeräusche von sich gab und ab und an unverständliche Worte brabbelte, da wurde mir meine Situation auf einmal richtig bewusst: Es würde keinen Vater geben, der sie in die Luft warf, küsste und kitzelte. Ich würde keinen Ehemann haben, der mit mir Fragen der Erziehung besprach und mir davon erzählte, was unser Kind heute Neues gelernt hatte.

Shekinahs erstes Wort war »Papa« gewesen. Als sie es vor Wochen zum ersten Mal gesagt hatte, versetzte mir das einen Stich ins Herz. Nun fragte ich mich: Was sollte ich ihr sagen, wenn sie irgendwann fragte, wo ihr Papa ist? Warum er nicht da war, um sie in die Luft zu werfen, zu küssen und zu kitzeln? Ganz langsam bekam ich eine Ahnung davon, was ein Leben ohne Colin wirklich bedeutete. Dass das Weiterleben, für das ich jeden Morgen so dankbar war, auch Schattenseiten hatte. Der Kuchenteig auf dem Küchentisch musste lange darauf warten, gebacken zu werden. Dieser Tag markierte für mich den Zeitpunkt, an dem das wahre Trauern begann. Ich stolperte einen finsteren Weg entlang, an dessen Ende eine Klippe kam – und fiel hinab.

Ab diesem Tag verweigerte Shekinah meine Milch. Sie wollte einfach nicht mehr an meiner Brust trinken. Ich spürte: Dieses Kind war nicht einfach eine weitere Version von mir. Shekinah war ein eigenständiges Wesen mit eigenen Gedanken und einem eigenen Willen. Und sie wurde älter. Wie nur würde ich es schaffen, diesen kleinen Wirbelwind ohne einen Vater, der mir dabei half, im Zaum zu halten? Brauchte sie Colin nicht mindestens so sehr wie ich?

Plötzlich wurde mir auch die Dramatik der Situation bewusst: Colin hatte drei Kinder. Zwei hatte er aufgrund seiner Lebensumstände nicht selbst großziehen können. Und in dem Moment, wo sein Leben in ordentlichen Bahnen verlief und er sich nach Nachwuchs sehnte, verlor er sein irdisches Leben. Er hatte sich nach Shekinah ausgestreckt und nun streckte sie sich nach ihm aus. Aber ihre Arme würden sich in dieser Welt nicht erreichen. Es kam mir schrecklich ungerecht vor.

Shekinah ist ihrem Vater wie aus dem Gesicht geschnitten. Sie hat seine tiefbraunen Augen, seine sanften Gesichtszüge, das dunkle Haar. Sie war schon als Kleinkind eitel, betrachtete sich gern im Spiegel und legte Wert auf hübsche Kleidung. Ohne dass sie ihren Vater je hatte kennenlernen können, fühlte sie sich besonders wohl bei Männern, die ihm äußerlich ähnelten.

Ich beobachtete all das und spürte, wie wütend es mich machte. Wie ungerecht und gemein erschien mir dieses vaterlose Leben für mein Kind. Ich klagte Gott dafür an. Ich hasste ihn dafür, forderte eine Erklärung, machte ihn verantwortlich, schimpfte und wütete.

Mir wurde klar, dass ich seit meiner Jugend immer darauf aus gewesen war, Gott zu verteidigen. Ich hatte das Gefühl, der Welt um mich herum beweisen zu müssen, dass Gott der war, der er zu sein vorgab. Dass er gut und gütig ist, liebevoll und echt. Dass er sein Wort hält und zu seinen Kindern steht. Ich wollte allen beweisen, dass Gott an meiner Seite war. Ich fühlte mich, als wollten mich alle anderen scheitern sehen, doch ich wollte ihnen zeigen, dass Gott mich beschützt und meinen Weg unterstützt. Und nun war ich zurück bei den Menschen, die mich damals so unter Druck gesetzt hatten. Als Witwe mit einem vaterlosen Kind. Ich hatte alles verloren. Wo war nun dieser wunderbare Gott, dem ich immer hatte dienen wollen? Hatte ich ihn falsch verstanden oder waren Colin und ich zu draufgängerisch gewesen? Waren meine Berufung und die Ehe ein Irrweg gewesen?

Plötzlich war all meine Sicherheit dahin. Ich hatte keine Antworten mehr, nur noch Fragen. Ich war nicht mehr in der Lage, Gott zu verteidigen und seine Wege als richtig anzusehen. Es war nichts mehr übrig von meiner Überzeugung. Ich trat von meinem Vertrag mit ihm zurück. Ich würde ihm nicht mehr folgen. Es gab keinen Grund mehr dafür. Unsere Gebete, all das Fasten, die Erwartungen und Träume, unsere Visionen und Offenbarungen von Gott – es schien, als wären das alles Lügen gewesen. Hatten wir uns in ihm getäuscht?

So oft war ich auf wundersame Weise bewahrt worden. Kugeln, die für meinen Körper bestimmt gewesen waren, trafen andere oder niemanden. Ich hatte meine Mission in Afrika bis vor einem Jahr gut und erfolgreich gelebt. Dann hatte mein Geliebter und der Vater meiner Tochter sein Leben bei einem sinnlosen Angriff von Kindern auf unser Auto verloren. Eine Frage ließ mich in den Wochen des Leidens nicht los: Warum?

Was tut man, wenn alles, wonach man sich sein Leben lang ausgestreckt hat, plötzlich verschwindet? Ich hatte alles verloren. Von der Hedi, die ich einst gewesen war, blieb nur eine jämmerliche verlorene Version übrig, die noch immer über die Straße nach Yei im Südsudan irrte und vergebens versuchte, das Leben ihrer großen Liebe zu retten. Und ihr eigenes. Bis zu diesem Tag hatte ich es nicht ein einziges Mal ausgesprochen. Die Wahrheit, dass Colin gestorben war: »Er ist tot.« Diese Worte waren mir nicht über die Lippen gekommen. Ich hatte es nicht sagen können, zu endgültig klang der Satz. Aber er war tot. Es war endgültig, grausam und hässlich. Unsere Träume waren tot. Und ein Teil von mir auch.

Ich dachte viel nach in diesen Tagen der Trauer. Ich blickte zurück auf die Nacht in Yei, sah das Krankenhaus wieder vor mir. Colins toten Körper und all das Blut. Alles, was ich besaß, trug ich bei mir. Blutüberströmte Kleidung und ein schon damals innerlich versehrtes Kind in meinem Bauch. Heldenhaft sah ich nicht aus. Keine Fanfaren ertönten, keine Flaggen wurden für mich geschwenkt. Colin trug keinen Märtyrer-Heiligenschein über seinem starren Gesicht. Alles, was mich an die gemeinsamen Zeiten auf Reisen erinnert hätte, die Fotos, meine Gitarre und sein Saxofon, Souvenirs und Hochzeitsbilder, unsere Computer mit all dem Lehrmaterial, das wir über Jahre entwickelt hatten, war weg. Verbrannt. Gestohlen. Zerstört. Nichts war übrig. Anstatt eines Pioniers war aus Colin eine Leiche geworden. Sein Leben war verwirkt und zur Sinnlosigkeit verdammt. Er war einen hässlichen, unnötigen, erniedrigenden Tod gestorben. Noch dazu in einem dreckigen Krankenhaus irgendwo im Nichts. Ein Sünder hätte einen solchen Tod vielleicht verdient, aber doch nicht ein Mann Gottes wie er.

Mein ganzes Leben lang hätte ich mich jederzeit freiwillig gemeldet, um als Märtyrerin für Gott in den Tod zu gehen. Ich war davon überzeugt, dass er mir das Leben geschenkt hatte, dass er ihm Sinn gab – und dass er deshalb auch das Recht hatte, es jederzeit zurückzufordern. Für mich wäre das in Ordnung gewesen. Meine Mission war zu diesem Zeitpunkt vielleicht schon erfüllt. Aber Colin? Er war neu in Afrika. Er hatte gerade erst angefangen, dieses Leben als Missionar zu entdecken. Er hatte noch so viel zu geben. Stattdessen musste er sich von einer Gruppe Kinder töten lassen, die nur darauf aus gewesen waren, unser Auto in Flammen zu setzen und sich genug für ein Abendessen aus unseren Habseligkeiten zusammenzustehlen.

Das sollte alles gewesen sein? Dafür hatte Colin in den Tod gehen müssen? Egal, wie ich es drehte – es passte nicht zusammen.

»Warum, Gott, warum?«, fragte ich wieder und wieder.

Da plötzlich veränderte sich Colins Gesicht vor meinem inneren Auge. Mehr und mehr ähnelte es dem Bild, das ich von Jesus hatte. Das Blut, das an seinen Schläfen hinabrann, die langen Haare und der Schweiß auf seiner Stirn. Seine mühsamen letzten Atemzüge und der Schmerz in seinen Augen. Dann der Tod, der Geruch von Endgültigkeit, die Angst im Raum. Ich konnte mir auf einmal vorstellen, wie die Jünger sich gefühlt haben mussten, als der Mann, dem sie ihr Leben gewidmet hatten, diesen grausamen Tod starb. Es war, als stünde ich mit ihnen vor seinem Kreuz.

All die Versprechen, die Voraussagen und die großen Erwartungen hingen dort blutend und ans Holz genagelt.

All die Versprechen, die Voraussagen und die großen Erwartungen lagen dort blutend auf dem Krankenhausbett in Yei.

Welchen Wert hat der Glaube, wenn Jesus tot ist? Welchen Wert hat er, wenn dein Mann stirbt?

Doch die Parallelen, die ich zwischen der biblischen Geschichte und meiner erkennen konnte, trösteten mich nicht, im Gegenteil. Sie machten es noch schmerzhafter. Genau wie die Jünger hatte ich alles aufgegeben, um Jesus zu folgen. Ich war nach Afrika gegangen, hatte mich für Ehelosigkeit entschieden, um meinen Dienst gut ausführen zu können, war Gott schließlich in eine Ehe gefolgt, an die niemand geglaubt hatte. Ich hatte in Kauf genommen, dass man mich verachtete, dass ich kein Heim und kein Gehalt hatte und dass meine Familie immer weit entfernt von mir war. Nachdem ich all das geopfert hatte, war es da zu viel verlangt, dass ich wenigstens den ersten Geburtstag meines Kindes gemeinsam mit meinem Mann und dessen Vater verbringen wollte? Wie war es möglich, dass Jesus mich so grausam und vor aller Augen verließ? Ich hasste nicht nur Gott. Ich hasste auch Colin dafür, dass er einfach gegangen war. Ich weinte, weinte, weinte. Um unsere Träume und die Liebe, die ich verloren hatte, und all das, was wir nie erleben sollten. Ich fühlte mich um mein Leben betrogen.

Vieles von dem, was mir durch den Kopf ging, sprach ich laut aus oder sagte es in meinem Geist zu Gott. Ich stand plötzlich in einer Finsternis, die ich nie gekannt hatte. Und ich war mir sicher, dass Gott mich dorthin nicht begleiten würde. Schließlich hatte ich ihn angeklagt, verurteilt und ihm ins Angesicht gesagt, dass ich ihn hasste. Niemand durfte so mit dem Schöpfer aller Dinge sprechen.

Doch dann sprach der Schöpfer aller Dinge zu mir.

»Wer bin ich?«, fragte er mich.

Ich antwortete, was ich mein ganzes Leben lang auf diese Frage geantwortet hatte, in meinen Ohren klang es wie auswendig gelernt: »Du bist der Löwe. Der Überwinder. Der große Gastgeber. Der, der die Schwachen und die Armen verteidigt. Der für die Wahrheit kämpft. Du bist der Herr des Universums. Du sprichst, und die Sonne erhebt sich bis zu dem Moment, wo du sie wieder untergehen lässt.«

Ich wollte hinzufügen: »Du bist der, der denen, die dich lieben, nur Gutes zuteilwerden lässt.« Doch die Worte kamen nicht über meine Lippen. Nicht mehr.

Als Antwort darauf zeigte er mir das Bild eines Opferlammes. Ich erinnerte mich daran, wie Gott sich selbst verletzbar gemacht hatte und zu diesem Wesen geworden war, dessen Lebenssinn es war, geschlachtet zu werden, damit andere frei von Sünde sein konnten. Gott hatte sich verletzbar gemacht, obwohl er alle Macht besaß. Er hätte diejenigen, die seinen Sohn verurteilten, manipulieren, die römischen Soldaten nur mit einem Wort töten oder Jesus einfach vom Kreuz hinabsteigen lassen können. Doch er tat all das nicht. Ich hätte Colin nicht retten können an diesem Abend in Yei. Gott aber hätte die Macht gehabt, Jesus zu schützen. Obwohl er ihn liebte, hatte er ihn schlachten lassen wie ein Lamm.

> Er wurde misshandelt und niedergedrückt und gab keinen Laut von sich. Wie ein Lamm, das zum Schlachten geführt wird, und wie ein Schaf vor seinem Scherer verstummt, so machte auch er den Mund nicht auf.
>
> *Jesaja 53,7*

Mir wurde klar: Der Gott, dem ich mein Leben lang gefolgt war, war nicht nur der laute Löwe von Juda. Immer hatte ich an den mächtigen, unbezwingbaren König geglaubt. Ihm hatte ich mein Leben gegeben.

Und Gott fragte mich noch einmal: »Wer bin ich?«

Ein sterbendes hilfloses Tier? Das sollte Gott sein? Er hatte es mir selbst gezeigt und doch konnte ich es nicht glauben. Zu tief war der Glaube meiner Kindheit in mir verwurzelt. Die Idee von einem Herrschergott, der König statt Opfer war. Stark und nicht schwach, erst recht nicht freiwillig. So weinte ich weiter jeden Tag. Stunde um Stunde, immer dann, wenn Shekinah schlief.

Manchmal fragte ich mich, ob ich möglicherweise einfach verrückt werden würde. Ich vergaß alles: Meine Telefonnummer, Bibelverse, die mich mein Leben lang begleitet hatten, Namen.

Doch eines Nachts geschah etwas. Ich war allein mit meinen Gedanken, meine Tochter träumte und machte dabei leichte

Glucksgeräusche. Da spürte ich, wie sich wärmende, schützende Arme um mich legten. Einfach so, ohne dass ich etwas dafür hätte tun können. Gott selbst nahm mich hier in meinem Zimmer in den Arm, das wusste ich sofort. Er sprach nicht zu mir, er ließ mich einfach nur fühlen, dass er da war. Unzerstörbar, mächtig und sanft zugleich. Meine Schultern wurden schwer vom Gewicht seiner Umarmung, zugleich fühlten sie sich warm an. Gott war mir so nah in diesem Moment, ich konnte ihn fast riechen. Ich wusste so sicher wie nie zuvor, dass er mich halten würde, egal was noch kommen sollte.

In all meinem Leid war mir diese wunderbare Liebe, die mich seit dem Tag meiner Bekehrung als junges Mädchen begleitet hatte, aus dem Blick gerutscht. Ich hatte vergessen, dass Liebe Gottes erstes Motiv ist. Dass mein Schimpfen und Klagen sie nicht auslöschen kann. Ob ich nun an ihn glaubte oder nicht: Gott liebte mich. Ich konnte nichts dagegen tun. Und plötzlich erinnerte ich mich an jenen Traum am Morgen unseres Aufbruchs in Äthiopien. Ich und das Baby, der warme Stein und Colins Abwesenheit. Gott war der Fels. Er war unverrückbar da. Er hatte gewusst, was kommen würde, und wollte mir schon damals seine Liebe versichern. Gott hatte mir diese Geschichte in wundervollen Bildern erzählt, damit ich mich daran erinnern würde, wenn das Leid und der Schmerz wegen Colins Tod zu stark werden sollten. Er war die ganze Zeit da gewesen. Damals im Kugelhagel. Hier in meiner Einsamkeit. Wenn Shekinah schrie und wenn ich vor Trauer am liebsten sterben wollte. Gott war an meiner Seite. Seine Arme lagen fest, schwer und sicher auf meinen Schultern. Er hielt mich und ich durfte meinen Kopf an seine Brust legen und ausruhen. Er war der starke Beschützer, den ich brauchte, und doch hatte er sich kleingemacht, um die Welt zu einem besseren Ort werden zu lassen. Wie Colin.

In diesem Moment änderte sich meine Beziehung zu Gott für immer. Das erste Mal in meinem Leben fühlte ich mich nicht mehr, als wäre ich auf einem Kreuzzug. Wo immer ich in den Jahren zuvor hingereist war, sogar in Paraguay, hatte ich es als meine Mission empfunden, Gott zu verteidigen. Ich wollte für ihn einstehen, beweisen, dass er groß und großartig war, unbesiegbar, stark und treu. Doch seien wir ehrlich: Braucht Gott wirklich eine verrückte Frau, die für ihn um den Globus reist, um seine Ehre zu verteidigen? Das ist wohl schwer vorstellbar. Ich jedenfalls konnte das nicht länger glauben. Stärker als je zuvor erschien mir Gott wie ein enger Freund, nicht wie ein Herrscher, dessen Thron in Gefahr war und für den ich deshalb mein Schwert zücken musste. Ich erkannte ein Prinzip, das sich durch die ganze Bibel zieht. Es war immer da, gleich vor meinen Augen: Stärke ist Schwäche und Schwäche ist Stärke. Gott selbst hatte sich am Kreuz auf Golgatha schwach gemacht und so den Kampf für alle Menschen gewonnen.

All der Druck, der mich jahrelang begleitet hatte, war auf einmal weg. Ich war frei, wieder in die Mission zu gehen oder für den Rest meines Lebens als liebende Mutter zu Hause zu bleiben und mich um mein Kind zu kümmern. Egal, was ich tat, ich konnte Gott nicht beeindrucken. Und ich musste es auch nicht. Er liebte mich. Das war die einfache Botschaft, die ich an diesem Tag zum ersten Mal wirklich verstand. Und warum? Weil ich ehrlich gewesen war. Meinen Schmerz herausgeschrien hatte. Ich kann jedem nur raten, ehrlich zu Gott zu sein. Es gibt keinen Grund, ihn vor unseren Gefühlen zu schützen. Er ist nicht gerade empfindlich.

Lassen Sie ihn Ihr tiefstes, dreckigstes, finsterstes Ich sehen. Er kennt diesen Teil Ihrer Persönlichkeit ohnehin schon.

Und noch etwas geschah: Als ich mich verletzlich machte, rückte mir die Welt um mich herum plötzlich näher. Es war, als würden die Menschen in meiner Gemeinschaft, meine Familie und meine Freunde mich zum ersten Mal wirklich sehen. Mein Leben lang war ich stolz darauf gewesen, alles allein tun zu können, mich durch nichts beirren zu lassen, stark zu sein. In Wahrheit hatte diese Stärke eine Mauer um mich herum hochgezogen, die es meinen Liebsten unmöglich machte, wirklich an mich heranzukommen. Das änderte sich schlagartig. Meine Tränen und Fragen trugen mich zurück in die Gemeinschaft. Die Menschen erkundigten sich nach mir und ich nutzte jede Chance, um über meinen Weg mit Gott zu sprechen. Wie er bei mir war in meiner Not. Ich sprach über mein Leiden und über die Liebe, die ich empfangen hatte.

Es dauerte nicht lange, da kamen erste Einladungen zu Gottesdiensten. Ich sollte tatsächlich vor diesen Menschen sprechen. Sie wollten meine Geschichte hören! Und daraus lernen! Es war verrückt. Umso verrückter, weil ich zu diesen Zusammenkünften ging, aber nie wusste, was ich den Menschen sagen sollte. Ich hatte nicht mehr zu teilen als meine Verzweiflung und die Idee des warmen Felsens, der mich irgendwie vor dem Erfrieren bewahrte. Meistens wusste ich erst, was ich den Zuhörern sagen sollte, wenn ich hinter das Rednerpult trat. Dann sprudelten die Worte nur so aus mir hervor. Wir weinten alle gemeinsam, beteten alle gemeinsam und nicht selten war es, als stünde Gott direkt in unserer Mitte.

Ein Freund sagte einmal: »Hedi, jeder kann predigen. Aber wenn du den höchsten Preis gezahlt hast, dann bist du mehr als ein Prediger. Dann bist du die Botschaft.« So wurde aus der größten Niederlage meines Lebens mein größter Gewinn.

Zu meiner Geschichte gehört aber auch diese Wahrheit: Jesus hat mir nie eine Antwort auf die Frage nach dem Warum gegeben, darauf, wieso Colin an diesem Tag im Sudan sterben musste. Ich weiß es nicht. Doch wenn ich so darüber nachdenke – welche Antwort hätte Gott mir schon geben können? Keine hätte mich froh gemacht. Mir gefällt, was die Bibel zum Leid sagt:

> Hier auf der Erde werdet ihr viel Schweres erleben. Aber habt Mut, denn ich habe die Welt überwunden.
>
> *Johannes 16,33*

Darauf stütze ich mich seitdem. Ich habe gelernt, auf Antworten zu verzichten. Ich kann damit leben, nicht alles zu wissen, denn ich habe etwas Wertvolleres gefunden: Gottes Arme, die mich halten. Die Tatsache, dass es Leid gibt, macht ihn nicht überflüssig. Im Gegenteil. Sie macht seine Liebe erst notwendig. Bei Gott ist alles umgekehrt. Schwäche wird zu Stärke. Jesus wurde besiegt und siegte doch. Colins Körper versagte, aber Gott schenkte ihm einen ewigen Gewinn. Ich war zerstört und wurde aus den Ruinen neu aufgerichtet.

Und so lernte ich, Gott zu vergeben. Das mag verrückt klingen. Ja, ich musste auch den Kindern vergeben, die meinen Mann getötet hatten. Ich musste den Rebellenführern vergeben, die sie in den Busch geschickt hatten, um Beute zu machen. Ich musste dem Krankenhausteam in Yei vergeben, dass es nicht ausreichend ausgerüstet gewesen war, um Colins Leben zu retten. Vor allen Menschen jedoch hatte ich Gott angeklagt, seine Pflicht vernachlässigt zu haben. In meinen Augen hatte sie darin bestanden, Colin und mich zu schützen, damit wir unseren Weg weitergehen konnten. Als ich das er- und bekannte, erfuhr ich, was Gottes Gnade ausmacht. Er ließ mich ihm vergeben. Ich konnte meine geballten Fäuste entspannen. Meine wütende Stimme senken. Durchatmen. Und in die Freiheit gehen.

14. Zurück zu den Kindersoldaten

So vergingen die Monate und wurden langsam zu Jahren. Shekinah wuchs heran, sprach erste Sätze, forderte mich heraus und wurde zunehmend selbstständig. Ich richtete mich wieder in Paraguay ein. Meine Vergangenheit verwandelte sich in meine Gegenwart. Ich atmete durch, lebte in Trauer und aus Gnade, war meinem Kind Mutter und vertraute darauf, dass Gott die Vaterrolle ausfüllen würde. In Shekinahs erstem Lebensjahr dachte ich kaum an Afrika. Zwar schwirrte irgendwo in meinem Kopf der Gedanke herum, eines Tages wieder dorthin zurückzukehren. Doch dieser Teil meines Lebens schien weit entfernt. Er war verbunden mit Schmerz und mit Erinnerungen daran, was ich auf diesem wunderbaren und grausamen Kontinent hatte zurücklassen müssen.

Doch von dem Tag an, als Gott mir erneut als wärmender Fels erschien, dachte ich nicht nur neu über seine Liebe nach. Immer wieder erschien auch das Bild der Kindersoldatin auf der Straße nach Yei vor meinen Augen. Diese dunklen Augen, die mich an den Flammen vorbei ansahen. Unendlich traurig, unendlich einsam, schuldig und unschuldig zugleich. Ich recherchierte und fand heraus, dass sie mit großer Wahrscheinlichkeit zur Volksgruppe der Acholi gehörte, die im Norden Ugandas und im Südsudan zu Hause ist. Die Acholi leben traditionell in runden Lehmhütten und sind ein wunderschönes, kluges und eigentlich friedvolles Volk.

Der berüchtigte Joseph Kony, der wohl bekannteste und einer der grausamsten Rebellenführer Ugandas, gehört zu den Acholi. Seine Lord's Resistance Army hatte sich hauptsächlich um diese Volksgruppe herum gebildet. Bis zu dem Überfall auf unser Auto im Sudan hatte ich nie Kontakt zu ihnen gehabt. Ich kannte ihre Kultur nur flüchtig, ihre Sprache gar nicht.

Behutsam begann ich, den Acholi einen Platz in meinem Herzen freizuräumen. Ich betete für sie, zuerst selten, dann immer häufiger. Es wurde zur Routine, so wie ich zuvor für die Somalier gebetet hatte. In diesen Zeiten sah ich es glasklar: Ich würde nach Afrika zurückkehren. Ich würde diesen Kindern, die aus ihren Häusern entführt und von ihren Eltern weggenommen worden waren, deren Geist und Körper vergewaltigt und gebrochen war, mit der Liebe einer Mutter begegnen. Nicht als Missionarin und nicht mit einem großen Plan wie bisher. Meine Zeit des Planens war vorbei, denn alle meine Pläne hatten sich als wenig zukunftsfähig entpuppt. Nein, ich würde ihnen mit offenen Armen und mit nicht mehr als Zuversicht, Erfahrungen und Gottes Gnade im Gepäck gegenübertreten und beten, dass ich ihnen helfen konnte.

In meinem Kopf war ich schon wieder auf Reisen. Im echten Leben aber befanden Shekinah und ich uns in Paraguay und ich kam erst langsam wieder in der Normalität an. Ich gab mein erstes Seminar nach Colins Tod. Es dauerte nur einen Tag, aber es war vielleicht der härteste Kurs, den ich jemals geben musste. Es ging darin um Heilung von Missbrauch. Ich hatte die Menschen eingeladen, mit denen ich aufgewachsen war – mit den Jahren hatten sie sich selbst zu Müttern und Vätern entwickelt. Ich ertappte mich dabei, wie ich immer wieder über meine eigene Geschichte nachdachte. Darüber, wie ich einst Gott kennenlernen und aus meinem frommen mennonitischen Gefängnis fliehen durfte. Und natürlich dachte ich an Colin, der dasselbe ganz anders erlebt hatte.

An diesem Tag musste ich wiederholt kurz innehalten. Mir brach der Schweiß aus, die Augen brannten – ich war furchtbar gestresst. Meine Zuhörer waren so vielfältig und gingen so unterschiedlich mit dem Erlebten um. Manche waren wütend, dass ich alte Wunden ansprach, andere waren verletzt, wieder andere angeblich unbewegt. Manche waren offen, manche verschlossen, manche bereit zu vergeben und andere nicht.

Als das Seminar endlich vorbei war, saß ich auf der Couch in meinem Haus, Shekinah schlief. Ich fragte mich: Warum? Warum nur tat ich mir das an? Dieses Seminar, diese Reise in die Vergangenheit – und das jetzt, wo ich selbst noch weit davon entfernt war, ganz heil zu sein, es vielleicht nie wirklich werden würde? Die Antwort fiel mir sofort ein, sie stammte wieder einmal vom Reformator Martin Luther: »Hier stehe ich, ich kann nicht anders.«

Das hatte der Mönch geantwortet, als er vor einem Tribunal erklären musste, warum er dem Weg der katholischen Kirche entsagt hatte. Warum er die Lehre, die jahrhundertelang selbstverständlich gewesen war, infrage stellte und damit einen Bürgerkrieg auslöste. Er stand dort, Auge in Auge mit Männern, die ihn zum Tode verurteilen wollten und konnten. Ketzer landeten auf dem Scheiterhaufen oder in den Stromschnellen des Rheins. Ich bin sicher, Luther hatte Angst – und vielleicht auch die ein oder andere offene Frage an Gott. Doch er hatte auch so etwas wie eine Erweckung erlebt. Er hörte seinen Herrn sprechen und konnte das nicht ignorieren. Er hatte ein Schicksal, eine Berufung, egal ob er nun sterben musste oder nicht. Deshalb blickte er in diese hasserfüllten Gesichter im Gerichtssaal und sagte einfach: »Ich kann nicht anders.«

Auch ich konnte nicht anders. Ja, ich war eine alleinerziehende Mutter, eine Witwe, traumatisiert vielleicht und ein wenig verrückt. Ich war schwach und verletzt und allein. Afrika würde mir wehtun, mich herausfordern und mich an Dinge erinnern, die ich vergessen wollte. Doch es war und blieb meine Berufung. Dort in meinem kleinen Haus in Paraguay, mit der wunderbaren Badewanne und Shekinah in ihrem Kinderbett, sagte ich es noch einmal in den menschenleeren Raum hinein: »Ich kann nicht anders.«

Ich war noch nie gut darin, Geheimnisse zu hüten. Nachdem ich in meinem Herzen die Entscheidung getroffen hatte, dauerte es nicht lange, bis ich begann, offen darüber zu sprechen. Natürlich stießen meine Pläne in Fernheim nicht auf große Begeisterung, aber das war ich bereits gewohnt. Mein Pastor bat mich: »Bleib doch noch eine Weile hier.« Eine Freundin war da schon deutlicher: »Denk an Shekinah! Sie braucht Stabilität!« Doch all ihre Worte, so ernst ich sie auch nahm und so lieb mir meine Freunde auch waren, kamen nicht an gegen die dunklen Kinderaugen, die mich ansahen und in denen sich die Flammen spiegelten. Vielleicht würde ich sie nicht finden, aber ich konnte Mädchen wie ihr helfen. Ich würde ihnen von Jesu Liebe erzählen. Shekinah und ich waren auf schreckliche und wundersame Weise mit diesem Kind verbunden. Unsere Geschichten hatten sich gekreuzt und waren verschmolzen. Wir waren Teil ihres Leids und sie war Teil unseres Leids. Nun sollten wir auch gemeinsam heil werden. Dass ich diesen Weg gehen würde, erschien mir damals nicht heldenhaft oder mutig. Es war schlicht logisch. Ich konnte nicht anders.

Colin und ich hatten kurz vor seinem Tod den Traum gehabt, in Äthiopien ein Zentrum für Trauma-Heilung zu eröffnen. Es sollte sich vor allem an Menschen richten, die den Krieg erlebt hatten und nun die Gewalt verarbeiten mussten, die ihnen angetan worden war. Als ich darüber nachdachte, fiel mir auf, dass Kindersoldaten im Grunde auch in dieses Zentrum gehört hätten. Der Krieg hatte auch sie zerstört. Sie hatten Freunde und Eltern verloren, Mord und Massaker miterlebt, gegen das Verhungern und das Verdursten, gegen Waffengewalt und Vergewaltigungen gekämpft. Der große Unterschied zu anderen vom Krieg Betroffenen ist, dass Kindersoldaten dem Terror so gut wie nie entkommen. Von tausend verschleppten Kindern schafft es vielleicht eines in die Freiheit zurück. Wer brauchte Hilfe, wenn nicht sie?

All die Arbeit, die ich in den Jahren zuvor getan hatte, war eine perfekte Vorbereitung für das, was nun kommen sollte. Ich sah meine neue Aufgabe so klar vor mir wie Colins Gesicht in meiner Erinnerung.

Ich entschied mich, nach Gulu zu ziehen. Lilly und Stephanie, jene zwei Frauen, die Colin und mir in Afrika geholfen hatten, unsere Seminare zu organisieren, hatten dort Kontakte. Die Stadt liegt im Norden Ugandas, nahe der Grenze zum Sudan, und ist das Zentrum der Acholi. Shekinah und ich würden dort ein Zuhause finden und unter den Acholi leben, Seite an Seite mit den Kindern des Krieges.

Es war ein Wagnis. Damals trauten sich nur wenige Missionare oder Entwicklungshelfer nach Gulu. Es war einfach zu gefährlich. Durch meine Freunde kannte ich jedoch eine kleine Missionsorganisation, die dort gerade ihre Arbeit aufgenommen hatte und bei der wir vorerst unterkommen konnten.

Es verging nur ein Monat nach meinen ersten Gedanken, nach Gulu zu gehen, da saßen wir schon im Flugzeug. Den Moment, als meine Füße zum ersten Mal wieder afrikanischen Boden betraten, werde ich nie vergessen. Ich stieg in Nairobi aus dem Flugzeug, und auf einmal war alles wieder da: die Lebenslust, die bunten Farben, die wilden Gerüche, die Vielfalt der Menschen – Afrika, meine Berufung und meine Heimat! Es war schrecklich laut, vibrierte förmlich – und zog mich sofort wieder in seinen Bann. Wie nur hatte ich jemals daran denken können, Afrika zu entsagen?

Von Nairobi flog uns eine kleine Maschine nach Entebbe in Uganda und von dort ging es mit dem Bus weiter. Unsere Koffer reisten auf dem Dach mit – zusammen mit vollen Plastikkrügen, die bei jedem Bremsmanöver überschwappten, und gackernden Hühnern. Busfahrten in Afrika entsprechen nicht gerade der bequemen Art des Reisens. Es ist warm, voll, laut und die Sitze sind löchrig und hart. Wie ich dort so im Mittelgang stand, in einer Hand meine Tasche, auf dem Arm meine zweijährige Tochter, wurde mir klar, dass diese neue Zeit in Afrika für mich anders werden würde als die Vergangenheit. Wir würden weniger spontan sein, weniger abenteuerlustig. Ich war vor allem eine Mutter für mein Kind – und dann erst für all die wunderbaren Menschen, die ich in Uganda treffen würde. Während unser Bus über Stock und Stein und durch die Schlaglöcher in der Straße ratterte, sich alles an uns schüttelte und Shekinah vermutlich gar nicht wusste, wie ihr geschah, war ich erfüllt von Liebe. Alles war so, wie es sein sollte. Ich lächelte.

Als ich mit meinem Gepäck und meiner Tochter in Gulu aus dem Bus stieg, nahmen mich die Missionare in Empfang, die ich bisher nur aus E-Mails kannte. Ich würde einige Wochen bei ihnen wohnen und mir dann eine eigene Bleibe suchen. Eine amerikanische Mitarbeiterin war gerade auf Heimaturlaub und Shekinah und ich durften in dieser Zeit ihr Zimmer benutzen. Das war zwar gut für den Start, aber ich begab mich schnell auf die Suche nach einer eigenen Unterkunft, und fand – ein ganzes Haus! Das glich einem Wunder. Fest gebaute Häuser gab es in Gulu kaum. Als ich dort lebte, glich die Stadt einem riesigen Flüchtlingslager. Es gab keine klare Infrastruktur, kaum befestigte Straßen. Die Menschen lebten in behelfsmäßig errichteten Lehmhütten, weil so viele aus Angst vor Überfällen und Plünderungen aus den umliegenden Orten und Dörfern nach Gulu gekommen waren. In einer größeren Stadt fühlten sie sich sicherer als allein mitten im Dschungel.

Die Geflüchteten bemühten sich, ihre behelfsmäßigen Hütten sauber zu halten und ein wenig Gemütlichkeit zu schaffen. Mit selbst gebastelten Besen aus Blättern fegten sie ihre kleinen Grundstücke und manche legten sogar kleine Gärten an, um Nahrungsmittel anzubauen. Aber es ließ sich nicht verbergen: Gulu war ein vom Krieg erschütterter Ort. Auf den ausgetretenen Pfaden lag Müll, den niemand wegräumte. Lediglich das kleine Stadtzentrum war asphaltiert und bot Einkaufsmöglichkeiten.

Das Haus, das ich mithilfe meiner neuen Freunde gefunden hatte, lag etwa fünf Straßen vom Zentrum entfernt. Es war perfekt für meine Zwecke. Es hatte fünf Zimmer, fließend Wasser und Strom. Ein Zimmer teilte ich mir mit Shekinah, in den anderen vier Räumen sollten jene Mädchen Platz finden, die das Leben zu Mörderinnen oder Sexsklavinnen gemacht hatte, ehemalige Kindersoldatinnen der Lord's Resistance Army. Ich baute den angrenzenden Schuppen in eine Nähwerkstatt um und besorgte Töpfe, Kochlöffel, Backbleche und Schürzen. Die jungen Frauen, die bei mir leben würden, sollten nicht nur ihre Traumata bekämpfen, sondern auch lernen, wie sie allein zurechtkommen konnten. Ich wollte Hauswirtschaftskurse anbieten: Backen, Nähen, Kochen. Etwas, das sie erfüllte und ihnen zeigte, dass sie nicht nutzlos waren, wenn sie kein Gewehr in der Hand hielten.

Der Krieg in dieser Region dauerte insgesamt zwanzig Jahre. Offiziell endete er, wenige Monate nachdem ich nach Gulu gekommen war, doch die Gewalt zog auch danach nicht ab. Ich erlebte dort eine ganze Generation junger Frauen und Männer, die nichts anderes kannten als Kampf und Hass. Es ist kaum vorstellbar, was das mit den Menschen macht.

Kinder des Krieges gehen nicht zur Schule.

Kinder des Krieges lernen nicht, sich zu versorgen, weil niemand da ist, um es ihnen beizubringen.

Kinder des Krieges betreiben keinen Landbau, weil Rebellen ihnen ohnehin alles wegnehmen.

Kinder des Krieges haben keine Eltern. Es fehlt ihnen an Anführern, Vorbildern und Lehrern.

Der Konflikt hat Millionen Menschen das Leben gekostet oder sie aus ihrer Heimat vertrieben. Wenn die Kinder, mit denen ich dort zu tun hatte, noch Eltern an ihrer Seite hatten, waren diese oft selbst derart traumatisiert, dass sie ihren Söhnen und Töchtern nichts beibringen konnten. Das war schlimm für die Kinder – und noch schlimmer für deren Nachkommen. Denn aus den Kindern des Krieges wurden irgendwann Eltern des Krieges, nicht selten ungewollt. Sei es, weil sie nichts über Verhütung wussten oder weil sie von Soldaten oder Rebellen vergewaltigt worden waren. Wer aber nichts anderes kennt als Gewalt, der kann seinen Kindern auch nichts anderes weitergeben. Ich habe mit eigenen Ohren gehört, wie Eltern in Uganda ihre Kinder als Hunde und Affen bezeichnet haben. Wie sie sie als unnütz beschimpften und verprügelten. Es war eine Welt der Hoffnungslosigkeit, in die Shekinah und ich kamen.

Das erschien mir umso grausamer, je besser ich das Volk der Acholi kennenlernte. Ganz anders als die Somalier, deren Kratzbürstigkeit ich mittlerweile gut kannte, waren sie auf den ersten Blick absolut liebenswürdig. Sie hießen jeden willkommen, waren gastfreundlich und vor allen Dingen friedliebend. Kaum vorstellbar, dass ausgerechnet aus ihrer Mitte die wohl größte Kindersoldatenbewegung der Region hervorgegangen war. Der Teufel hatte sein Werk unter ihnen meisterlich vorangetrieben.

Die Menschen in Gulu empfingen mich mit offenen Armen. Sie kannten meine Geschichte, obwohl der Ort, wo sich der Überfall auf Colin und mich abgespielt hatte, etwa hundert Kilometer entfernt lag. Der ganze Sudan und ganz Uganda hatten von unserem Schicksal gehört. Es hatte sich herumgesprochen, dass Ausländer den Kindersoldaten zum Opfer gefallen waren – normalerweise richtete sich deren Gewalt gegen Einheimische. Ausländische und inländische Medien hatten darüber berichtet. Ich war bekannt wie ein bunter Hund und genau das wurde mir nun zum Vorteil. Ich glaube, eine Hilfsorganisation hätte die Leute von Gulu niemals so erreichen können, wie Shekinah, ich und unsere Geschichte es taten. Ohne dass ich bewusst etwas dazu beigetragen hätte, waren die Pastoren der Region und die Gemeinden beeindruckt von meiner Geschichte. In persönlichen Treffen stellte ich mich denjenigen vor, die vor Ort etwas zu sagen hatten. Die meisten kannten mich bereits.

In muslimischen Ländern ist es üblich, Eltern als Vater oder Mutter ihres ältesten Kindes anzusprechen. So wurde ich zu Mama Shekinah. Ich hatte es nicht so geplant, aber der Name, den Colin und ich gemeinsam für unsere Tochter ausgewählt hatten, wirkte wahre Wunder. Die Menschen von Gulu wussten, welche schrecklichen Ereignisse die Schwangerschaft und Shekinahs Geburt begleitet hatten. In Afrika ist es normal, Kinder nach den Umständen ihrer Geburt zu benennen. Manche heißen deshalb »Kind des Krieges« oder haben ähnlich tragische Namen. Die Menschen in Gulu waren tief bewegt davon, dass ich meinem Kind trotz all des Leides, das ich erfahren hatte, einen Namen gegeben hatte, der Gott ehrte. Shekinah, die Gegenwart Gottes. Und nun war ich auch noch gekommen, um anderen in ihrem Leid zu helfen, um Traumata zu bekämpfen und jungen Mädchen ein neues Leben zu ermöglichen.

Ich genoss von Anfang an hohes Vertrauen. Die Gemeinden öffneten mir ihre Türen und die Menschen ließen mich an sich heran. Gemeinsam mit einigen Helfern organisierte ich von Anfang an jeden Freitagabend ein Essen für Gemeindeleiter und Pastoren aus der Gegend. Mein Ziel war es nicht nur, dass die Menschen offen für meine Arbeit wurden, sondern ich wollte auch, dass sie Einblick in das bekamen, was ich tat. Dass sie die Mädchen, die bei mir einzogen, kennenlernten und ein Gefühl für den Schatz bekamen, der sich hinter jeder noch so zerstörten Fassade verbirgt. Ich wusste jedoch: Wir würden nicht ewig in Gulu bleiben. Eines Tages würden andere unsere Aufgabe übernehmen.

Ich kam nicht nur schnell in Kontakt mit den Kirchen der Region, sondern auch mit Mädchen, die es geschafft hatten, aus den Fängen der LRA zu fliehen. Viele hatten selbst schon Babys. Außerdem nahm ich Kontakt mit World Vision auf, einer der wenigen Hilfsorganisationen, die damals in Gulu tätig waren. World Vision übernahm die Erstversorgung der Mädchen, die es bis zu den Helfern schafften. Ihre Wunden wurden behandelt, Kugeln und Dornen aus ihren Körpern entfernt, und sie erhielten dort eine psychologische Erstbetreuung. Immer wenn ich ein Camp für solche Kinder besuchte, hielt ich Ausschau nach dem Mädchen, dessen Augen sich in meinen Kopf gebrannt hatten, dem Kind, das geholfen hatte, uns zu überfallen, und dessen traurigen Blick ich nicht vergessen konnte. Ich fand es nie. Dafür traf ich Mädchen wie Faith und nahm sie bei mir auf.

Als die LRA Faiths Heimatdorf überfiel, war sie sechzehn Jahre alt. Faiths Vater war ein ortsbekannter Evangelist. Nachbarn führten die Soldaten direkt zum Haus ihrer Familie: »Nehmt die, das sind Christen«, sagten sie. »Wir wollen doch mal sehen, wessen Gott größer ist.« Die Männer entführten das Mädchen zusammen mit drei Geschwistern.

Nach und nach setzten die Soldaten die Hütten in Brand. Als die Einwohner aus ihren Häusern flohen, begann die Jagd, die immer nach demselben grausamen Schema erfolgt: Sie vergewaltigen die Mädchen und Frauen. Gesunde Kinder im Alter von fünf bis fünfzehn Jahren macht die LRA zu Kämpfern. Dazu fesseln sie die Jungen und Mädchen mit Stricken und zwingen sie, Wertgegenstände aus dem eigenen Heim in den Dschungel zu tragen. Die Kinder rennen gemeinsam mit den Soldaten durch den Busch, ohne Wasser oder Nahrung. Wer dem Tross in den Weg kommt, den töten die Entführer mit Macheten. Ist die Gruppe im tiefen Urwald angekommen, müssen die Neuen sich bestimmten Ritualen unterziehen. Sie trinken Blut und schwören einen Eid, der sie an die LRA bindet. Um den Bund zu besiegeln, fordern die Soldaten die Kinder auf, jemanden umzubringen, vorzugsweise ein eigenes Familienmitglied. Wer ablehnt, stirbt selbst. Die Kidnapper prügeln ihre Opfer zu Tode oder zerstückeln sie mit ihren Macheten. Wer das alles einmal getan hat, der kann nie wieder zurück nach Hause. Selten versuchen Kinder dennoch zu fliehen. Ihnen droht eine Hetzjagd, die mit dem Mord an ihrer ganzen Familie enden kann.

In Faiths Fall folgte ihr Vater den Soldaten in den Busch. Er flehte sie an, seine Kinder freizugeben, doch die Entführer hielten ihm eine Waffe vor die Brust und jagten ihn davon. Faith und ihre Geschwister wurden getrennt. Sie selbst ereilte das Schicksal aller gefangenen Mädchen: Fortan sollte sie einem älteren Mann als Sexsklavin dienen und für ihn kochen. Er prügelte sie immer wieder fast zu Tode.

Schon geringste Vergehen ziehen bei der LRA drastische Strafen nach sich – etwa wenn das Feuer, das ein Mädchen zum Kochen benutzt, zu viel Rauch verursacht, denn das könnte die Armee alarmieren. Die Brigaden sind immer auf der Flucht. Kinder sind ihr Kanonenfutter, ihre Sklaven, ihre Köche, ihre Putzfrauen.

Faith lebte acht Monate im Camp, als Soldaten ihre Brigade angriffen. Im Chaos nutzte sie ihre Chance und rannte in den dichten Urwald, während um sie herum die Welt in Flammen stand. Sie rannte und rannte und rannte, bis sie keine Schüsse mehr hören konnte. Tagelang saß sie in einem Baum, bis sie sicher war, dass sie entkommen war. Dann lief sie zwei Wochen lang durch den Busch, bevor sie die Zivilisation wiederfand. In einer Rettungsstation von World Vision bekam sie Hilfe. Die Mitarbeiter gaben ihr Essen, versorgten ihre Wunden und brachten sie nach Hause zu ihrer Familie. Obwohl die Helfer das bei allen aufgegriffenen Kindern versuchen, weigern sich Väter, Mütter, Geschwister oder entferntere Verwandte oft, die Heimkehrer aufzunehmen. Zu dramatisch sind die Verbrechen, die die Kinder begangen haben, zu tief sitzt deren eigene Schuld und Scham, und nicht selten sind die Mädchen bereits schwanger von ihren Vergewaltigern. In Faiths Fall empfing ihr Vater sie mit offenen Armen, genauso wie ihre Geschwister, denen die Flucht ebenfalls wunderbarerweise gelungen war. Ich half ihr dabei, innerlich wieder gesund zu werden.

Meine Arbeit in Gulu drehte sich nicht nur darum, den ehemaligen Kindersoldaten eine sinnvolle Aufgabe zu geben und junge Frauen wie Faith von ihren Ängsten zu heilen. Ich wollte auch Familien wiedervereinen. Ich betete und lehrte, und wenn die Menschen ihre Herzen öffneten, kam in der Regel Gott dazu und tat, was kein anderer so gut kann wie er. Er stellte sich zu ihnen, wich nicht von ihrer Seite und erinnerte sie an ihre Würde.

Mein Leben hat mich gelehrt, dass jede Heilung mit Vergebung beginnt. Wo wir nicht vergeben können und unseren Schmerz unterdrücken, kommt er gewaltsam zum Vorschein – durch Krankheiten, ein geringes Selbstbewusstsein, Wut und Gewalt. Doch wenn wir wahrhaft vergeben, kehrt das Leben zurück.

Vergeben ist nicht normal oder selbstverständlich. Ich bin fest davon überzeugt, dass dieser Akt eines Wunders bedarf. Kein Mensch kann aus eigener Kraft heraus vergeben. Stattdessen braucht es dazu eine Mischung aus göttlicher Gnade und menschlichem Willen. Wenn wir Gott sagen, dass wir heil werden wollen, ist er an unserer Seite.

Diese Botschaft ist radikal. Gott befiehlt uns zu vergeben. Es ist unsere Entscheidung und ein Akt des Gehorsams. Und es ist der einzige Weg, auf dem wir selbst gesund werden. Denn wer an einer Verletzung festhält, ist an denjenigen gekettet, der sie herbeigeführt hat – und damit auch an den Schmerz. Diese Botschaft betrifft Faiths Eltern, Faith selbst, Kinder wie sie, Menschen wie mich, uns alle. Es gibt nur zwei Möglichkeiten: Entweder entscheiden wir uns für Vergebung und Freiheit oder für Verletzung und Gefangenschaft.

Auch Jessica lebte in meinem Haus. Als sie zu mir kam, war sie von ihrem Vergewaltiger schwanger. Sie war so traumatisiert, bitter und verletzt, dass sie Menschen, denen sie begegnete, anbellte und anspuckte. Sie hatte bereits zweimal versucht, sich das Leben zu nehmen.

Zu meiner Arbeit mit den Mädchen gehörten dreimonatige Schulungen zur Trauma-Bewältigung und Vergebung. Ich hätte nie erwartet, dass Jessica sich bereit erklären würde, an einem dieser Seminare teilzunehmen. Aber Gott hatte etwas in ihr verändert. Nach sechs Wochen im Seminar entschied sie sich dazu, ihren Vergewaltigern zu vergeben.

Fester Bestandteil meiner Seminare war, dass im Anschluss einige Freiwillige selbst in soziale Einrichtungen gingen, um das weiterzugeben, was sie erfahren hatten. Jessica ging mit einer Gruppe in das örtliche Gefängnis. Dort trat sie auf die Bühne, baute sich mit ihrem runden Babybauch vor dreihundert männlichen Gefangenen auf und sagte ihnen, dass sie ihren Peinigern vergeben hatte. Statt zu versuchen, sich selbst umzubringen – und damit auch ihr Kind –, war sie nun bereit, Mutter zu werden.

Die Gefangenen waren so bewegt von ihrer Geschichte, dass sie sie auf die Schultern nahmen und im Gefängnis herumtrugen. »Du bist unsere Schwester«, riefen sie. Was sie meinten, war klar: Wenn Jessica vergeben kann, dann können wir es auch. Und uns kann ebenfalls vergeben werden.

Barbara war eine andere junge Frau, die uns alle tief beeindruckte. Durch eine Vergewaltigung war sie mit HIV infiziert worden. Als sie bei uns lebte, war die Krankheit AIDS bereits ausgebrochen. Äußerlich verfiel sie trotz der Medikamente, die sie nahm, mehr und mehr, aber wir erlebten, wie ihr Innerstes in diesen letzten Monaten ihres Lebens aufblühte, nachdem sie in unserem Haus Jesus kennengelernt hatte. Sie war schon fast blind, als sie als junge Gläubige von der Jugend einer kleinen Gemeinde in einer Hütte zur Jugendleiterin gewählt wurde. Ich werde nie vergessen, wie sie an der Hand eines Helfers ein letztes Mal unseren Hof verließ, um ihre Jugendlichen etwas aus der Bibel zu lehren. Einige Wochen danach ging sie im Kreise ihrer Familie heim zu Jesus.

Das Leben war extrem mit diesen jungen Frauen und ihren Geschichten um mich herum. Extreme Traumata, extreme Gebetszeiten, extreme Not, alles gleichzeitig in Shekinahs und meinem Zuhause. Mitten in diesen Tragödien blieb Gott immer bei uns. Geduldig hauchte er den Verletzten von Gulu Leben ein. Er ließ sich von den Grausamkeiten, die die Menschen sich gegenseitig angetan hatten, nicht davonscheuchen. Er ließ uns nicht allein, um den Dreck wegzukehren. Er blieb bei uns und gab uns Kraft, mitten in den Trümmern, im Missbrauch und im Tod.

Während meiner eineinhalb Jahre in Uganda lebten acht junge Frauen in meinem Haus. Sie waren zwischen 19 und 25 Jahren alt. Jeden Morgen lasen wir gemeinsam in der Bibel und beteten. Sie erzählten mir ihre Geschichten und ich unterrichtete sie im Kochen und Nähen. Am Nachmittag gab ich die Kurse in Trauma-Heilung, die ich schon früher gegeben hatte – sie waren für alle offen, die kommen wollten.

Shekinah liebte das Leben in Gulu. Ich bin mir sicher, dass sie auch schreckliche Dinge miterlebt hat. Die Schicksale der Mädchen sind ihr sicher nicht verborgen geblieben, obwohl sie noch so jung war. Doch ich habe mich immer bemüht, sie vom Schlimmsten fernzuhalten. Immer dann, wenn ich wichtige Trauma-Gespräche hatte oder Gebetszeiten mit den Mädchen, kümmerte sich Faith um sie. Das Kind, das selbst einst geheilt werden musste, sorgte nun dafür, dass mein Kind kein Trauma erleben würde. Gott ist wunderbar. Tatsächlich bot das Leben in Gulu für Shekinah einige tolle Vorteile. Unser Haus war immer voller

Spielkameraden – Kinder der Frauen, die bei uns lebten. Sie liebte die Gemeinschaft – und wirklich alle liebten sie. Gemeinsam trieben die Kinder Unsinn wie alle anderen Kinder auf der Welt.

Waschmittel war bei uns unsagbar knapp. Eines Nachmittags kam ich in unseren kleinen Garten, wo ich in der Sommerhitze ein Planschbecken aufgebaut hatte. Die Kinder hatten eine komplette Packung Waschpulver in dieses Becken geleert. Der Schaum wanderte durch den Garten, sodass es aussah, als wäre der Boden mit Schnee bedeckt. Es war eigentlich zum Heulen. All das wertvolle Waschmittel, wie sollte ich nur unsere Kleidung in den kommenden Wochen sauber bekommen? Doch ich lachte mit den kleinen Unruhestiftern. Solange sie glücklich waren, war ich es auch.

In dieser Zeit endete auch Shekinahs nächtliche Unruhe. Seit sie ein Baby war, hatten sie nachts Albträume gequält. Vielleicht lag dies daran, dass sie sich an den Horror erinnerte, den sie hatte miterleben müssen, als sie gerade einmal ein erbsengroßes Häufchen Leben in meinem Bauch war.

In den ersten zweieinhalb Jahren ihres Lebens habe ich unzählige Gebete gesprochen, gefleht und gebettelt, Worte gesucht, vor Gott geheult und aus Verzweiflung gelacht. Doch nichts hatte geholfen. Dann trat Jesus in Shekinahs Leben. Wie so viele Male zuvor lasen wir auch an diesem besonderen Tag zusammen in ihrer Kinderbibel. Wir waren bei der Geschichte von Jesu Kreuzigung angekommen. Die Bilder von seinem ungerechten Tod hatten wir schon oft angesehen. Ich hatte ihr Hunderte Male erklärt, was dort passiert war. Doch dieses Mal macht es bei ihr klick. Es war, als würde sie Jesus zum ersten Mal wirklich ansehen. Sie konnte den Blick nicht von ihm abwenden. In den folgenden Tagen bat sie mich, diese Geschichte immer wieder zu erzählen.

Dass sie plötzlich so interessiert war, rührte mich zu Tränen. Ich fragte sie, ob wir zusammen beten sollten und ob sie Jesus in ihr Leben einladen wollte. Sie sagte Ja. In der Nacht nach diesem Gebet schlief sie durch. Die Albträume hatten aufgehört.

Trotz der vielen Spielkameraden hatte Shekinah es in Gulu nicht immer leicht. Mir ist bewusst, dass ich meine Tochter in ein Leben mitgenommen habe, das meiner Berufung entsprach – und vielleicht weniger ihrer. Zu schaffen machten Shekinah aber wohl weniger die Menschen und deren Leid als vielmehr die Lebensbedingungen der Region. Ich erinnere mich daran, dass wir eines Tages in einen Sandsturm gerieten, als wir mit dem Fahrrad unterwegs waren. Auf einmal sahen wir die Hand nicht mehr vor Augen, wir kamen keinen Zentimeter vorwärts. Ein anderes Mal ging ein Platzregen über uns nieder, wie ihn sich Europäer nicht vorstellen können. Es geschah öfter, dass der Himmel sich derart auftat. Dann wurden die Wege zu reißenden Flüssen, es war lebensgefährlich, wenn man es nicht binnen Sekunden in ein Haus schaffte. Shekinah und ich kletterten im letzten Moment auf die Mauer eines fremden Grundstücks. Mein armes Kind, das vermutlich Angst um sein Leben hatte, sang die ganze Zeit das Lobpreislied »Awesome God«, um sich selbst zu beruhigen.

Das alles hat sie Jahre später noch mit sich herumgetragen. Sie sprach oft von diesen Vorfällen. Doch als meine Freundin Anna aus Paraguay sie Jahre später einmal fragte, welche Stadt ihr die liebste auf der Welt sei, gab sie eine eindeutige Antwort: »Gulu.« Ich mache mir also keine Sorgen darüber, ob die Zeit dort für sie zu hart war. Sie liebte unser Leben unter den Acholi und besonders die Menschen.

Dennoch schuf ich uns in Gulu kein dauerhaftes Zuhause. Nach achtzehn Monaten in Uganda reisten wir weiter. Ich habe kein Büro hinterlassen, nicht einmal eine Postadresse. Aber ich habe Menschen dort gelassen, die Gottes Ideen von Heilung weitergeben konnten. Ein kenianisches Ehepaar entschloss sich dazu, meine Kurse fortzuführen. Eine amerikanische Missionarin zog nach Gulu und gründete weitere Häuser für ehemalige Kindersoldatinnen. Menschen, die sich in meinen Seminaren kennengelernt hatten, bildeten Gruppen und trafen sich regelmäßig. Sie trugen die Botschaft der Heilung weiter. Als ich hörte, dass sie sogar auf die Straße und in andere Städte gingen, um den Menschen von Gott und seiner Liebe zu erzählen, weinte ich. Die Saat ging auf!

Ich aber begab mich einmal mehr auf die Straße nach Yei. Meine Rückkehr nach Afrika hatte ich nicht nur zum Wohl der Kindersoldaten unternommen, es war auch meine eigene Heilungsreise. Deshalb sollte sie mich auch an den Ort meines größten Schmerzes bringen.

15. Yei

Es hat mehrere Gründe, dass ich ausgerechnet zurück nach Yei gegangen bin, dorthin, wo Colin gestorben war und ich die traumatischste Nacht meines Lebens verbracht hatte. Es gehörte für mich ganz selbstverständlich dazu. Ich war zurück nach Afrika gegangen, weil ich es als meine Berufung sah, aber auch, weil ich aus jahrelanger eigener Erfahrung in der Trauer- und Trauma-Arbeit weiß, dass die eigenen Wunden sich nicht dadurch schließen, dass man sie nicht mehr ansieht. Sie müssen behandelt werden. Dazu gehört, dass wir betrachten, wer sie verursacht hat, woher sie kommen, wie tief sie sind. Auch bei physischen Wunden muss manchmal ein Arzt noch einmal an das verheilende Gewebe heran, es beschneiden und eventuell erneut öffnen, um auch den letzten Rest Unrat zu entfernen, der Entzündungen verursachen kann. Nur so kann eine Verletzung wirklich zuwachsen und hinterlässt am Ende hoffentlich nicht mehr als eine Narbe und ein gelegentliches Zwicken.

Ich musste die Straße nach Yei, das Krankenhaus und die Kindersoldaten noch einmal sehen und die Tage der Tränen erneut fühlen. Ich musste das alles durchdringen, neu betrachten und mit klarem Kopf in meine Seele einrasten lassen. Yei war von Anfang an das unbenannte Ziel meiner Reise in die Vergangenheit gewesen.

Doch es gab noch einen anderen, viel pragmatischeren Grund für meinen Wunsch, im Südsudan zu arbeiten. Der Bezirk Morobo, nahe dem wir überfallen worden waren, hat eine Schlüssellage im Grenzgebiet zwischen Uganda, dem Sudan und dem Kongo. Durch die Jahre des Krieges und die Gefahren, die dort im Busch lauerten, war er zur damaligen Zeit so gut wie unberührt von westlichem Einfluss. Es war der perfekte Ort, um Menschen von Gott zu erzählen, die noch nie von ihm gehört hatten. Ich würde dabei helfen, die Verletzungen der Kinder des Krieges in Morobo zu heilen – und ihnen von der größten Liebe der Welt berichten. Ich würde an den Ort meines größten Verlustes gehen – nicht um Rache zu üben, sondern um zu lieben. Ich würde aus der Asche und dem Schutt meines alten Lebens etwas Schönes, Neues und Glänzendes errichten.

Die Vorbereitungen für meine Ankunft in Morobo liefen überraschend problemlos. Ich war bereits gut bekannt mit einer Entwicklungsorganisation in Yei namens International Aid Services. Die Leitung dort bot mir und Shekinah eine Unterkunft an. In Morobo kannte ich einen Pastor namens Christopher Banja. Er hatte Colins und meine Seminare besucht und danach seine Arbeit vor Ort aufgenommen. Christopher, Colin und ich hatten uns immer gut verstanden. Als ich davon hörte, dass er ausgerechnet in Morobo arbeitete, erschien mir das wie eine weitere glückliche Fügung. Ich wollte sofort mit ihm und seiner Familie zusammenarbeiten. Als die Verwaltung des Bezirks davon Wind bekam, waren die Verantwortlichen hocherfreut. So erfreut, dass sie mir umgehend ein Stück Land schenkten. Dass Weiße in ihre Region kamen, um Hilfe zu leisten, hatte man in Morobo noch nie erlebt. Außerdem kannten auch die Menschen dort meine Geschichte und wussten von dem Mord an Colin. So waren es wahrscheinlich die Schuldgefühle der Sudanesen einerseits und der Wunsch, ein aufrichtiges Zeichen des Willkommens zu setzen andererseits, die mir am Ende dort mehrere Hektar Land einbrachten.

Schon bevor ich davon erfuhr, hatte ich mit dem Gedanken gespielt, in der Gegend eine Schule aufzubauen. Alles passte perfekt zusammen. Die Teile sortierten sich quasi von selbst an die richtigen Stellen und das große Bild, das sich daraus ergab, gefiel mir sehr. Weder ich noch Christopher noch die Missionare von Yei ahnten, wie schnell dieses scheinbar perfekte Bild tiefe Risse und Löcher bekommen würde.

Shekinah war damals erst drei Jahre alt und hatte bereits in vier Ländern gelebt. Sie liebte Uganda und nun musste sie sich verabschieden: von ihren Freunden, der gewohnten Umgebung und all dem, was sie lieb gewonnen hatte, wie ihre Babysitterin Faith. Für ihre kleine Seele war der Bruch dramatisch. Doch das würde sich erst nach und nach zeigen.

Yei war zwei Stunden Autofahrt von Morobo entfernt. Ich beschloss, dass wir uns dort niederlassen und jede Woche für einige Tage nach Morobo fahren würden. Das hatte mehrere Gründe. Zum einen boten uns die Missionare in Yei in einer kleinen Siedlung aus Holzhütten den perfekten Unterschlupf. Zwar war das Leben in Yei nicht mit westlichen Standards zu vergleichen, aber es gab eine ordentliche Infrastruktur, die Stadt war christlich geprägt, die Stimmung war Fremden gegenüber offen.

Viel gravierender war jedoch, dass Morobo eine große Finsternis verströmte. Naturreligionen waren dort sehr verbreitet, des Nachts waren die unheimlichen Gesänge der einheimischen Zauberer zu hören. Es gab eine kleine Kirche im Bezirk, doch die Christen hielten sich bedeckt. Die Stimmung unter ihnen und in der Dorfgemeinschaft als solcher war zutiefst depressiv. Der Ort hatte den jahrelangen Krieg zwischen Rebellen und Armee erlebt.

Kindersoldaten und Plünderer gehörten zum normalen Leben dazu. Der Grund, warum ich Morobo ausgewählt hatte – seine Lage im Dreiländereck –, war für die Einwohner zum Verhängnis geworden, denn für Grenzorte in Krisengebieten fühlt sich oft niemand zuständig. Die Behörden bieten den Einwohnern kaum Hilfe, NGOs wählen eher zentral gelegene Städte als Stützpunkte. Morobo war von der Welt verlassen und vergessen worden. Hoffnungslosigkeit war das beherrschende Gefühl in den Straßen und Häusern des Landstrichs.

Zudem hatten die Einwohner große Probleme mit Ausländern. Man erzählte sich die Geschichte eines englischen Offiziers, der vor Jahrzehnten eine Einheimische misshandelt haben sollte. Die Zauberer des Ortes hatten daraufhin einen Fluch über alle Weißen ausgesprochen. Man mag an seine Wirkung glauben oder nicht, Fakt war, dass sich seitdem kaum ein Fremder in das Gebiet gewagt hatte. Ich selbst würde mich später darum bemühen, mit den Vorurteilen gegen Weiße zu brechen. Ich bat um Vergebung für die Sünden meiner Vorfahren, wie so oft zuvor in meinem Leben, wusch die Füße der Einheimischen und veranstaltete ein Versöhnungsfest. Tatsächlich änderte sich die Stimmung in den Monaten danach. Die Bitterkeit und das Misstrauen wichen. Ich glaube an die Worte der Bibel, die sagt, dass wir Menschen die Macht haben, zu segnen und zu verfluchen. Ich bemühte mich in den Monaten meiner Arbeit dort um Ersteres.

Aus all diesen Gründen war es für mich zunächst ausgeschlossen, in Morobo zu leben. Wir nutzten also Yei als Basis, von der aus wir Morobo besuchten, und nahmen die langen Fahrten dafür in Kauf. Außerdem würde ich in Yei Seminare für Trauma-Heilung und über Mission halten. Ich plante, zunächst für ein halbes Jahr dortzubleiben.

Bereits in Uganda hatte mich das Filmteam eines amerikanischen christlichen Missionswerks kontaktiert. Die Journalisten wollten Colins und meine Geschichte nachdrehen und einen ermutigenden Film über Liebe, Verlust und den christlichen Glauben daraus machen. Als ich von der Idee hörte, war ich sofort begeistert. Ich freute mich, dass unsere Liebe trotz allen Schmerzes anderen als Vorbild dienen sollte. Deshalb sagte ich zu. Doch in Uganda hatte sich keine Gelegenheit zum Dreh ergeben. Nun, im Sudan, waren die Pläne konkreter geworden. In den ersten Wochen nach meiner Ankunft wollten die Amerikaner für den Dreh zu uns kommen.

Alles war vorbereitet, Shekinah und ich hatten uns eingerichtet, so gut es in der kurzen Zeit ging, und ich freute mich auf die Aufgabe, die vor mir lag. Die Geschichte sollte damit enden, wie ich mich in Afrika den Kindersoldaten widmete – dem Leid zum Trotz und Gott zur Ehre.

Doch an einem Morgen kurz vor Drehbeginn, acht Wochen nach meiner Ankunft im Sudan, erwachte ich in Yei mit einem unguten Gefühl. Ich konnte nicht genau sagen, was es war, aber ich wusste in dem Moment, in dem ich die Augen aufschlug, dass irgendetwas furchtbar schiefgelaufen war. Sobald ich auf den Beinen war, bat ich Freunde, mich nach Morobo zu bringen. Shekinah ließ ich in Yei im Haus von Personen, denen ich vertraute. Ich wollte Christopher aufsuchen, meinen Mitstreiter, ohne den ich das Projekt einer christlichen Schule in diesem abergläubischen Bezirk niemals so schnell hätte angehen können. Doch er war nicht zu Hause. Stattdessen fand ich seine Frau Luci vor – aufgelöst und schrecklich verwirrt. Sie berichtete mir, dass ihr Mann vor Tagen einen Motorradunfall gehabt hatte. Er lag in einem nahe gelegenen Krankenhaus zur Behandlung.

Als wir dort eintrafen, traute ich meinen Augen nicht. Ich erinnerte mich sofort an die Nacht, in der ich Colin in einem erbärmlichen kleinen Krankenhaus, das diesen Namen gar nicht verdient hatte, verloren hatte. Die Zustände in dieser Einrichtung waren noch weit schlimmer. Es war schrecklich überfüllt, die Patienten lagen zum Teil draußen im Hof und warteten auf eine Behandlung. Nur dass niemand da war, um ihnen zu helfen. Weit und breit gab es keinen Arzt. Medizinische Assistenten taten ihr Bestes, um leichte Erkrankungen zu behandeln und Verletzungen zu bandagieren. Doch sobald die Lage ernster wurde, reichten weder ihre Ausbildung noch ihre Erfahrung aus, um den Menschen zu helfen. Es gab keine medizinischen Geräte für Notfälle. Keine Monitore. Keine Reanimationssets. Von sterilen Operationsräumen ganz zu schweigen.

In einem dieser überfüllten Zimmer lag Christopher. Er zitterte und schwitzte am ganzen Körper, in regelmäßigen Abständen überstreckten sich seine Beine und Arme in Krämpfen. Sein Rücken bog sich durch, die Zähne schlugen aufeinander. Christophers Haut war gelb. Als ehemalige Krankenschwester wusste ich genau, was das bedeutete: Wundstarrkrampf. Offenbar hatte sich eine der Wunden, die Christopher sich bei seinem Sturz zugezogen hatte, entzündet und war nicht ordentlich behandelt worden. Wie auch, ich war mir nicht einmal sicher, ob die Mitarbeiter dieses Krankenhauses überhaupt eine Diagnose gestellt hatten. Statt um sein Leben zu kämpfen, ließen sie meinen Freund dort im Bett vor sich hin siechen. Luci blieb nichts weiter, als stumm und fassungslos vor Schreck neben ihm zu beten.

Ich wusste, wenn Christopher an diesem schrecklichen Ort blieb, würde er sterben. Deshalb setzte ich alles in Bewegung, kontaktierte alle Freunde, die ich in der Gegend hatte, und organisierte schließlich einen Krankentransport nach Yei. Die Fahrt war weniger holprig als jene damals mit Colin, am Ende aber landeten wir in demselben Krankenhaus. Ich hielt Christophers Hand, die sich immer wieder in Krämpfen zur Faust ballte, nur wenige Zimmer von jenem entfernt, in dem Colin sein Leben gelassen hatte. Ja, ich war nach Yei gekommen, um mein Trauma aufzuarbeiten. Doch dass ich noch einmal den Kampf einer Person, die mir nahestand, um Leben und Tod begleiten musste, ausgerechnet dort, treibt mir bis heute Tränen in die Augen. Manche Wunden schließen sich wohl nie völlig.

Yei war besser ausgestattet als Morobo, doch wie damals bei Colin war kein Arzt aufzufinden, der meinen Freund behandeln konnte. Zu allem Überfluss war die für Christopher lebensrettende Medizin aus Antikörpern, die den sogenannten Tetanus-Erreger abtöten, in einem verschlossenen Medizinraum – und der Schlüssel war nirgends auffindbar. Nicht an diesem Tag. Und auch in der Nacht nicht. Es war auch nicht möglich, die eiserne Tür aufzubrechen, dafür war sie zu stabil.

All die Tränen, die Luci und ich an seinem Bett vergossen, halfen nichts. Christopher Banja erstickte in jenem Krankenhaus in Yei an einem schrecklichen Krampfanfall. Wir waren bei ihm bis zum Schluss. Ich schrie und weinte und bettelte und flehte. Doch Christopher starb. Ich kann es bis heute nicht fassen. Er hinterließ seine Frau und zehn Kinder.

Noch an Christophers Todestag sollte ich in Morobo ein Seminar für die Leiter der christlichen Studentenbewegung in der Region halten. Es war nicht mehr abzusagen, die Teilnehmer hatten zum Teil Tagesreisen unternommen, um dabei zu sein. Es war die traurigste Veranstaltung, die ich in meinem ganzen Leben verantwortet habe. Ich verbarg die Tragödie nicht vor den Studenten. Wie hätte ich es auch jemals gekonnt? Christopher wäre mein Co-Trainer gewesen! Doch er konnte nichts mehr lehren. Die Tränen liefen mir und auch den Teilnehmern immer wieder über die Wangen.

All das vor Jahren Erlebte drängte an die Oberfläche und außerdem trauerte ich um meinen engsten Vertrauten in Morobo. Ich erinnere mich an kaum etwas aus diesem Seminar. Nur an die Tränen und daran, wie wir alle gemeinsam ein Schlussgebet sprachen.

Es war in diesen Tagen in Morobo, als ich verstand, was Hoffnungslosigkeit eigentlich bedeutet. Sie kommt nicht von einem einmaligen tragischen Ereignis. Menschen verlieren den Glauben an Gott, an das Leben und an die Liebe nicht wegen eines einzelnen Verlustes oder eines Schicksalsschlags. Hoffnungslosigkeit macht sich breit, wo das Elend nicht enden will. Wo es sich wiederholt und wiederholt und wiederholt, bis es kaum noch auszuhalten ist. Menschen in Kriegsgebieten wissen, was ich meine. Die Schüsse, die Angriffe, die Verletzungen und die Toten – Tag für Tag für Tag. Ich war in den Südsudan gekommen, um mit meinem Trauma abzuschließen. Doch das Land riss neue Wunden in meine Seele. Es erschien mir, als seien alle, mit denen ich gemeinsam von einer besseren Welt träumte, dem Tod geweiht. Mein Schweizer Freund Jörg, der vor vielen Jahren an meiner statt von Radikalen ermordet worden war. Meine Freundin Mariam, ebenfalls von Radikalen ermordet. Colin. Christopher. Und so viele mehr, die ich hier nicht erwähnen kann. Jeder von ihnen bleibt für immer bei mir und hinterlässt doch Narben an meinem Herzen, die nie vollständig verheilen werden.

Ich habe von Gott nie eine Antwort auf die Frage bekommen, warum sie gehen mussten und warum ihre Kinder ohne Vater oder Mutter aufwachsen mussten. Ich frage ihn bis heute. Und er schweigt weiter. Manchmal aber habe ich das Gefühl, ihn mit mir weinen zu hören. Um diese Menschheit, die sich so viel Unrecht antut. Gott erlaubt meine Trauer, meine Klage und meine Zweifel. Wenn ich eines in meinem Leben gelernt habe, ist es dies: Die Geschichten, die Gott mit uns auf dieser Erde schreibt, enden so gut wie nie mit einem einfachen und fröhlichen Amen und Halleluja.

Dennoch habe ich mich immer wieder für diesen Weg entschieden. Ich will weiterhin an das Gute glauben. Dazu gehört meine Trauer, dazu gehören meine Fragen, meine Wut und auch mein Zweifel. Sie sind Teil meines Lebens mit Gott. Doch meine Liebe zu ihm ist ungebrochen. Weil er mich zuerst geliebt hat, so wie er jeden Menschen liebt, auch wenn wir schreckliche Dinge tun. Gott ist nicht der, der Verbrechen begeht. Es sind wir Menschen. Er will wiederherstellen, was verloren ist.

Wenige Tage nach Christophers Tod kam das amerikanische Filmteam in Yei an. Sie wohnten mit Shekinah und mir gemeinsam in der Hüttenstadt. Ich hätte ihnen nicht absagen können, selbst wenn ich gewollt hätte. Alles war arrangiert, die Drehpläne geschrieben, die Reisen gebucht. Die Filmer fanden eine andere Hedi vor als die, die sie in Uganda getroffen hätten. Und eine andere Shekinah. Mein Kind war stiller – ihr fehlte Gulu und sicherlich fehlte ihr auch eine fröhliche Mutter. Durch all die Schicksalsschläge hing sie an mir, lebte in permanenter Angst, mich zu verlieren. Ich selbst war nicht selten in Tränen aufgelöst. Meine Tage bestanden daraus, das Filmteam zu versorgen und selbst vor der Kamera zu stehen. In den Momenten dazwischen brach ich oft zusammen. Ich weinte um meinen Freund, um dieses Land und die verlorene Hoffnung.

Der Film trägt den Titel »Mama Shekinah«. Wer ihn anschaut, sieht eine Hedwig Lee, die trotz allem von Gott schwärmt. Das tue ich bis heute, auch wenn ich ihn so oft nicht verstehe.

In diesen Tagen begann ich auch, erste Seminare auf dem geplanten Schulgelände in Morobo zu halten. Das lag wohl daran, dass ich den traurigen Umständen mit aller Macht trotzen wollte. Auf dem Land standen bereits zwei Gebäude, die wir weiter ausbauen wollten, außerdem wollten wir neue errichten. Für die Gemeinde meines verstorbenen Freundes Christopher gab ich dort ein Seminar zum Thema Angst. Anlass war natürlich sein Tod. So hatte sich keiner von uns den Beginn der Arbeit auf dem geschenkten Land vorgestellt. Ich sprach mit den Seminarteilnehmern darüber, wie es möglich ist, Gott zu vertrauen, obwohl die Gefahr direkt um uns herum tobt. Dabei war ich selbst voller Angst. Dass ich überhaupt darüber sprechen konnte, verdanke ich wie so vieles in meinem Leben schlicht und ergreifend meinem mennonitisch-paraguayischen Sturkopf.

So hätte sich alles nach und nach trotz der schrecklichen Bedingungen wieder einrenken können. Doch nur wenige Wochen nach dem Tod meines Freundes und in meinem dritten Monat im Sudan erreichte mich eine weitere Hiobsbotschaft. Meine Mutter war schwer erkrankt. Die Ärzte hatten bei ihr Lungenkrebs festgestellt, sie musste operiert werden. Zwei Drittel ihrer Lunge sollten entfernt werden. Sofort entschied ich mich dazu, sie bei ihrem Kampf gegen den Krebs zu begleiten. Meine Arbeit in Morobo und Yei musste pausieren. Ich würde nach Paraguay fliegen, Shekinah im Schlepptau und dazu die Angst, dass die Krankheit meine Mutter das Leben kosten könnte.

Zurück in der Heimat fand ich meine Mutter in einem Zustand vor, in dem ich sie noch nie erlebt hatte. Sie war immer eine starke Frau gewesen, so stark, dass mich ihre manchmal herrische Art in meiner Kindheit stark belastet hat. Nun war von ihr nur noch ein kleines Häuflein Elend übrig geblieben. Sie lag in ihrem Krankenhausbett, frisch operiert, nicht in der Lage zu sprechen oder gar aufzustehen. Tagelang saß ich neben ihr und sang ihr einfach nur Lieder vor. Es war alles, was ich für sie tun konnte. Doch nach und nach wurde sie stärker. Sie trainierte das Atmen mit ihrer durch den Eingriff so klein gewordenen Lunge. Und bald verließen wieder erste Worte ihren Mund. So kam es, dass meine Mutter und ich zum ersten Mal seit Jahren scheinbar unendlich viel Zeit miteinander verbringen konnten – und dabei nichts anderes zu tun hatten, als uns zu unterhalten. Vielleicht waren diese Tage die wertvollsten in unserer Beziehung. Anfangs begleitete mich noch die Angst vor dem nächsten schweren Verlust eines mir nahestehenden Menschen – doch dieses Mal hatte Gott andere Pläne. Meine Mutter wurde stärker und stärker und erholte sich von dem Krebs. Dieser Schicksalsschlag würde nicht in einer Tragödie enden. Was ich zeitweise wie einen Fluch empfunden hatte, war gebrochen.

Ich blieb acht Monate in Paraguay. Shekinah und ich zogen für diese Zeit zurück in unser Haus. Es dauerte nicht lange, da war es gefüllt mit Menschen. Denn welche Hedi wäre ich gewesen, wenn ich nicht auch in Paraguay das Bedürfnis gehabt hätte, Menschen zusammenzuführen? Musik war schon immer mein liebstes Mittel dazu gewesen. Also rief ich einen Kinderchor ins Leben, der sich in meinem Wohnzimmer traf. Am Ende kamen siebzig Kinder und ein tolles Team von Müttern und Helfern aus unterschiedlichen Kulturen und Nationen zu uns, um zu singen, Trommeln oder Gitarre spielen zu lernen oder im Garten zu tanzen. Es war meines Wissens die erste Initiative im Ort, die gezielt

Ethnien zusammenführte – und davon gab es in Paraguay viele: Mennoniten, indigene Völker, spanischsprachige Paraguayer und Ausländer, die in Filadelfia arbeiteten. Wir probten, wurden eine Gemeinschaft und traten schließlich sogar auf Kirchgemeindefesten oder bei anderen öffentlichen Veranstaltungen auf. Viele der Kinder, die zu mir kamen, wurden Christen – und brachten auch ihre Eltern in Kontakt mit dem Glauben. Diese acht Monate in der Heimat waren ein wunderbares Zwischenspiel für Shekinah und mich. Ich konnte durchatmen, besonders ab dem Moment, wo es meiner Mutter deutlich besser ging. Und meine Tochter genoss die Zeit in der ehemals vertrauten Umgebung.

Doch Yei hielt noch eine weitere Aufgabe für mich bereit. Sie war größer als alles, was ich mir je vorgestellt hatte. Und sie würde mein Leben erneut auf den Kopf stellen.

Als ich in den Südsudan zurückkehrte, hatte ich sofort das Gefühl, dass sich die Stimmung im Land merklich angespannt hatte. Schon vor meinem Weggang hatte ich immer wieder Gespräche der Einheimischen mitgehört, in denen es um den Konflikt zwischen dem Norden und dem Süden des Landes ging. Zwei große Kriege hatte das Land deshalb bereits ausgefochten mit dem Ergebnis einer teilweisen Unabhängigkeit des Südens. Nun sollte ein Referendum die endgültige Spaltung des Landes zementieren und die ersehnte Ruhe in die Region bringen. Doch die Prognosen für den Ablauf waren pessimistisch. Man erwartete dramatische Auseinandersetzungen und ein erneutes Aufflammen der Gewalt zwischen Nord und Süd. Das würde die Arbeit der Hilfsorganisationen vor Ort erschweren und auch die der Missionare, die wie ich im Süden des Sudans arbeiteten.

Ich hatte das drängende Gefühl, dass es nur eine Frage der Zeit war, bis ich das Land würde verlassen müssen, denn mehr als alles andere sorgte ich mich um Shekinahs Sicherheit. Und auch Shekinah selbst fühlte sich im Sudan nicht sicher. Sie war alt genug, um meine Unruhe zu spüren und mitzuerleben, wie befreundete Missionare die Region verließen. Sie hatte sich dort nie wirklich wohlgefühlt, aber nun ging es ihr zunehmend schlechter. Wenn ich zu Veranstaltungen musste, wollte sie mich nicht gehen lassen. Am Ende war sie der Grund, warum wir nicht im Sudan blieben. Ich hatte gewusst, dass meine Arbeit in Afrika nach ihrer Geburt eine andere sein würde. Dass ich zuallererst Mutter war und dann Missionarin. Nun war ich gezwungen, meine Tätigkeit in Yei aufzugeben – obwohl die Bauarbeiten an der Schule in Morobo gerade erst begonnen hatten. Innerhalb von drei Monaten delegierte ich nach und nach meine Aufgaben – vor allem an Einheimische, aber auch an Freunde aus dem Ausland, die vor Ort bleiben würden.

In meiner Zeit in Yei wurde mir eine Familie besonders wichtig, die mein Leben wie keine andere verändern würde: die Familie von Constanze und Matthias aus Deutschland.

Ich traf Constanze das erste Mal, als ich noch in Uganda lebte. Shekinah und ich wollten uns einen schönen Tag machen und waren nach Kampala gefahren. Im örtlichen Einkaufszentrum gab es allerhand Attraktionen für kleine Kinder, vor allem einen nett gemachten Spielplatz. Sofort fiel mir eine weiße Frau ins Auge. Wunderschön war sie und kugelrund, offenbar würde sie bald ein Kind bekommen. Zwei Jungen und ein Mädchen im Kindergarten- und Schulalter hatte sie dabei, alle drei spielten fröhlich im Trubel zwischen Geschäften und Fressständen. Wir kamen sofort ins Gespräch und stellten fest: In nur zwei Wochen würden wir uns in Yei wiedersehen, denn Shekinah und ich bereiteten gerade unseren Umzug dorthin vor und Constanze lebte mit ihrer

Familie gleich neben jener Strohhüttensiedlung, die bald unsere Heimat sein sollte, in einer Unterkunft für ausländische Mitarbeiter. Constanze und ihr Mann Matthias arbeiteten seit etwas über einem Jahr als Missionsärzte im Südsudan, wobei Constanze sich derzeit vorwiegend um die Familie kümmerte. Nun waren sie für eine Sitzung nach Kampala gekommen.

Das Wiedersehen, als wir schließlich im Südsudan ankamen, war herzlich. Shekinah freundete sich schnell mit den Kindern der Familie an, vor allem der kleine Benjamin wuchs ihr ans Herz. Zusammen trieben sie sich auf dem Gelände der Siedlungen herum und stellten allerhand Unsinn an. Ich sehe die beiden noch vor mir, vollgeschmiert mit Motoröl, weil sie in irgendeiner klapprigen Garage im Dreck gewühlt hatten. Die Freundschaft mit dieser Familie linderte Shekinahs Abschiedsschmerz wegen Uganda ein wenig, auch wenn er nie ganz heilte.

Für mich wurde Constanze zu einer engen Vertrauten. Wir trafen uns an den Nachmittagen, tranken Tee und unterhielten uns über die Kinder, Gott und das Leben in Afrika. Das gemeinsame Gebet mit ihr wurde mir zu einem der wichtigsten. Wir fragten nach Gottes Wegen, rangen zusammen darum, ihn besser zu verstehen, auch bei allem Schmerz, den das Leben mit sich brachte. Ich ahnte nicht, dass ihr selbst und vor allem ihrer Familie Traumatisches bevorstand. Doch heute weiß ich, dass unser Treffen in Uganda und unser Zusammenwachsen kein Zufall war. Gott hatte einmal mehr einen Plan.

Daran änderte sich auch nichts, als Shekinah und ich den Südsudan wegen der wachsenden Unruhen endgültig verlassen mussten. Wir würden unsere Freunde schon bald wiedersehen.

Unsere gerade erst wachsende Schule in Morobo wurde bei Unruhen in den Jahren darauf leider nach und nach zerstört.

Ich weiß nicht, wie es dort heute aussieht. Viele unserer Schüler und deren Eltern mussten in die Nachbarländer fliehen. Yei bleibt damit für mich ein ganz und gar unabgeschlossenes Kapitel. Immerhin kenne ich heute mindestens sechs Gründe dafür, dass Gott mich dorthin geschickt hat. Sie heißen Constanze, Matthias, Deborah, Jonathan, Benjamin und Rebecca.

16. Constanze

Für Shekinah war meine Entscheidung, den Südsudan zu verlassen, die beste, die ich hätte treffen können. Wir kamen im Nachbarland Kenia unter. Freunde sorgten dafür, dass wir in einem mennonitisch geführten Gästehaus in Nairobi leben konnten. Wir waren einfache Hütten aus Stroh und das Leben als Selbstversorger gewohnt und plötzlich landeten wir in einer Art Hotel. Die Leitung des Hauses stellte uns sogar ein Auto zur Verfügung. Für mich und mein Kind war dieser Ort ein sicherer Hafen mitten im afrikanischen Trubel und im Aufruhr unseres Lebens. Shekinah besuchte für kurze Zeit einen Montessori-Kindergarten und ging schließlich in die erste Klasse der angegliederten Schule. Sie lebte spürbar auf. Ihre Angst um mich wurde geringer. Sie suchte sich neue Freunde, lebte ein halbwegs normales Kinderleben und hatte durch die mennonitische Prägung ihrer Umgebung wohl auch so etwas wie ein Gefühl von Heimat, schließlich kannte sie mein Zuhause in Paraguay seit dem ersten Lebensjahr. Die Zeit in Kenia nutzte ich, um mit der Arbeit an diesem Buch zu beginnen, und ich verbrachte viel Zeit mit engen Freundinnen, die ich über die Jahre in Afrika kennengelernt hatte.

Doch was ich auch tat und wo wir auch lebten – Shekinahs Traurigkeit blieb. Sie hatte den Tod miterlebt, ihn gesehen, gefühlt, an sich herangelassen. Sie war zu jung für so ernste Lebensthemen, doch ich hätte sie nicht davor bewahren können. Tatsächlich fühlte sogar ich mich gelegentlich überfordert von all den schrecklichen Dingen, die wir überstehen mussten. Was für eine Erwachsene zu viel war, war hundertfach zu viel für ein kleines Kind. Ich wusste: Shekinah musste endlich Ruhe finden. Und zwar mehr Ruhe, als die Montessori-Schule und das mennonitische Gästehaus ihr bieten konnten. Das Kind musste nach Hause. Ich hatte meine Liebe und Leidenschaft für Afrika zwar gerade erst wiederentdeckt, aber ich erinnerte mich daran, dass ich mir und uns einst auf dem Weg nach Gulu versprochen hatte, zuerst Shekinahs Mutter und erst als Zweites Missionarin für die Afrikaner zu sein. Nun würde ich dies ein weiteres Mal wahr machen.

In Paraguay ging Shekinah zur Schule und lebte ein gutes mennonitisches Leben – traditionell und doch freier als in meiner Kindheit. Ich nutzte die Zeit, um mich fortzubilden und ab und an Lehraufträge zu übernehmen. Das Leben ging weiter, es kehrte tatsächlich Ruhe ein. Doch wer wäre ich, wenn sie lange angehalten hätte.

Ein Jahr nach unserem Umzug in die alte Heimat erreichte mich eine E-Mail von Constanze, meiner engen Freundin aus dem Südsudan, die ich so sehr liebte und mit deren Kindern sich Shekinah so eng angefreundet hatte. Wir waren in Kontakt geblieben, daher wusste ich, dass sie mit ihrer Familie Afrika verlassen hatte. Ihre Arbeit dort war getan, Matthias hatte dort ein bis heute gut gehendes Krankenhaus aufgebaut und die Verträge vor Ort waren ausgelaufen. Nach der aufregenden Zeit wollten sie wieder etwas Ruhe finden und in ein ganz normales Leben zurückkehren. Sie zogen mit ihren vier Kindern in eine Wohnung im brandenburgischen Neuruppin und Matthias war als Lungenarzt in der örtlichen Klinik tätig. Constanze war zunächst mit den Kindern zu

Hause geblieben, bemühte sich aber inzwischen ebenfalls um eine Stelle als Ärztin, ihr Fachgebiet war die Innere Medizin.

Was ich in dieser Nachricht von Constanze las, nahm mir den Atem. Es warf mich wieder in die Tage der Schmerzen und das Gefühl von Verlust kehrte zurück. Constanze erzählte, wie sie gemeinsam mit ihrem Mann und den Kindern auf einer christlichen Freizeit gewesen waren. In dieser Zeit hatte sie furchtbare Rückenschmerzen bekommen. Medikamente linderten ihr Leiden nur geringfügig, sodass sie die Urlaubstage zwar durchhielt, sich aber gleich darauf in eine Klinik zur Untersuchung begab. Die unglaubliche Diagnose kam wenige Tage später: Constanze hatte Magenkrebs im Endstadium. Der Krebs hatte bereits gestreut. Es gab keine Aussicht auf Heilung.

Noch in derselben E-Mail bat sie mich darum, sie in Deutschland zu besuchen. Natürlich sagte ich zu. Ich hatte geplant, bald nach Gulu zu der Hochzeit einer ehemaligen Kindersoldatin und Freundin zu reisen. Auf dem Weg dorthin würde ich mit Shekinah einen Zwischenstopp in Brandenburg einlegen. Drei Wochen wollten wir bei Constanze und Matthias wohnen, ihre Geschichte hören, der Familie beistehen und ein Stück ihres Lebensweges mitgehen. Doch dieses Stück Weg sollte wesentlich länger werden als gedacht. Ich hatte eine vage Vermutung, dass mich Constanze nicht nur zu sich bat, um ein letztes Mal Zeit mit mir zu verbringen. Es steckte mehr hinter ihrem Wunsch, mich zu sehen. Unbewusst fürchtete ich mich schon in Paraguay vor dem, was mich in Deutschland erwarten würde: eine neue Lebensaufgabe.

Als ich in Neuruppin ankam, rechnete ich mit dem Schlimmsten. Ich wusste, die folgenden drei Wochen würden nicht schön werden. Sie sollten geprägt sein vom Abschiednehmen und erneut würde ich mich der Frage aussetzen müssen, warum Gott es zuließ, dass Menschen, die ihm vollends vertrauten und mit ihm durch dick und dünn gingen, Leid erfahren mussten. Im Rückblick ist Constanzes Krankheit vermutlich das größte Rätsel Gottes für mich geblieben. Ich verstehe nicht, warum er es zugelassen hat, dass eine Mutter von vier Kindern, noch dazu eine so starke und wunderbare Frau, das durchmachen musste. Aber es ist geschehen. Wir alle mussten damit leben.

Constanze hingegen strotzte vor Stärke – nicht körperlich, aber sie war voll Vertrauen auf Gott, selbst im Angesicht des Todes. Sie war lebensmutig, tapfer und begegnete ihrem Schicksal aufrecht. Sie war sich sicher, dass sie am Ende in Gottes Arme fallen würde. Ja, sie freute sich sogar auf den Himmel. Ich traf also keine gebeugte Frau, wie ich erwartet hatte, sondern die Constanze, die ich in Uganda kennengelernt hatte, als sie mit ihren drei Kindern und dem vierten im Bauch auf dem Spielplatz im Einkaufszentrum gestanden und mich freundlich angelächelt hatte. Meine Freundin war dieselbe geblieben.

Es schien mir, als wäre der Abschied, den sie von ihren Kindern und ihrem Mann nehmen musste, das Einzige, das sie wirklich traf. Wie könnte es eine Frau Anfang vierzig auch jemals verkraften, ihre Kinder zurücklassen zu müssen? Ich selbst, die das ganze Unglück kaum fassen konnte, war einerseits beeindruckt von meiner Freundin, aber andererseits nahm ich ihr ihre Ruhe auch übel. Ich wollte sie nicht verlieren! Ich wollte sie kämpfen sehen! Sie sollte sich aufbäumen, klagen, Gott anflehen und etwas dafür tun, dass sie am Leben blieb! Wäre ich an ihrer Stelle gewesen, ich hätte mich wie ein angeschossenes Pferd auf die Hinterbeine gestellt, gewiehert und getreten und mich mit aller Macht an das Leben geklammert. Sie aber tat das nicht. Heute kann ich sehen, dass es vielleicht besser so war. Es ließ ihr Raum, sich um anderes zu kümmern. Dinge, die erledigt werden mussten. Wie viel Zeit ihr blieb, lag am Ende ohnehin nicht in ihren Händen.

Äußerlich hatte die Krankheit Constanze bisher nicht verändert. Sie war noch immer die schöne brünette schlanke Frau, die ich in Erinnerung hatte. Als ich in Deutschland ankam, hatte sie gerade eine Chemotherapie begonnen. Auch wenn keine Aussicht auf Heilung bestand, wollte sie die Zeit, die ihr mit ihrer Familie blieb, so weit verlängern, wie es ging. Die harten Medikamente würden sie mit der Zeit optisch verändern. Schließlich verlor sie ihre langen Haare und ihr Körper schwoll durch die Nebenwirkungen an. Doch ich werde nie vergessen, wie ich sie damals sah: lächelnd, zuversichtlich und schön.

In den folgenden Tagen lebten Shekinah und ich gemeinsam mit der Familie in ihrer Wohnung in Neuruppin. Ich begleitete Constanze zu ihren Behandlungen. Wir kauften gemeinsam ein und verbrachten Stunden um Stunden an ihrem kleinen Küchentisch, um uns über Gott und die Welt zu unterhalten, so wie wir es damals in Yei getan hatten. Erst später begriff ich, dass das alles Constanzes Plan gewesen war. Sie hatte mich nicht eingeladen, um sich zu verabschieden, sondern um mir eine Einführung in ihr Leben zu geben. Um mir zu zeigen, wo sie einkaufte, wo die Kinder in die Schule, zur Musikstunde oder zum Sport gingen. Wie das Leben in Deutschland war. Und auch, um Matthias besser kennenzulernen, denn meine Beziehung zu ihm war immer eher kühl gewesen. Schon in Afrika war Constanze diejenige in der Familie gewesen, die die Planungen im Hintergrund anstellte. Sie war perfekt darin, Menschen zusammenzubringen, Termine zu organisieren, Pläne zu erstellen und dafür zu sorgen, dass am Ende alles aufging. Sie hielt Matthias den Rücken frei, während er als Arzt im Südsudan arbeitete. Und nichts anderes tat sie jetzt.

Sie machte Pläne, um ihre Familie zu entlasten. Doch dieses Mal war der Grund für deren Stress nicht ein fremdes Land, eine andere Kultur, das Leid kriegsgebeutelter Seelen oder die Frage, ob ein Unwetter kommen oder der Strom ausfallen könnte.

Dieses Mal war der Grund für die vielen Tränen, die in diesen Wochen in Constanzes Familie vergossen wurden, Constanzes Krankheit und die Aussicht darauf, dass sie schon bald nicht mehr mit ihren Kindern und ihrem Mann zusammen sein würde. Auch wenn sie selbst stark war, ihre Kinder waren es nicht. Sie weinten und wüteten. Ihr Schmerz war greifbar, sie waren überfordert von dem, was die Zukunft bringen sollte, und verletzt. Einzig Constanze hielt sich wie eine alte Eiche im Sturm. Sie hatte einen Plan.

An einem Abend, dort an jenem kleinen Küchentisch in ihrer Wohnung, rückte sie damit heraus, warum sie mich eigentlich nach Deutschland geholt hatte. Ihr war klar, dass Matthias es nicht allein schaffen würde, die Kinder zu ernähren und zugleich für sie da zu sein wie eine Mutter. Jemand würde ihren Platz einnehmen müssen, wenn sie eines Tages nicht mehr lebte. Meine Freundin wollte, dass ich die Mutter ihrer Kinder würde. Kaum hatte sie das gesagt, ratterte sie auch schon los. Sie erzählte mir in jedem Detail, welche Dinge ich würde beachten müssen. Deborah, ein außergewöhnlich sensibles und empathisches Kind, müsste zum Musikunterricht, Benjamin, ein kleines sportliches Muskelpaket, sollte weiter Fußball spielen, Jonathan, besonders schlau, aber zerstreut wie ein Professor, müsse noch seinen Weg finden und Rebecca sei so stark, sie würde eine echte Powerfrau werden.

Bald darauf brach meine starke Constanze am Tisch zusammen. Sie weinte und weinte, als sie mir erzählte, was ich beachten musste, wenn ich mich künftig um ihre Kinder kümmern würde. Indem sie es aussprach, gab sie der schrecklichen Wahrheit Raum, dass sie nicht da sein würde, um zu sehen, wie ihre Kinder aufwuchsen.

Und ich? Ich hörte zu, ließ das Gesagte in mein Hirn tropfen, langsam, Wort für Wort, bis ich endlich begriff, was all das bedeutete: Constanze wollte nicht nur, dass ich als Freundin in der Nachbarschaft einzog und ab und an zum Kochen vorbeikam. Sie wollte nicht, dass ich den Haushalt schmiss und abends wieder ging. Sie wollte, dass ich Teil der Familie wurde. Dass ich auch rechtlich Mutter ihrer Kinder würde. Und sie hatte das auch schon mit Matthias besprochen. Für sie lag alles ganz logisch auf der Hand: Er würde Witwer sein. Ich war eine Witwe. Wir beide hatten Kinder, denen Vater oder Mutter fehlten. Das Beste für alle wäre es, wir würden heiraten und einander Gegenüber, Freund und Hilfe sein. Und Geliebte.

Der Gedanke verwirrte mich. Geliebte eines Mannes außer Colin? Noch dazu in einer arrangierten Ehe? Matthias war das Gegenteil meines verstorbenen Mannes. Colin war laut und energisch und wild gewesen. Matthias sprach kaum je ein Wort, er war zurückhaltend, analytisch, freundlich und schlau, aber er erschien mir auch langweilig. Was meinen Magen aber erst recht dazu brachte, sich zu verkrampfen, war der Gedanke an die Kinder: Wie sollte ich diese vier starken Persönlichkeiten jemals anleiten? Wie könnte ich Constanze ersetzen? Mir wurde schwindelig. Wenn ich etwas gelernt hatte in den vergangenen Jahren, dann unter anderem, dass niemand ersetzt werden kann.

Plötzlich erinnerte ich mich an einen Satz, den Shekinah gesagt hatte, als wir unsere Reise nach Deutschland antraten: »Es ist nicht gut, ohne Vater zu sein.« Sie wusste bereits von Constanzes Krankheit, und obwohl sie von sich selbst sprach, meinte sie gleichzeitig: Es ist nicht gut, ohne Mutter zu sein. Kinder sollten nie ohne Eltern sein. Auch Constanzes Kinder nicht. Shekinah ist so ein schlaues Mädchen. Vielleicht kannte sie unseren Weg, bevor ich ihn kannte.

Mir jedenfalls verschlug die Aussicht auf ein solches künftiges Leben erst einmal die Sprache. Ich war schon immer ein furchtloser Mensch gewesen. Ich hatte keine Angst vor afrikanischen Warlords, vor Unwettern und Naturgewalten, vor Islamisten und Kindersoldaten. Aber jetzt zitterten mir die Knie. Und andererseits war mir sofort klar: Diese Wendung würde in mein Leben passen. Ich hatte schon immer all die Dinge getan, die andere für seltsam und unpassend hielten. Mein Weg bis hierher war krumm, steinig und verrückt gewesen. Ich hatte so oft erlebt, dass Gott seine Geschichte mit mir schrieb, auch und gerade dann, wenn ich es am wenigsten wollte und am wenigsten damit rechnete. Ich hatte zudem nicht vorgehabt, mich den Rest meines Lebens in meinem Haus zu verbarrikadieren und keine Männer mehr anzusehen. Ich war durchaus offen für eine neue Liebe. Nach dem Verlust, den ich durch Colins Tod erlebt hatte, wäre das zwar schwer, aber ich hatte mir geschworen, mich der Liebe nie wieder zu verschließen. Ich wollte den Glauben daran nicht wieder aufgeben. Nie wieder würde ich der Lüge Glauben schenken, dass die Liebe einen am Ende ohnehin im Stich ließ, so wie ich es als kleines Kind geglaubt hatte. Nein, Gott war die Liebe und die Liebe war Gott und er würde mich nicht verlassen. Auch Colin hatte mich nie verlassen, obwohl er sterben musste. In meinem Herzen war er immer da und mir nah. Und genauso war er es für Shekinah.

Im Laufe der Jahre nach Colins Tod hatte ich mir Punkte zurechtgelegt, die ein neuer Mann erfüllen müsste. Wenn ich mich jemals wieder in das Abenteuer Ehe wagen wollte, dann müsste mein neuer Partner wissen, was Schmerz ist. Wir müssten uns an diesem Punkt auf Augenhöhe begegnen können. Und es sollte jemand sein, der bereits Kinder mit in die Beziehung brachte. Am besten viele, denn ich selbst war mittlerweile fast aus dem Alter des Kinderbekommens heraus, aber ich liebte es, in einer großen Familie zu leben. Ich habe diese beiden Wünsche nie aufgeschrieben oder bewusst irgendwo festgehalten. Aber irgendwie waren sie in meinem Herzen verankert. Dort warteten sie darauf, Erfüllung zu finden, und in den Tagen nach dem Gespräch mit Constanze drängten sie an die Oberfläche.

Es stimmte, Matthias war das glatte Gegenteil von Colin. Aber er kannte die Mission. Er kannte Leid. Er liebte seine Kinder über alles. Und obwohl alles um ihn herum zerbrach, war er Gott jeden Tag dankbar und in seiner Beziehung zu ihm tief verankert. Er wusste, dass eine Ehe bedeutet, Kompromisse zu schließen. Dass sie mehr ist als Romantik und vor allem aus vielen kleinen Schritten besteht. Jeden Tag müssen Paare sich aufeinander zubewegen, einander dienen und lernen, sich so zu verhalten, dass beide sich geachtet fühlen. Eine Ehe funktioniert nur dann, wenn die Liebenden lernen, einander zu vergeben. Sie dient nicht dazu, den Partner zu verändern. Sie sorgt dafür, dass wir mit den Macken und Fehlern des anderen zu leben lernen. Auch das wusste Matthias. Ich hatte Respekt vor ihm und er vor mir.

Wir fühlten uns trotz allem nicht zueinander hingezogen. Doch ohne eine Ehe mit Matthias kam es für mich nicht infrage, nach Deutschland zu gehen. Es wäre auch für Constanze keine Option gewesen. Sie wollte Stabilität für ihre Kinder und dazu gehörte für sie eine intakte Familie. Matthias schloss eine Ehe mit mir nicht aus, aber er brauchte erst einmal Raum, um sich um seine Frau zu kümmern und zu trauern.

Ich sagte Constanze an diesem Tag, dass sie auf mich zählen konnte. Ich würde den Weg gehen, wenn Matthias ihn sich ebenfalls vorstellen konnte. Ich dachte nicht viel darüber nach, das kam später. Ich wollte meiner Freundin Sicherheit geben, damit sie diese Welt in Frieden verlassen konnte. So ließ ich sie zurück, es war das letzte Mal, das wir gemeinsam am Tisch saßen und über Gott und die Welt sprachen. Nach drei Wochen flog ich mit Shekinah zu meinen Freunden nach Gulu und anschließend zurück nach Paraguay. Die kommenden elf Monate sprach ich viel mit Gott. Ich ging zu ihm mit all meiner Verzweiflung, meinem Leid und dem elenden Gefühl des Verlusts. Ich betete und fastete, flehte ihn an, Constanze am Leben zu lassen. Um ihretwillen, wegen ihrer Kinder, aber auch für mich. Constanze und ich blieben die ganze Zeit in Kontakt. Elf Monate nach unserem Treffen in Neuruppin erreichte mich eine E-Mail. Es war Constanzes Abschiedsbrief an mich und viele ihrer Wegbegleiter:

Unsere lieben Menschen, die Ihr schon so lange hinter uns steht ... wahrscheinlich ist es jetzt an der Zeit, mal wieder ein aktuelles Lebenszeichen von uns zu schicken, damit Ihr ein wenig konkreter wisst, wie es um uns steht. Bis April war alles einigermaßen gut, dank der Chemotherapie war mein Tumor im Magen samt all seinen Metastasen in Knochen und Lymphknoten gut kontrolliert (bin im Februar sogar noch einmal Ski gefahren und im April geritten!). Wir hatten zwar mit diversen Nebenwirkungen zu kämpfen, kamen aber damit zurecht. Dann begannen Kopfschmerzen, Übelkeit und Erbrechen. Beim Magenkarzinom ist der Befall des Gehirns ziemlich selten, aber da waren sie nun, die Kleinhirnmetastasen. Ich bekam eine Serie von Bestrahlungen und trage seitdem »Berta«, meine Perücke, daran haben wir uns alle recht gut gewöhnt. Leider hat die Bestrahlung nicht so richtig angesprochen, aber mit Cortison ging es eigentlich auch noch ganz gut. Jetzt aber waren wir doch noch mal in Frankreich und haben Familiensommerurlaub auf einer Art christlichem Caravanplatz gemacht, wir hatten ihn im letzten Jahr entdeckt und sehr genossen. Auch diesmal war es sehr schön, nur konnte ich immer schlechter laufen.

Am Wochenende kamen wir gerade noch so hier an, und am Montag lief dann Diagnostik. Nach allem, was wir jetzt so wissen, liegt die Ursache meiner Schwäche in dem Befall der Hirnhäute. Im Liquor sind überall Krebszellen. Jetzt werden zwar wöchentlich Medikamente in den Liquor gespritzt, aber so richtig glaubt keiner, dass das noch etwas bringt. Ich muss also davon ausgehen, dass ich in wenigen Tagen gelähmt sein werde, zunächst in den Beinen. Das ist natürlich eine ganz neue und herausfordernde Situation, zumal wir nicht nur über diverse Stufen zur Wohnung müssen, sondern auch noch in der Wohnung zwei Stufen haben. So sind wir also jetzt am Planen und Schauen, wie der nächste Lebensabschnitt sich gestalten könnte. Nicht nur wir Großen, sondern auch die Kinder haben so ihre liebe Not mit dem, was sie jetzt alles erleben. Wie sehr wünsche ich ihnen, dass sie genauso wie ich spüren, dass Gottes liebevolles Begleiten uns trägt und wir nicht allein sind.

Es ist ganz wertvoll für uns, dass wir viele von Euch als Beter hinter uns wissen dürfen, sonst wäre es bislang sicher nicht so gut gegangen. Ihr seid für uns als Freunde unverzichtbar, auch wenn wir jetzt kaum Kapazitäten für persönliche Kommunikation haben, bitte seid uns da nicht böse. Bislang war ich ja unsere kommunikative Familienschaltstelle, aber nun wird Matthias da hineinwachsen, sicher anders als ich, bitte habt da Geduld! Er wird versuchen, der beste Papa der Welt zu sein, das wird nicht leicht werden, bitte seid ihm da weiterhin treue Freunde und Mitbeter, die ihm den Rücken stärken!

Ich ahne, dass mir nicht mehr viel Zeit bleiben wird, um mich bei jedem zu verabschieden. Bitte wisst, dass Ihr mir sehr viel bedeutet habt und es ja auch noch tut. Ohne Euch wäre mein Leben nicht halb so reich gewesen!!! Wenn ich Euch mit meiner schnellen und oft unvorsichtigen Art wehgetan haben sollte, dann bitte verzeiht es mir, bitte vergebt mir, wo es etwas zu vergeben gibt, das ist mir wichtig! Danke für all Eure Zugewandtheit, Eure Liebe, die mein Leben reich gemacht hat, ohne Euch wäre es um sooo vieles ärmer gewesen! Ich weiß, dass ich es auch in Zukunft gut haben werde, bitte werft auch Ihr Euer Vertrauen auf unseren liebenden himmlischen Vater nicht weg! Ich weiß leider nicht genau, ob und wie wir uns wiedersehen werden, aber wenn, dann freue ich mich darauf! Wenn Ihr später an mich denkt, dann schickt doch ein Gebet für meine Familie los und denkt dran, dass ich Euch gern habe und zulächle.

Danke für alle treue Verbundenheit, für alles »Mit-uns-Sein«,
seid gesegnet
Eure Constanze

Es war ihre letzte E-Mail. Wenige Wochen später starb sie. Constanze wurde nur 43 Jahre alt. Sie verbrachte ihre letzten Tage zu Hause. Matthias kümmerte sich mit den liebevollen Händen eines Ehemannes und den wachsamen Augen eines Arztes um sie. Constanze hinterließ Briefe für jedes ihrer Kinder. Darin erklärte sie auch, dass ihr Vater eine neue Mutter suchen würde. Meinen Namen ließ sie vorerst aus dem Spiel, schrieb aber einen weiteren Brief, in dem sie mich erwähnte. Matthias sollte ihn der Familie nur dann vorlesen, wenn er selbst ein Ja zu der Ehe mit mir finden konnte. So kamen diese Zeilen vorerst unter Verschluss. Es war nicht die Zeit für neue Verbindungen, sondern die Zeit des Trauerns. Ich vergoss Träne um Träne für meine Freundin. Und zugleich spukte mir ein Gedanke unablässig durch den Kopf: »Jetzt ist es so weit.«

17. Eine neue Familie

Constanze war immer gut darin gewesen, Dinge zu organisieren. So hatte sie auch die Zeit nach ihrem Tod durchgeplant. Es war immer jemand da, der Matthias in dieser Zeit der Trauer unterstützte. Familie und Freunde kümmerten sich um die Kinder, halfen bei rechtlichen und bürokratischen Fragen und im großen Haushalt. Ich saß unterdessen in Paraguay und sah bang und auch etwas neugierig dem entgegen, was nun kommen würde. Es gab keine Faser in meinem Körper, die Constanzes Platz einnehmen wollte. Aber ich wusste, ich würde es tun, wenn Matthias es wollte.

Meine Freundin starb im September. Ein paar Wochen später schrieb ich Matthias eine E-Mail, in der ich ihn und die Kinder über Weihnachten nach Paraguay einlud. Ich wünschte ihm und den vier kleinen Seelen in seiner Obhut etwas Ruhe. Matthias sah das wohl ähnlich und sagte auf der Stelle zu. Drei Wochen würden sie bei mir bleiben. Genug Zeit, um uns besser kennenzulernen.

Als Matthias, Deborah, Jonathan, Benjamin, und Rebecca kurz vor Weihnachten in Filadelfia ankamen, traf ich auf Kinder, die ihre Trauer stark mitgenommen hatte. Sie spielten zwar ausgelassen und verstanden sich prächtig mit Shekinah, aber sie waren auch unausgeglichen, stritten oft und fanden kaum zur Ruhe. Matthias war der stille Mann, als den ich ihn kennengelernt hatte. Es fühlte sich komisch an, ihm gegenüberzutreten, nun da ich wusste, dass wir wohl unser weiteres Leben gemeinsam verbringen und gestalten würden. In den kommenden Wochen machten wir das Beste daraus. Er lernte meine Familie kennen, ich beschäftigte mich mit seinen Kindern. Zwischendurch fanden wir immer wieder Zeit, uns über unsere Zukunft zu unterhalten – denn auch dazu war er nach Paraguay gekommen. Während wir gemeinsam den Abwasch erledigten und die Kinder im Garten im Planschbecken spielten, blickten wir bang und zugleich hoffnungsfroh auf die raue See, die vor uns lag.

Matthias hatte ein besonderes Geschenk für mich mitgebracht, vielleicht, um mich schon einmal ein wenig mit Deutschland vertraut zu machen: einen traditionellen Herrnhuter Stern, handgemacht und typisch deutsch. Dieser besondere Weihnachtsschmuck tauchte mein Wohnzimmer in ein wunderbares Licht – orange und warm und schwer. Sein Schein lullte alles um sich herum ein, sorgte für eine besondere Stimmung und ließ uns eine Zeit lang die Trauer um uns herum vergessen. Nachts schliefen die Kinder unter diesem Stern in unserem Wohnzimmer eng zusammengekuschelt auf der Matratzenlandschaft, die wir ihnen dort eingerichtet hatten.

Matthias und ich hatten Zeit für Gespräche und wir beide trafen eine Entscheidung. Weihnachten verbrachten wir relativ ruhig und ohne viel Aufwand gemeinsam. Dann rückte die Silvesternacht näher. Matthias hatte diesen Abend ausgesucht, um den Kindern unsere Neuigkeiten zu verkünden. Als es dunkel geworden war, setzten wir uns alle in meinem Wohnzimmer zusammen. Matthias hatte jenen Brief von Constanze mitgebracht, in dem es um mich und ihren Wunsch für unser aller Zukunft ging. Sie beschrieb darin, wie sie sich unser künftiges Leben vorstellte.

Dass ich mich von nun an um die Kinder kümmern sollte und dass Matthias und ich heiraten würden. Als er ihre Worte mit seiner ruhigen Stimme vorlas, war erst einmal Stille im Zimmer. Doch nicht für lange. Sekunden später brachen die beiden Jungs in Tränen aus. Sie liefen zu ihrem Vater, klammerten sich an ihn und wollten ihn gar nicht mehr loslassen. Es lag sicher nicht daran, dass ausgerechnet ich den Platz ihrer geliebten Mutter einnehmen würde – der Brief hatte sie schlicht daran erinnert, dass jemand fehlte und nie wiederkommen würde. In Tränen aufgelöst riefen sie nach ihrer Mutter: »Mama!«

Ich verstand sie so gut! Es war herzzerreißend. Auch die Mädchen waren tief bewegt und weinten zwischen Hoffnung und Trauer.

Für Matthias und mich waren die Tage der Jahreswende von 2013 zu 2014 aufregend, traurig, dramatisch und spannend zugleich. Wie es sich für die Kinder angefühlt hat, können sie wohl am besten selbst beschreiben. Deborah hat all diese Ereignisse Jahre später in ihrem Tagebuch aufgeschrieben und ich möchte sie hier zu Wort kommen lassen.

Deborahs Tagebuch, Weihnachten/Silvester 2013
In den Weihnachtsferien, so sagte Papa, würden wir nach Paraguay fliegen, um Shekinah und Hedi zu besuchen. Eine leise Ahnung beschlich mich, aber ich fragte nicht weiter nach. Wir mieteten ein Nachbarhaus, in dem wir übernachteten, verbrachten aber die meiste Zeit bei Hedi. Weihnachten kam und ging. Ich fragte mich langsam, was das alles werden sollte. Wir waren nicht nur aus Spaß hier. Papa wusste nicht, dass mir klar war, warum wir hier waren: Ich hatte ihm nie erzählt, dass Oma mir von Mamas Wunsch, dass Hedi und Papa heiraten sollten, berich-

tet hatte. Ich spielte aber, so gut ich konnte, mit und tat so, als wäre alles wie sonst.

Dann kam Silvester. Wir hatten vor, zu Freunden von Hedi zu gehen. Meine Geschwister waren schon zu Hedis Haus gegangen. Ich war mit Papa allein im gemieteten Haus und zog mir meine Schuhe an. Der Raum war ruhig, doch es waren die Grillen von draußen zu hören, die sogar die Ventilatoren übertönten. Papa schloss die Tür. Ich schaute auf. Er guckte mich an und atmete tief ein, als ob er das, was er zu sagen hatte, zuerst noch mal im Kopf durchging. Dann sprach er: »Du weißt ja, dass das Zuhause für mich einfach zu viel ist und uns auch all unsere Freunde nicht immer so viel helfen werden können.« Ich ahnte, worauf das hinauslaufen würde. »Wie würdest du es finden, wenn ich Hedi heiraten würde?«, sagte er schnell und sparte sich damit den weiteren Erklär-Part. Ich beruhigte ihn: »Oma hat es mir schon auf der Beerdigung gesagt.« Er sah überrascht aus. Ich muss komisch gewirkt haben, so selbstverständlich, wie ich ihm das sagte. Doch ich dachte an seine Frage. Ich hatte nie darüber nachgedacht.

Wie würde ich es finden? Ich war bis jetzt immer logisch an die Sache herangegangen. Es war notwendig, dass jemand ins Haus kam. Und meine Geschwister brauchten jemanden, der sie erzog. Ich hatte zwar mein Bestes gegeben und mich immer wieder gefragt: »Was würde Mama tun?«, aber ich schaffte es einfach nicht, die ganze Verantwortung zu übernehmen. Was ich selbst davon hielt? Ich wusste es nicht. Mama hatte es gewollt. Also würde ich ihren Wunsch unterstützen. Also sagte ich: »Ja, ich fände es gut.« Damit war unser recht eigenartiges Gespräch beendet. Papa schien beruhigt. Ich wollte mir gar nicht vorstellen, wie zerrissen er sich gerade fühlen musste. Ich stellte mir seine innere

To-do-Liste vor. Ich war wahrscheinlich sein geringstes Problem gewesen. Jetzt mussten er und Hedi es noch meinen Geschwistern und Shekinah sagen.

Wir feierten also Silvester, zündeten Feuerwerkskörper und aßen zu Abend. Irgendwann kamen Hedi und Papa ins Zimmer und Papa kündigte an, dass er einen Brief von Mama vorlesen würde, den sie extra für heute geschrieben hatte. Meine Geschwister schauten unseren Vater stirnrunzelnd an. Für meine Geschwister muss es ziemlich zusammenhangslos gekommen sein. Was für einen Brief? Auch ich war gespannt und überrascht. Mama hatte einen Brief für heute geschrieben? Wir setzten uns alle um Papa herum, der sich auf einem Stuhl niedergelassen hatte. Er faltete ein Blatt auseinander und fing mit seiner ruhigen Stimme an vorzulesen:

»An die Kinder

Meine liebe Deborah, mein lieber Jonathan, mein lieber Benjamin und meine liebe Rebecca,

gestern wurden nun bei mir leider doch Absiedlungen des Krebs-Geschwüres im Gehirn festgestellt. Das ist natürlich für uns alle ziemlich schrecklich, aber lasst uns dennoch daran festhalten, dass Gott es gut mit uns meint und sich liebevoll um uns kümmern wird – auch wenn das nicht heißt, dass wir nicht verzweifelt weinen dürfen. Das tun Mama und Papa natürlich auch. Wir wären sehr gern miteinander alt geworden und hätten es sehr schön gefunden, Euch groß werden zu sehen. Ich wünschte mir nichts lieber, als Euch eine gute Begleiterin in schweren Zeiten zu sein, Euch weiterhin die Anziehsachen zu besorgen, Eure Haare zu waschen und Zöpfe zu flechten, gegen Euch zu kämpfen, wenn Ihr mich zu doll herausfordert, mit Euch abends im Bett zu kuscheln, mit Euch Musik zu machen, zu spielen und mal *vorzulesen. Ich habe das immer sehr genossen, Ihr wart wunderbare Kinder für mich, keinen Tag möchte ich von denen, die wir zusammen haben durften, missen. Doch nun ist es an der Zeit, Abschied zu nehmen – das tut mir weh, ich habe Euch so lieb!!! Auch Papa habe ich so lieb.*

Ich habe versucht, so viel es möglich ist, für Euch alles zu regeln, vorzudenken, was so auf Euch zukommt. Ich habe immer gewusst, dass meine Zeit mit Euch begrenzt sein würde, und habe versucht, sie so gut ich es vermochte zu nutzen. Vielleicht habe ich da nicht alles richtig gemacht, aber ich wollte mich überall für Euch einsetzen, damit es nachher nicht zu schwer für Euch alle ist so ohne mich. Ich habe mich bemüht, dass es eine schöne gemeinsame Zeit wird, an die wir gute Erinnerungen haben. Neben den täglichen kleinen Kämpfen habe ich es auch wirklich genossen, Euch um mich zu haben.

Papa wird Euch immer ein sehr guter Papa sein, er hat Euch immer genauso lieb wie ich, auch wenn er natürlich anders ist als ich. Papa wird sich bemühen, möglichst viel für Euch zu erledigen und sich für die Dinge einzusetzen, die für Euch wichtig sind, aber ich glaube, dass er es einfach nicht schaffen wird, alles neben der Arbeit zu bewerkstelligen. Und er wird auch nie eine Mama ersetzen können, er ist eben ein Papa. Es gibt so Sachen, dafür braucht man einfach eine Mama …

Papas finden es ganz schön schwierig, immer an alles zu denken, vor allem, wenn sie vier Kinder haben, Papas können nicht ganz so gut trösten wie Mamas, Papas brauchen mal Zeiten für sich, in denen sich dann eine Mama kümmern könnte, Papas spüren nicht immer so gut, was Ihr gerade braucht – wisst Ihr, ich bin unglaublich dankbar, dass ich Euch Papa und unserem himmlischen Papa überlassen darf, aber ich wünsche Euch ein-

fach von ganzem Herzen eine Mama. Nicht einen Ersatz für mich, nein, das gibt es nicht, und das soll keiner versuchen müssen zu sein. Ich wünsche Euch als Familie jemanden, der Euch lieb hat oder wo die Liebe wachsen darf, jemanden, den Gott zu Euch beruft, der sich Liebe zu Euch schenken lässt und dessen Liebe Ihr nach und nach zu vertrauen lernt. Papa nimmt sich nicht leichtfertig eine neue Frau, am liebsten hätte er mich behalten. Aber manchmal darf etwas ganz Schönes aus zweitbesten Lösungen entstehen, etwas ganz Neues, etwas, das wir uns jetzt noch gar nicht vorstellen können.

Als Hedi und Shekinah uns besucht haben, spürten Hedi und ich, dass Gott vielleicht etwas ganz Besonderes mit unseren beiden Familien vorhat. Shekinah sehnt sich sehr nach einem Papa, das wisst Ihr ja, und ich glaube wirklich, dass es sehr gut und auch schön für Euch wäre, wenn Ihr wieder eine neue Mama hättet, egal, wie Ihr sie nennen wolltet. Hedi ist eine tolle Frau, ich glaube, eine bessere Frau könntet Ihr kaum bekommen. Ich habe sie sehr lieb. Sie betet ganz viel für uns, weil sie uns auch so lieb hat – nicht nur mich, sondern auch Euch – das weiß ich! Hedi hat ihr Herz ganz nah bei Gott, das hat mich immer beeindruckt. Es ist nicht leicht für Hedi und Shekinah, ihr Zuhause aufzugeben und zu Euch zu ziehen. Shekinah fühlt sich endlich einmal wohl, dort wo sie lebt. Ich möchte Euch bitten, ganz freundlich und hilfsbereit zu ihnen zu sein, damit sie sich einleben können und sich willkommen fühlen.

Ich weiß, dass es nicht leicht ist, sich auf den Gedanken einzulassen, dass eine andere Frau als ich versuchen möchte, eine neue Mama zu sein. Bitte gebt einander Zeit, erwartet nicht, dass der andere keine Fehler macht. Ich habe Hedi gebeten zu kommen, wir haben ganz offen darüber gesprochen und geweint. Sie hat so sehr dafür gebetet, dass ich geheilt werde, also geheilt für ein Leben auf der Erde, meine ich. Aber sie hat auch gesagt, dass sie bereit wäre für einen schweren Ruf von Gott. Es ist ja nicht leicht, alles aufzugeben, nach Deutschland zu fliegen und in einen Haushalt zu kommen, der etwas chaotisch geworden sein dürfte, und Kinder vorzufinden, die vielleicht nicht gerade »Juchuu« schreien, wenn jemand einziehen möchte. Aber ich glaube wirklich, dass Ihr es gemeinsam schaffen könnt, etwas Neues entstehen zu lassen, ganz langsam mit zarter Liebe, die nicht überfordert.

Shekinah wird jetzt Eure Schwester, ich weiß, dass das nicht ganz leicht ist nach dem, was Ihr jetzt durchgemacht habt, aber Ihr werdet mit der Zeit zu einem guten Team werden können. Bitte helft ihr, sich hier bei uns einzuleben, in der Schule zurechtzukommen, seid lieb zu ihr. Ohne Eure Hilfe wird sie es sehr schwer haben bei uns. Ich wäre sehr traurig, wenn Hedi und Shekinah sich nicht wohlfühlen würden bei Euch …

Ich wünsche Euch, dass Ihr glücklich sein könnt, dass Euch wie Hedi die Freude zurückgeschenkt werden kann und dass Ihr Euer Vertrauen in unseren guten Gott nie verliert, auch wenn er mal erschüttert werden kann, und dass Ihr stark sein könnt in dieser herausfordernden Zeit.

Ich möchte Euch alle jetzt so doll drücken, wie ich kann, meine Lieben, Ihr habt mein Leben reich gemacht, danke!

In tiefster Verbundenheit

Eure Mama«

Nach dem Brief weinten wir alle. Rebecca und ich weinten, weil wir Mama sehr vermissten. Diese Zeilen klangen so sehr nach ihr. Aber die Jungs weinten, weil sie keine sogenannte zweitbeste Lösung haben wollten. Mama hatte recht: Sie würden sicherlich nicht »Juchuu« schreien. Sie hielten so ganz und gar nichts von Mamas Idee. Shekinah wollte nicht von hier weg und weinte deshalb. Auch Hedi und Papa liefen Tränen über die Wangen. Für sie bedeuteten Mamas Worte noch mehr als für uns Kinder. Sie sahen so viel mehr, so viele Schwierigkeiten. Und dass sie sich noch nicht liebten. Das würde keine schöne Liebesgeschichte werden. So schwer es auch für Mama gewesen sein musste, ihre Familie und besonders ihren Mann »freizugeben«, umso schwerer musste es für Hedi und Papa sein. Sie kannten sich ja noch nicht einmal richtig.

Da wir alle schon sehr müde waren, kamen wir bald wieder zur Ruhe. Die Jungs hatten beide wütend geschrien, doch jetzt wimmerten sie nur noch. Langsam wurde es immer ruhiger und wir Kinder machten es uns auf dem Boden im Wohnzimmer gemütlich. Wir schliefen noch vor Mitternacht ein und verschliefen das Silvesterfest.

Wenn ich an damals denke, sehe ich unsere fünf Kinder, wie sie in meinem Haus auf dem Boden liegen. Über ihnen strahlte der Weihnachtsstern, der symbolisch für jenes Licht steht, das die Hirten und Weisen aus dem Morgenland zu Jesu Krippe führte. Es war sein Licht, das nun auch uns einhüllte. Und obwohl mal wieder alles um mich im Chaos versank, wusste ich in jenem Moment, dass es gut werden würde.

Als sie alle schliefen, holte Matthias einen kleinen Blumenstrauß hervor, den er selbst gepflückt hatte. Ich war gerührt. In Paraguay ist im Dezember Trockenzeit. Bei Temperaturen bis 45 Grad wächst im Chaco rein gar nichts auf den Wiesen und in der ausgedörrten Erde. Matthias aber hatte mit viel Zeit und

Mühe alle kleinen Blümchen zusammengesteckt, die er auf dem staubigen Boden finden konnte. Mit diesem Sträußchen in der Hand kniete er sich vor mich hin und fragte mich, ob ich ihn heiraten wolle. Unter Tränen und im gelben Licht des Weihnachtssterns, fünf schlafende Kinder zu unseren Füßen, fand unsere Verlobung statt.

Matthias und ich heirateten am 2. Februar 2014 in Paraguay. Ein alter Schulkamerad saß als Rechtsanwalt an der richtigen Stelle, um uns den Behördengang zu erleichtern. Zwischenzeitlich war Matthias mit den Kindern nach Deutschland zurückgekehrt, sie mussten schließlich die Schule besuchen. Für unsere Trauung brachte er sie bei den Großeltern unter und flog allein nach Paraguay. Wir würden kein rauschendes Fest feiern, danach war niemandem zumute. Wir luden nur rund ein Dutzend Gäste ein: Meine Eltern waren da, der Pastor, der uns traute, drei meiner engsten Freundinnen mit ihren Ehemännern. Auch Shekinah war bei mir, als ich Matthias das Jawort gab. Wir feierten im Haus meiner Freundin Anna. Sie hatte sich die größte Mühe gegeben, alles schön herzurichten. Blüten und Kerzen schmückten die Räume, ein wunderbares Essen stand auf dem Tisch. Obwohl wir uns mit Liebesbekundungen und anderen sonst normalen Hochzeitstraditionen zurückhielten, wollte ich Matthias ein Zeichen meiner Anerkennung geben. Als ich Colin geheiratet hatte, hatte ich ihm ein israelisches Horn und ein priesterliches Gewand geschenkt. Ich gab diese beiden Zeichen meiner Liebe nun an Matthias weiter. Wieder einmal sollte etwas Neues aus der Asche entstehen.

Obwohl Shekinah unsere Verlobung begrüßt hatte, war sie an diesem Tag am Boden zerstört. Nach der offiziellen Trauung weinte sie bitterlich. Ich musste für einige Minuten mit ihr den

Saal verlassen. Da stand ich nun – am Tag meiner zweiten Hochzeit, ein weinendes Kind in den Armen und vier weitere eine halbe Weltreise entfernt, nicht ahnend, was auf uns alle zukommen würde. Shekinah wurde an diesem Tag klar, dass sie Paraguay verlassen musste, und zwar für immer. Ihre Mutter würde sie künftig mit anderen Kindern teilen, sie würde neue Geschwister haben – und noch dazu einen Vater, den sie schon im Sudan gemocht hatte, aber eigentlich kaum kannte. Es würde anstrengend werden, nicht nur für sie. Aber es war unser Weg.

Ich liebe den Sommer. Der frühe Morgen war schon immer meine liebste Tageszeit. Lange bevor die Hitze sich über unser Haus legt, stehe ich auf, schleiche mich aus der Tür des Wintergartens und laufe die paar Meter bis zum See. Ich atme tief ein und aus. Dann setze ich einen Fuß nach dem anderen in das von der Nacht noch kalte Wasser, bis meine Oberschenkel davon umgeben sind. Ich stoße mich ab und schwimme los – ein paar Dutzend Meter in die eine Richtung, ein paar in die andere – dann wate ich wieder zum Rand des großen Sees, an den unser Grundstück grenzt, und wickle mich in ein warmes Handtuch. Manchmal bete ich bei meinen morgendlichen Schwimmtouren. Manchmal lausche ich den Vögeln in den Bäumen oder beobachte die Fische im trüben Wasser.

Auf dem Weg zurück ins Haus komme ich an unseren Obstbäumen vorbei – Äpfel, Birnen, Kirschen –, irgendetwas wächst hier immer. Der Vorbesitzer unseres Hauses, in das wir 2015 gezogen sind, hat den Garten wunderbar hergerichtet. Leider sind wir nicht halb so gute Gärtner wie er. Dennoch genießen wir das frische Obst – auch wenn wir es selten schaffen, den Rasen zu mähen oder das Fallobst aufzulesen.

Im hinteren Teil des Gartens züchtet unsere älteste Tochter Deborah ihre Bienen. Sie liest Bücher darüber, kontrolliert wöchentlich die Waben und versorgt uns mit vielen Litern von Honig. Sie ist jetzt ein Teenager. Die ersten Jahre nach unserer Hochzeit war sie ruhig, in sich gekehrt, heute aber ist sie eine andere. Durch eine tiefgreifende Begegnung mit Jesus, ist sie kaum wiederzuerkennen. Sie hat Heilung erfahren. Auch dadurch, dass sie all das Erlebte aufgeschrieben hat. Ein ganzes Buch hat sie schon zu Papier gebracht. Sie hat sich die Trauer über den Tod ihrer Mutter von der Seele geschrieben und begleitet heute sogar andere Jugendliche, die Schicksalsschläge erleben. Sie ist ihrer Mutter in vielem ähnlich, durchorganisiert, empathisch und wunderschön mit ihren weisen Augen. Auch wir beide haben eine Gemeinsamkeit: Wir lieben Menschen und sprechen gern mit ihnen über den Glauben.

Wenn ich zurück ins Wohnzimmer komme, treffe ich manchmal Jonathan. Er liegt gern in der Hängematte, die wir dort an einem Gestell aufgehängt haben. Dort träumt er vor sich hin, denkt über komplizierte Probleme und Aufgaben nach und löst sie in seinen Gedanken. Von uns allen ist er der, der am liebsten und am lebhaftesten debattiert.

Im Wohnzimmer fällt ein erster morgendlicher Sonnenstrahl auf Shekinahs Saxofon. Es steht dort in der Ecke, neben dem Keyboard. Wenn sie spielt, schließt sie die Augen, wie ihr Vater es tat. Ihre feinen dunklen Locken wiegen sich dann mit ihrem Kopf im Takt der Musik. Sie hat ihre Angst um mich überwunden. Nach der schweren Einlebe-Phase in Deutschland ist sie aufgeblüht. Sie liebt die Kunst und die Musik und lebt sich darin aus. Shekinah singt und tanzt, dass der Boden unseres Wohnzimmers vibriert, und teilt das nur allzu gern mit ihren Freundinnen.

Benjamin ist unser Sportler. Fußball und Tennis sind seine Welt. Er ist interessiert an Menschen. Wenn wir Gäste haben oder auf Reisen gehen, fragt er die Leute nach ihren Berufen, ihrem Leben und knüpft schnell Bekanntschaften. Er ist explosiv wie Dynamit, dabei aber liebevoll und oft kaum zu bremsen.

Auch Rebecca, unsere Jüngste, ist aufgeschlossen, doch mehr noch macht sie ihre Leidenschaft aus. Sie boxt sich durch die Welt mit vier älteren Geschwistern und zieht durch, was sie sich vornimmt. Hinter allem steckt bei ihr ein großes, weiches Herz. So ist es auch bei Benjamin.

Auf dem Weg in die Küche treffe ich Matthias. Er kommt gerade aus dem Bad, eine Zeitung in der Hand. Er lächelt mich an mit diesem für ihn typischen kaum wahrnehmbaren Heben der Mundwinkel. Mein Mann ist mir nach wie vor ein Rätsel und ein Glück zugleich. Er sorgt für uns, arbeitet hart und liebt seine Kinder und mich von ganzem Herzen. Wenn ihm manchmal alles zu viel wird, zieht er sich in sein kleines Gewächshaus zurück.

In unseren ersten gemeinsamen Monaten hat er dort viel Zeit verbracht. Matthias züchtet Kakteen. Wenn sie blühen, zeigen sie sich in den schönsten Farben und Formen. Mein Mann war nach dem Tod von Constanze wie eine seiner langsam wachsende Pflanze: verschlossen, stachelig, nicht zu erreichen. Oft zog er sich zurück, sprach nicht, brauchte Ruhe. Ich stand dann nachts am großen Fenster im Wohnzimmer und blickte in den dunklen Himmel, dessen Sterne hier so anders leuchten als in Afrika. Ich bat Gott um einen Freund. Jemanden, mit dem ich dieses neue überwältigende Leben teilen konnte. Es brauchte Zeit. Doch voller Dankbarkeit können wir sagen, dass sich das Warten gelohnt hat. Unsere Liebe wächst sogar schneller als die Kakteen.

Matthias und ich haben ein Ritual: An Colins und Constanzes Todestag schauen wir gemeinsam mit den Kindern alte Fotos und Videos an. Wir betrauern unsere fortgegangenen Geliebten gemeinsam und lachen zusammen, wenn wir uns an die schönen Zeiten mit ihnen erinnern. Es tut unserer Liebe keinen Abbruch – nein, es ist ein Teil davon. Wir können uns gut vorstellen, dass Colin und Constanze schon die Chance hatten, sich kennenzulernen, wo immer sie da bei Jesus sind, und sich sicherlich ein Schmunzeln nicht verkneifen können, wenn sie sehen, wie aus unseren Scherben Schönheit entsteht. Das macht unsere Beziehung tief, widerstandsfähig und stark. Wir können einander genießen, wie es wohl nur Paare können, die in den Abgrund geblickt haben. Matthias ist für mich wie der Fels im stürmischen Meer und ich bin wie eine sprudelnde Quelle mit frischem Wasser für ihn.

Ich werde oft gefragt, wie eine Patchworkfamilie eigentlich funktionieren kann. So viele unterschiedliche Menschen auf einem Fleck, unterschiedliche Prägungen und Einflüsse, dazu die Erinnerungen an das frühere Leben. Ich will versuchen, es zu erklären: In meiner Anfangszeit in Deutschland bin ich fast erstickt, eingequetscht zwischen den Schulaufgaben der Kinder, Zahnarztterminen, Musikschule, Elternabenden, Haushalt, Fahrschulstunden für mich und dem Versuch, neue Kontakte zu knüpfen, inmitten eines Hauses voller Schmerz und Wut. Weil ich die ganze Zeit zu Hause war und Matthias seiner Arbeit nachging, musste ich die Kämpfe daheim aushalten und vermitteln. Es war verrückt. Anstrengend. Vielleicht das größte Abenteuer meines Lebens. Ich hatte mit dem Schmerz der Kinder zu kämpfen, auch wenn ich ihn nur zu gut verstehen konnte. Rebecca, Benjamin, Jonathan und Deborah vermissten ihre Mutter und Shekinah ihre, denn zum ersten Mal musste sie mich wirklich teilen. Ich wollte so viel Liebe geben, aber es wurde für mich zur Zerreißprobe. Die einen sehnten sich nach einer anderen Person und Shekinah gab ich gefühlt nicht genug. Wie nie zuvor fing ich an, Gottes Vaterliebe zu verstehen: Er steht da mit offenen Armen und wartet darauf, dass wir auf ihn zustürzen, uns fallen, lieben und heilen lassen. Wir aber sträuben uns mit aller Kraft dagegen, weil es so schwerfällt, wieder vertrauen zu lernen, sich neu zu öffnen, dem Leben und der Liebe eine neue Chance zu geben.

Heute ist aus uns sieben charakterstarken, verletzten und heilenden, selbstbewussten Persönlichkeiten eine Familie Rossow geworden. Wir sind zusammengewachsen. Ich weiß: Ich bin richtig an diesem Ort. Gott hat mich hierhergebracht und ich würde nirgendwo anders sein wollen. Vor einem Jahr habe ich hier in Deutschland mein Masterstudium in interkultureller Pädagogik abgeschlossen und angefangen, Religionsunterricht in zwei Oberschulen in der Nähe zu geben. Obwohl ich immer noch hauptsächlich Mutter und mit den Kindern zu Hause bin, darf ich nun auch mit den Jugendlichen dort über Gott und den Sinn des Lebens sprechen – ich liebe es.

Außerdem engagiere ich mich in der Flüchtlingsarbeit. In einigen Einrichtungen kann ich sogar Trauma-Heilung unterrichten. Manchmal spreche ich dort von vollen und leeren Wassergläsern. Ich erzähle unsere Geschichte und wie wir uns immer an Gott gewandt haben.

Und manchmal sitze ich in unserem Wintergarten mit meinen Kindern, während diese ihre Schulaufgaben erledigen, die brandenburgische Sonne geht über dem See unter – und ich träume von Afrika. Matthias und ich haben darüber gesprochen: Wir werden eines Tages dorthin zurückkehren. Es ist noch immer unsere Berufung.

Nachwort

Jetzt ist es Ende Januar. Ich konnte endlich wieder im See schwimmen, denn das Eis ist gebrochen. Ich gab ihm den letzten Stoß, indem ich meine Füße fest auf die gefrorene Oberfläche des Sees drückte. Als der Weg für mich frei war, holte ich einmal tief Luft, watete ins Wasser und schwamm los. Es war wunderbar. Was für ein Genuss! Ich hatte den ganzen See und die Natur nur für mich. Ich sah Wasservögel und Fische. Es war so ruhig, dass ich meinen Atem hören konnte – und sonst nichts. Dass ich einen Morgen wie diesen so genießen kann, hat zwei Gründe. Erstens: Als Mutter von fünf Kindern weiß ich, wie wertvoll Stille ist. Zweitens: Matthias und ich haben es gewagt, eine neue Familie zu werden. Ohne ihn und unsere Kinder wäre ich nicht hier, sondern noch immer in der Welt unterwegs. Und ich wäre nicht, was ich heute bin. Wir wollten unseren Liebsten eine Heimat schenken und haben selbst ein wertvolles neues Zuhause gefunden.

Matthias, du bist mein ruhiger, liebevoller, treuer und unerschütterlicher Mann, immer für mich da, hörst dir meine spannenden täglichen Erfahrungen und Begegnungen aufmerksam an und tust mir so gut. Ach wie ich dich liebe!

Ich bin immer noch herrlich chaotisch, ein wenig verrückt und fasziniert vom Abenteuer und der Liebe. Wer sonst würde das Eis am frühen Morgen brechen, um im See zu schwimmen? Wer sonst würde Jahre seines Lebens damit zubringen, die harte Schale verletzter Kinder aufzubrechen, um darin ihre weichen warmen Herzen zu entdecken? Das ist meine größte Leidenschaft, egal ob bei den Kindersoldaten in Afrika oder hier in Brandenburg. Dazu brauchte Gott nicht mehr als eine Frau mit neun Zehen aus dem hintersten Dorf Paraguays, die niemanden mehr liebt als Jesus. Diesem Jesus, der mich so sehr liebt, dass ich es kaum fassen kann, ist nichts unmöglich, er bricht jedes Eis und heilt jede Wunde.

Ich bin unseren Kindern unendlich dankbar dafür, dass sie die besten Lehrer für mich waren. Sie haben mir die Vielseitigkeit des Lebens und der Liebe gezeigt, durch alle Zerreißproben hindurch. Shekinah, Deborah, Jonathan, Benjamin und Rebecca, ihr seid für immer in meinem Herzen.

Ich danke Colin. Er hat mir wie kein anderer beigebracht, was Gnade und Erbarmen bedeutet. Durch ihn habe ich gelernt, dass wir nichts verdienen, aber von Gott alles geschenkt bekommen.

Ihr lieben Somalier da draußen, mein Herz schlägt immer noch für euch. Ich gehöre zu euch wie eine Schwester. Wir sind laut, leidenschaftlich, chaotisch und im tiefsten Herzen Nomaden. Wir lieben starke Farben und Gerüche, sind überlebensfähig. Ich glaube fest daran, dass ihr eines Tages verstehen werdet, was ich an diesem Jesus finde. Warum er mein Herz so berührt.

Ich bin all meinen afrikanischen Freunden unendlich dankbar, dass ich bei ihnen lernen konnte, Liebe statt Hass zu leben. Gemeinsam haben wir etwas Schönes aus der Asche entstehen lassen.

Ich bin meinen Eltern dankbar, die mich genug liebten, um mich ziehen zu lassen, mir Flügel und Nest schenkten, wie es kein anderer hätte besser machen können. Und ich danke meiner mennonitischen Gemeinschaft in Paraguay, die immer nur das Beste für mich wollte und mich über all die Jahre unterstützt hat.

Ich danke auch den „Halleluja-Freunden", die mit mir immer wieder aufs Neue entdeckten, wie Gottes Liebe mitten im Dreck zum Strahlen komm. Ebenso dankbar bin ich der Rogoll- und

Rossow-Familie, dass sie mich so herzlich in ihrem Famielienkreis aufgenommen haben.

Und vor allem bin ich Gott dankbar. Ich kann nicht anders, als seine Liebe zu erwidern und zu sagen: »Okay, Herr, was ist das nächste Abenteuer?«